二〇世紀日本レコード産業史

グローバル企業の進攻と市場の発展

生明俊雄

勁草書房

目次

目　次

目　次

目　次

目　次

序章　はじめに

第1節　二〇世紀という舞台で発展した世界のレコード産業

一九世紀の後半から二〇世紀の初頭にかけての時代は、ヨーロッパに生まれた資本主義が、世界をそのシステムに統括しようとする力が強く働いていた時期である。この時期には資本主義は自由競争時代に突入し、欧米の主要国による熾烈な発展競争の時代が訪れていた。そこでは過剰化した生産と資本の輸出先をめぐる、植民地の獲得と支配への競争が展開され、それは覇権を狙っての世界戦争にも発展した。のちにレコード[1]と呼ばれるようになった音楽を記録し再生するディバイスのプロトタイプが、トーマス・エジソンによって発明されたのは一八七七年のことであり、まさにそのような世界情勢のさなかであった。

エジソンの発明が発端となって生まれた音楽の複製とその販売をビジネスの根幹とするレコード産業も、欧米の資本主義の世界的な覇権の争いに否応なしに巻き込まれていくのだが、それが本格化するのには、エジソンの発明から一〇年余の年月を要した。それはエジソンの蓄音機とレコードは発明当初、声を伝えるメディアではあっても音楽を伝えるメディアとしての輪郭がはっきりしていなかったからである（吉見 1995：77–78）。エジソン自身もその認識は薄かった。[2]ところが一八八七（明治二〇）年、ドイツ系アメリカ人のエミール・ベルリーナが、円盤型レコードを開発しその特許を申請した。これを契機に状況は大きく変化する。それはこの円盤型レコードは発明者自身が音楽の複製を目指したものであったからである（Gelatt 1977–2004：45–47）。円盤型のレコードと蓄音機が音楽の複製に適するディバイスであることは、ベルリーナの思惑どおり徐々に社会的にも認識されるようになっていった。それはレコードがアーティストたちの発する音楽というメッセージを人々に伝え広めるという、マスメディアの機能を持つことが知られるようになっていったからである。そのことはレコードの普及の可能性を高めると同時に、レコード産業の成立とその発展を促すことになった。

そこで生まれた初期のレコード会社は、蓄音機とレコードを製造し販売することを目的とするものだった。しかしレコードについては工場でディスクを製造するだけではなく、そこに記録される音楽も作らなければならなかった。そこで音楽の作家やアーティストを起用して音楽という作品を創り、それをスタジオで録音するということが行われるようになり、それがレコード会社の持つ、〝製造〟だけではなく〝制作〟(3)も行うという特色となった。そこにレコード産業が他の産業にない発展経過をたどる要因が生まれたといえる。

二〇世紀という時代が進んでいくとともに、レコード産業のかたちも変化し多様化していった。蓄音機やディスクの製造は大手の企業に任せて、音楽の制作と録音のみを行うレコード会社が増えたこともそのひとつである。それらレコード会社の周辺には作家とその楽曲を管理する音楽出版社、アーティストを扱うアーティスト・マネージメント会社、コンサートを扱う興行会社なども出現して音楽産業が形成されていった。しかし二〇世紀を通して音楽産業の中核にあったのはレコード産業だった。それは音楽を創るという根源的な役割をレコード産業が一手に担っていたからである。

レコード産業の発展過程ではメディアとしてのレコードの技術革新も目覚ましいものがあった。それらは第二次世界大戦前の電気録音の実現、戦後のＬＰレコード・ＥＰレコードの開発、ステレオ・システムの開発、カセット・テープの開発、そしてＣＤ、ＭＤの開発など頻繁に続いた。そのいずれもがレコード産業内の大手企業間の市場での優位を狙う競争意識がバネとなって生まれたものである。これらの新しい技術の誕生はアーティストの側の新しい音楽の創造や公開の方法、それを受ける聴衆の側のそれまでにない音楽の聴き方にも結びつき、新しい聴衆を生むことにもなって産業をますます発展させることになった。そのいっぽうでは世界規模の戦争や経済の不況・恐慌など、事業環境が悪化し産業の発展が停止する危機的な時期もあった。しかしその都度レコード産業は素早く目覚ましい復興を実現してさらなる発展への道を進んだ。第二次世界大戦後の日本のレコード産業の復興などはその好例である（日本レコード協会 1993：107–119）。

このような経過を経てベルリーナの円盤レコード発明からほぼ一二〇年が経過した二〇世紀の最

後の年である二〇〇〇年には、世界のレコード産業の販売高は年間約三八七億米ドル（約四兆円）という規模の市場売上（ＩＦＰＩ＝国際レコード製作者連盟調べ）(4)に到達し、スタート以来のピークを記録するに至った。

このような経過をたどって二〇世紀の最終盤に至って市場規模が頂点に達した世界のレコード産業も、二一世紀に入るとその販売高は急激に下降に向う。メディアのデジタル化に伴いインターネットというメディアが出現したことによって、音楽をめぐる産業のかたちが急激に変化しはじめた。それはレコード産業自体の存続が危惧されるような事態の発生とみることもできる。この点については本書の終章で検証する。

このようなことから二〇世紀という時代を振り返り、そこでレコード産業がどのようにして生まれ、どのようにして音楽市場の主導的な立場を築いてきたのかをたどってみることにしたい。そしてそのなかでも特に着目したいのは、レコードの発明者やその周辺の人々がスタートさせて、世界的に産業の主導的な立場となり、産業全体を牽引してきたメジャーと呼ばれる数社のリーディング・カンパニーの発展とその影響である。そこからは二〇世紀の世界の音楽産業のあり方を振り返るだけではなく、この長い期間の音楽文化の発展におけるレコード産業の役割を知ることもできるだろう。さらにそこからは二一世紀にレコード産業がどのように進むのか、どのような役割を果たすべきなのか、について考察することもできるのではないかと考えられる。本書が今の時点で〝二

○世紀のレコード産業〟を扱うのはこのような考えによるものである。

第2節　欧米メジャー企業の台頭・発展と世界市場での寡占化の進行

まずは世界のレコード会社のなかでメジャーと呼ばれる企業について確認しておこう。二〇世紀を通してアメリカやヨーロッパなどの文化的先進地域を中心に、多くのレコード会社が生まれレコード産業が形成されていった。しかし歴史的にみるとレコード産業の発展における大きな特徴として、世界の市場におけるレコード産業の勢力は、限られた数社の手で握られる方向に向かったということができる。

その限られたリーディング・カンパニーの数社とは、まず二〇世紀の前半からその位置にあったのは、レコードの発明者やその協力者たちがスタートさせた三社である。すなわち①エジソンの販売会社からスタートしたコロムビア・レコード、②ベルリーナが設立したグラモフォン、③ベルリーナの協力者だったエルドリッジ・ジョンソンが立ち上げたビクターの各社である。つぎに二〇世紀の後半からはそこに、映画会社や総合娯楽企業が立ち上げた、④ユニバーサル、⑤ワーナー、⑥MCAの三社が加わった。これらの企業は二〇世紀のレコード産業の歴史のなかで、それぞれの足取りでメジャーと呼ばれる大規模で国際的な企業に成長し、六大メジャーの時代が到来した。

しかし二一世紀に入る前後の頃になると、この六社のうち、コロムビアとビクター（八三年に独

図１　世界市場の米英メジャーvs 各国ローカル・レーベルの売上占有比率
～'80 年以降 10 年毎の推移

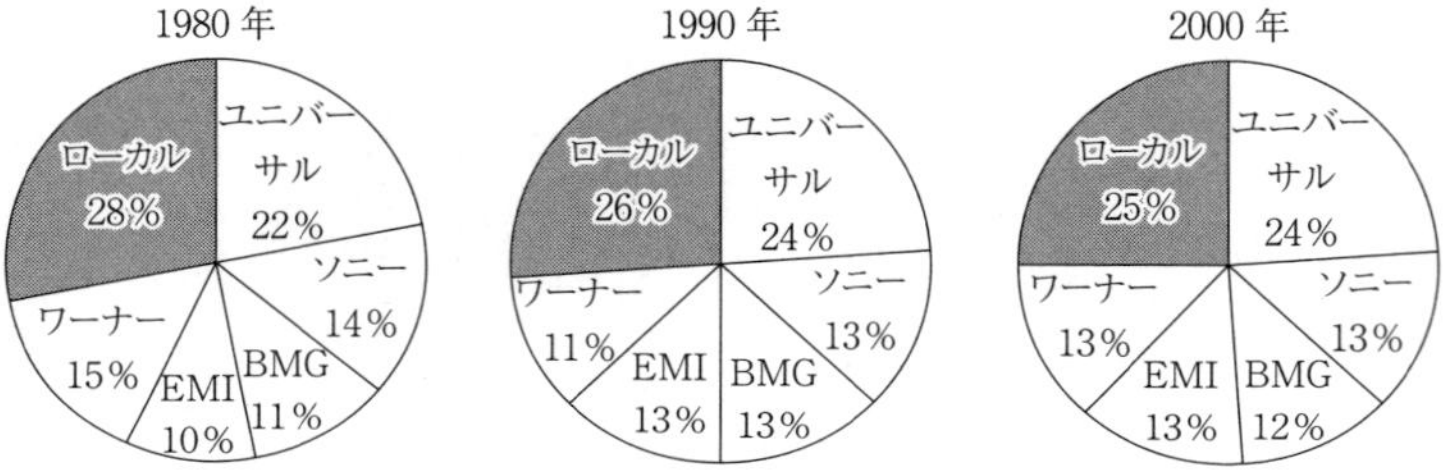

出典：国際レコード製作者連盟発表資料より作成。

ＢＭＧ社に買収され社名もＢＭＧミュージックに変更された）がソニーに吸収されソニーＢＭＧとなり、ＭＣＡはユニバーサルに吸収され、さらにＥＭＩもユニバーサルに統合されて、二〇一二年以降は世界のメジャーは三社に減ることになった。

これらメジャー[5]と呼ばれる企業は新設や統合による企業数の変動はあったものの、二〇世紀の世界のレコード産業のなかで占めるウェイトは歴史の進展とともに大きくなっていった。一九六〇年代あたりからは世界全体のレコード市場で、これらメジャーが全体の売上の六〇％から七〇％を超える状態に至り、時期によっては多少の増減もあるが、それ以降二〇世紀の終盤の時期までその状況が続いている。このため欧州連合（ＥＵ）の欧州委員会が認めた二〇〇四年のソニーによるＢＭＧ買収は、独占禁止法違反なのではないかとの批判も出て、二〇〇六年のＥＭＩとワーナーの合併の申請は認められなかったという事態も起こっている。このことはメジャーが大きくなり過ぎて健全な企業間競争が損なわれ、ユーザーの不利益もつながる状況になっているとの懸念が生ずるほどにまで、大きなシェアを占めるようになったことを物語っている。六〇年代以降の数十年間のシェアの比率は、国際レコード産業連盟の保有する統計によれば、メジャー六社の合計が世界の市場の四分の三、各国にある中小のドメスティックな会社の合計が四分の一であり、この数字は期間を区切ってみれば、多少の変動はあっても長期的にはほとんど変化ない。たとえば一九八〇年、九〇年、二〇〇〇年における世界のレコード市場のシェアは図1の通りであり、メジャーのシェアは高いレベルでこの二〇年間にも上昇し、二〇〇〇年には七五%に到達している。(6)

第3節　日本ではドメスティック楽曲の市場も制覇
――「君恋し」「影を慕いて」もメジャーが作る

これら世界メジャーはいずれも欧米で生まれた企業である。このため彼らがそれぞれが自国、すなわちアメリカやイギリスの音楽をレコードというかたちの商品にして大量に販売することによって、世界の市場で占有率を高めたのではないかと思われがちである。確かに二〇世紀を通して米英の音楽は、特にポピュラー音楽の分野では、世界の音楽シーンを常にリードしてきたことは事実である。しかしアメリカ及びイギリス以外の西欧の国々やその他の非西欧諸国では、メジャーが供給する米英のポピュラー音楽だけでは、必ずしもそれほど高い占有率を確保してはいない。なぜならそれぞれの国々には、その国のドメスティックなアーティストやその音楽があり、そのなかではそ

図２　日本レコード市場の邦楽・洋楽の売上比率
～20世紀後半の5年毎の平均値の推移

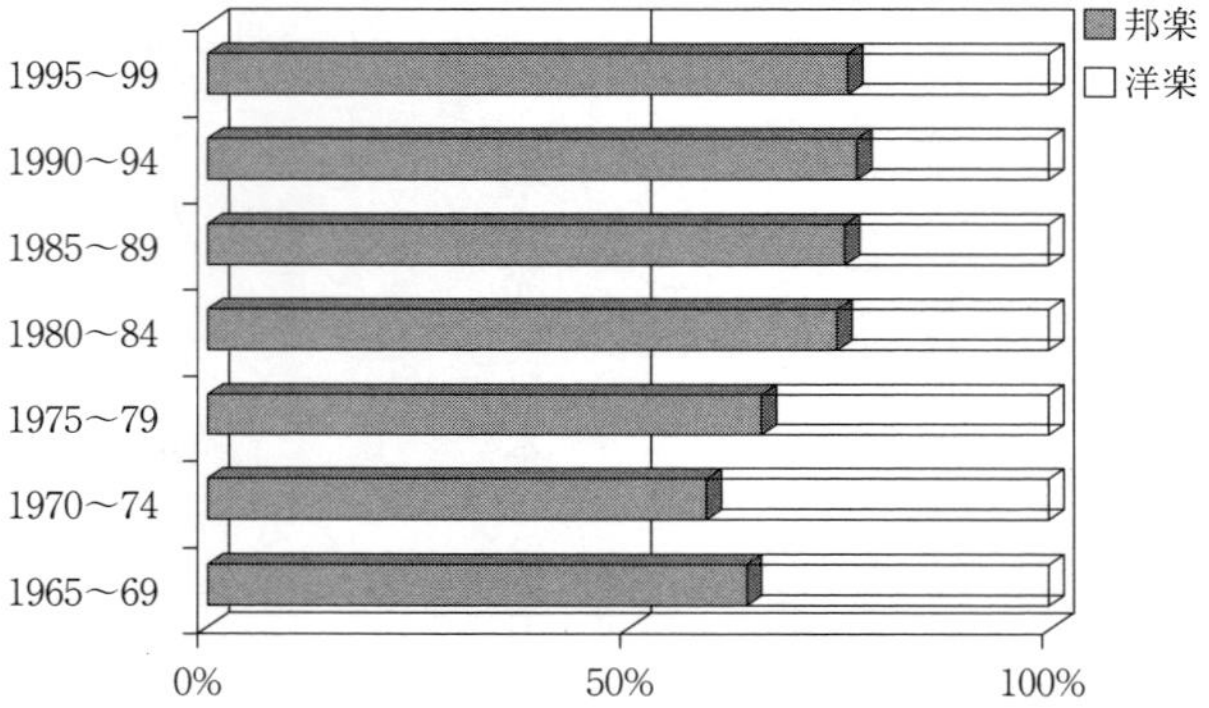

出典：レコード特信社統計資料

のようなドメスティックな作品の比率のほうがメジャーの提供する米英作品よりも高いという地域も少なくない。日本の市場もそれに当てはまる。

日本のレコード市場の邦楽・洋楽比率の推移は図２＝レコード特信社資料にあるように、洋楽が邦楽を上回った時期（ここでは五年毎の推移をみているが）は戦後一度もない。しかしそのような状況の国々でも世界のメジャーは高い占有率を確保している。それは彼らが進出した先の国々で、それぞれの国のドメスティックなアーティストをその音楽をも制作し、販売するということに参入してきたからである。日本もその例にもれず、特に米英のメジャーが日本の有力レコード会社と合弁のレコード会社を相次いで設立した七〇年代からは、メジャーの市場占有率は上昇をはじめ、二〇〇〇年には図３＝レコード協会資料にあるように六〇％を占めるまでになった。

しかし米英メジャーの日本進出は第二次世界大戦後に

図３　日本レコード市場における世界のメジャーレーベルの占有率（合計）推移

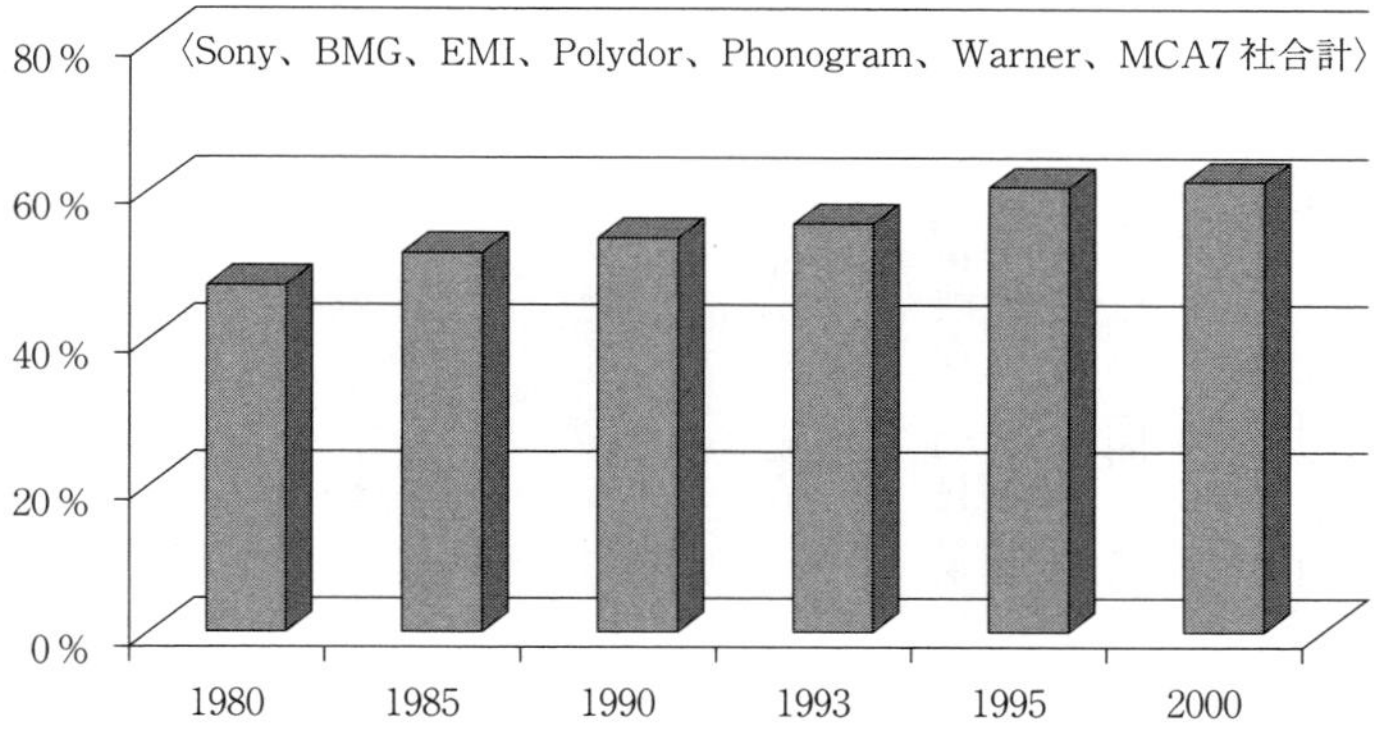

出典：レコード特信社統計資料

始まったわけではない。日本の流行歌の本格的な幕開けの時代、昭和初期に作られて大きくヒットし、現代でも歌い継がれている歌に、「君恋し」や「影を慕いて」などがある。これらの楽曲はじつは外資の会社によって制作され販売された。「君恋し」を制作・発売したのは日本ビクターであり、「影を慕いて」は日本蓄音器商会（後の日本コロムビア）である。日本ビクターは一九二七（昭和二）年に、欧米のメジャー資本によって設立され、当事国から派遣されてきた経営者によって経営されるようになった会社である。日本蓄音器商会は明治末期に生まれた日本初のレコード会社だったが、同じ一九二七年に英米資本のコロムビアに買収されて、英国コロムビアから派遣された経営者によって経営されるようになった。

この時期には日本ビクターは「東京行進曲」「紅屋の娘」「浪花小唄」など、日本蓄音器商会は「酒は涙かため息か」「丘を越えて」「サーカスの唄」「ほんとにそうなら」などの日本の流行歌の歴史に残るヒット曲をつぎつぎに発売する。これらの歌は中山晋平や古賀政男らの日本人が作曲し、二村定一、佐藤千夜子、藤山一郎らの日本人歌手が歌った紛れもない日本の流行歌だったが、アメリカの経営するレコード会社によって録音され、複製され、宣伝され、販売された。このように外資でスタートした二社は、第二次世界大戦の勃発によって英米が日本の敵国となったため、日本側に資本と経営を譲渡して退却せざるを得なくなるまでの約一〇年間、日本のレコード産業を牽引した。

これはレコード産業にみられる特異な状況である。レコード産業以外の文化・娯楽コンテンツ産業に目を転じても、自国のアーティストや作家やプロデューサーによって制作され商品化される芸術作品や娯楽作品は、ほとんどの場合自国の企業の手で行われている。映画産業でも日本映画は、それがたとえ複数の企業やグループの出資を仰ぐことがあるにせよ、そのほとんどが日本の資本で作られ、東宝・東映などの日本の配給会社によって配給されてきた。ユニバーサル映画、パラマウント映画、ブエナビスタなど、海外のメジャー映画会社の手で日本映画が作られ、日本国内で配給されるということは例を聞かない。海外のメジャーはハリウッド映画をはじめ、欧米で自社映画の製作と配給、そしてある時期からはビデオの販売に専念している。「男はつらいよ」のシリーズや「釣りバカ日誌」のシリーズのような日本映画が、ユニバーサル映画やパラマウント映画で制作されるようなことは起こっていない。

出版産業に目を移してでも日本の書籍や漫画の出版元に、海外資本が入っている例は少ない。講談社、小学館、集英社、角川書店、岩波書店、新潮社など大手出版社はみな国内資本である。さらには日本の新聞社や放送局が外資の傘下に置かれるような事態も起っていない。(7) ゲームの分野での日本企業の強さは国内市場ではもとより海外市場でも圧倒的といえる。そのなかで日本のポピュラー音楽の生産と配給だけが、歴史的にもその多くの部分を欧米資本の多国籍企業の手に委ねているということは、レコード産業にみられる特徴である。たとえば映画という産業をみても、世界各地で開催される映画祭への出品作品、あるいは日本に輸入される各国からの多くの上映作品やビデオなどは、当該国の作品は当該国の国籍の映画製作会社が製作していることがほとんどである。これに対してレコード産業については、世界の主要国では日本と同様にメジャーが現地法人や合弁企業を置き、その国のローカルな音楽をも制作・販売しているケースが多くみられる。このことから分かるように、世界のメジャーは日本だけをターゲットに攻め込んできているわけではない。しかしアメリカ合衆国には及ばないものの、イギリス、フランスなどヨーロッパの主要国に肩を並べるまでに成長しつつあった日本という市場が、米英メジャーたちの主要な標的であったことは間違いのないことであった。

第4節　本書で解明していく三つのテーマ

このように進んできた二〇世紀の世界のレコード産業と、その過程で生まれたメジャーと呼ばれる数社の米国・英国生まれの大手企業が世界市場での動向を踏まえて、本書では世界のメジャーというレコード産業の主役たちの、世界の他の国々と比較しても同等あるいはそれ以上に上首尾に推移したともいわれる日本への戦略的な攻勢の経過と、それに対処しながらも自らも発展の道を歩んできた日本側のレコード会社の足取りを、時代を追いながらたどっていく。それは二〇世紀の日本のレコード産業の発展の軌跡をたどることでもある。それに当たっては本書ではつぎのような三つのテーマを解き明かしていくことにしたい。

① 米英メジャー企業の日本のレコード産業への進攻はどのように進んだのか
② 日本を含む世界市場における米英メジャー企業の進攻と寡占化はなぜ進んだのか
③ メジャーの進攻よって日本のレコード産業のあり方はどう変わったのか

これらのテーマを解明するために、本論では米英メジャー・レコード会社が二〇世紀という長い時間にたどってきた歴史の検証とその分析に最も多くのページを割くことになる。それは一九世紀末のメジャー各社の誕生のいきさつから始まり、その後の発展の過程での活動を追跡することになるが、そこで着目するのは、彼らが進出していく対象となった国々、なかでも日本においてはそれぞれの時代やそれぞれの場面で、メジャーはどのような戦略を持って進攻していったのか、それを受ける側に立たされた日本資本のレコード会社はどのように対処してきたのか、その結果はどうなったのか、ということを検証していく。それは取りも直さず日本のレコード産業というものがどのように発展してきたのかを、検証していくことになるはずである。なぜならば日本に進攻してきたメジャーたちは、日本のレコード産業の一角を占めるというような小さな存在に甘んじることはなく、世界の主要国のほとんどでそうであるように、レコード産業のなかにあって大きな位置を占め、ドメスティックなレコード会社を凌駕するような存在になったからである。言い換えれば彼らが日本のレコード産業のなかで大きな部分を構成する大きな存在にもなってしまったからである。

このようなことから上記の①②③の三つのテーマはそれぞれ個別の問題ではなく、互いに深く関連し因果関係を持つ問題であるため、個別の章を設けて記述するのではなく、本書の歴史的事実を追っていく過程で併説的に明らかにしていく。特に③のテーマについては、米英メジャーの日本での歩みが、日本のレコード産業の歩みと重なることが時代の進行とともにも多くなっていくことになると想定されるので、このテーマを①②のテーマと切り離して考察することは適切ではないと考えられる。

第5節　日本市場を分析する意義
――日本はメジャーの主要国進攻のモデルケース

これまでにも述べてきたように本書は、日本における世界のメジャー企業の活動の歴史をさまざまな角度からみていこうとするものである。そのためにはメジャーの各企業が進出していった日本以外の国での事例をみていくことが必要かもしれないのだが、本書では日本の事例を掘り下げることによってそれに代えるものとする。それは日本での事例の検証からは、以下のような理由により、メジャーが世界の主要国のレコード市場、そしてレコード産業に及ぼしてきた力学を類推し、その活動の本質を究明することができるはずだからである。

①　二〇世紀後半から終盤にいたる時期には日本の市場における欧米メジャー会社トータルの市場占有率は七〇年代には四〇％前後であったが、メジャーの進攻が本格化するにつれて上昇し九〇年代には六〇％に届くまでになった（図3＝日本レコード協会資料。九頁参照）。それは西欧やその他の地域で同様にメジャーの進攻を受けた諸国の状況に近似している。そのため日本の事例の観察はメジャーの活動について規範的な動きが観察できるはずであること。

②　日本のレコード市場は、第二次世界大戦後の世界のレコード市場においては、第一位のア

メリカに次いで第二位を占めるまでになり（日本レコード協会統計集「世界の主要国音楽ソフト売上シェア年次推移表」より）、その発展経過における欧米メジャーの影響力をみていくことは、非西欧諸国におけるメジャーの進攻の成功のモデルケースとして、規範性や普遍性を持つであろうこと。

③　メジャーの前身の企業に始まった欧米のレコード産業は、一九世紀末の活動の黎明期から日本のレコード産業とのかかわりを持ち、それが二〇世紀を通してさまざまなかたちで継続した。そのため両者のかかわりの二〇世紀を通してのあり方を観察することにより、欧米メジャーの歴史的な動きの継続的な考察が可能であること。

④　欧米メジャーは日本のドメスティックな音楽（流行歌・歌謡曲、八〇年代後半頃からはJ－POPと呼ばれる）の分野に参入しており、しかもほとんど時代でその比率はメジャー自身が制作し持ち込んできた西欧の音楽の販売実績を上回っている。多くの非西欧諸国で起こっている、同様の事態のサンプルとしてそれを観察することによって、メジャーの海外戦略を推しはかることができる。

⑤　日本国籍の企業であるソニーが二〇世紀後半に、コロムビアというレコード産業の創生期に誕生しその後世界のメジャーにまで成長していた企業を買収し、ソニー・ミュージックというメジャー企業が生まれるという変動があった（簑島 1991：32–41）。これによりそれまでは日本のドメスティックなレコード会社であったソニーレコード（ソニーの音楽部門の子会

社）が、アメリカに本拠を置いて世界各国の分社をコントロールする多国籍企業＝ソニー・ミュージックに変身した。このため日本企業であったソニーレコードの活動を観察することによって、多国籍企業のあり方を知ることが容易になる状況が生まれたこと。

このようなことから本書では、日本の市場における欧米のメジャーの進出過程を歴史的にたどっていく。それは多国籍企業としての欧米メジャーの世界戦略の一環としての日本という市場に対しての働きかけの経過をたどることでもあり、それを受けて立つ立場に置かれた、日本のドメスティック資本のレコード会社の対応をみることにもなるだろう。またこのような作業は、一九世紀末の誕生以降、二〇世紀を通して発展してきた日本のレコード産業の歩みを、特に海外のレコード産業とのかかわりに着目しながらたどっていくことでもある。日本のレコード産業における外資メジャーの存在の大きさからすれば、これは二〇世紀の日本レコード産業の歴史をたどるということにもなるはずである。

第6節　大型企業の世界的寡占を生んだレコード産業の特質

これまでに述べてきたように本書では世界のメジャーと呼ばれる企業がアメリカに生まれ、日本に進出し発展していった過程を検証していくが、そこにはレコードというメディアが持つ独自の性格と、それに起因するレコード産業が持つ固有の性格があって、レコード産業にメジャーという大規模な世界企業が生まれ発展したのは、レコードやレコード産業が持つそれらの特質に由来するのではないかという想定も成り立つ。そのようなことから本書が歴史事実をたどっていくに当たっては、その発展過程を生ぜしめたと思われるレコード及びレコード産業固有の特徴のいくつかに注目し、それを念頭に置きながら歴史の検証を進めていく。これらについては第1章、第2章での歴史事実の検証のあと、第3章でこれら想定が妥当なものであるかどうかを確認する。想定される特質とはつぎの五つである。

① レコード会社は音楽を制作するというクリエイティブな活動をすると同時に、それを複製して商品として販売するという活動も行ってきた。またレコードは蓄音機＝プレーヤーで再生して聴くものであるので、当初からレコード会社はレコードと蓄音機の両方を製造してきた。つまりレコード産業は音楽という芸術作品・娯楽作品を制作するコンテンツ産業であると同時に、消費財の製造・販売業、つまりメーカーでもあるという性格を持ち合わせている。同じメディア・コンテンツ産業でも映画産業、放送産業は創るコンテンツをパッケージ化することはなかったので製造工場は持たない。(8) 製造工場を持つのは出版産業とレコード産業である。

② 欧米のレコード産業ではそれぞれの国内で大型企業が中小の企業を買収・吸収してさらに

大型化することが多くみられた。また国外の主要な国々での勢力拡大においても、欧米各社は同様の手法を使っているのではないか。そしてそれはかならずしも現地で音楽制作のみを行う中小規模のレコード会社にかぎらず、制作・宣伝・配給までを行う大手企業にも及んでいるのではないか。そのようなことがあってレコード産業の大型企業は世界的な企業＝多国籍企業となっていったのではないか。

③　レコードの制作というものは、たとえば一枚のアルバムを作るに際して、映画会社が一本の映画作品を製作することに比べて、はるかに低いコストで賄えるケースが多い。そのため小さな資本のもとで作られる楽曲も多く、そこで活動するアーティストも多い。しかし資本力のあるメジャー企業には、そこで作られる楽曲やアーティストにとって、より有利な結果を生む仕組みがあるのではないか。

④　米英以外の西欧諸国、及び非西欧諸国にとっては、蓄音機はアメリカあるいはイギリスからもたらされたものであり、それと同時にアメリカやイギリスからの音楽も、レコードを通して各国に持ち込まれた。それらは一九世紀後半から二〇世紀にかけて、西欧文化が非西欧諸国に近代化の名のもとに取り入れられる流れの一環だったが、同時にそれらの米英の音楽が、各国のドメスティックな音楽に影響を与えることも多かったはずである。そこで主たる役割を担ったのが米英のメジャー・レコード会社だったのではないか。

⑤　レコード産業は歴史的にも多くの技術革新があって、それが発展のきっかけとなってきた。

それらの技術革新をリードしてきたのは、ほとんどが世界のメジャー・レコード会社だった。電気録音はＲＣＡとコロムビア、ＬＰレコードはコロムビア、ＥＰレコードはＲＣＡ、ミュージック・カセットはフィリップス、そしてＣＤはソニーとフィリップス、ＭＤはソニー、がそれぞれ開発の当事者だった（岡 1986：12-245）。これがメジャーの世界攻勢を有利に導いてきたのではないか。

メジャー企業の世界の市場への攻勢の歴史を検証していくにあたり、このような想定のもとに考察をしていく。そしてこれらの想定が的確なものか、あるいは的外れなものかについては、第１章・第２章の歴史的検証の結果を踏まえて、第３章「歴史的事実からみた世界のメジャーの特質」のなかで考えることにする。

第７節　本書の構成

本書は、１．歴史事実の検証、２．検証した歴史事実の分析、３．現状と今後の予測、以上の三つの内容に分かれる四つの章によって構成される。その概要は次に示す通りである。

1　歴史事実の検証＝一九世紀末から二〇世紀の歴史を追跡
――欧米のメジャーは日本の産業の生成・発展にいかにかかわってきたのか

まず本書のなかでも最も多くのページを割く歴史の検証の部分は二つの章に分けて記述するが、第1章ではエジソン、ベルリーナが開発したレコードを商品化し販売するために企業が誕生し、世界各国にその活動を拡大しはじめる一九世紀末から第二次世界大戦直前までの状況をみていく。明治時代の末期には早くも出張録音や輸出などメジャーの日本への接触が開始されるが、大正時代になると日本にもレコード会社が生まれ徐々にその数も増え始める。昭和の時代に入るとメジャーはいよいよ日本に上陸しレコード会社を設立し、それからの一〇年間は日本資本と外資の日本のレコード市場でのせめぎ合いが続く。このような第二次大戦直前までの日本レコード産業の発展をみていく。

第2章では、第二次世界大戦によって中断された欧米メジャーとの日本の関係が再開される戦争直後の復興期から、その後二〇世紀末までの日本レコード産業の発展期・成熟期における、欧米と日本のレコード産業の相克を検証する。そこでは徐々に日本の市場でのシェアを拡大し、産業をリードするようになっていく米英メジャー各社のしたたかな戦略を追う。また戦後アメリカに新興のメジャー三社が生まれた経緯、さらには戦後に急増した欧米からの新しい若者向けの音楽の日本への流入と、それを媒介したレコード会社の動きにも着目する。

2　分析＝検証した歴史事実の分析——日本におけるメジャーの寡占はなぜ進行したのか

つぎに第1章・第2章で検証した歴史的事実の結果を踏まえて、第3章で日本の市場でのメジャーの進攻はなぜ成功したのかについて分析する。ここでは三つの節に分けて記述するが、まず第1節の「世界の市場を手中に収めた米英メジャー企業の産業的特質」では、序章の第6節に記述したメジャーという大型企業の世界的寡占を生んだ、レコード産業の産業的特徴として想定される五つの特質のそれぞれについて、それが歴史的事実の検証の結果と照合して、的確な想定であったかどうかをみながら、メジャーの日本への攻勢の要因としてどのように作用したかを確認していく。

つぎに第2節の「欧米メジャーの進攻を促した日本のレコード産業の制度的変化」では、第2章で戦後の日本のレコード産業の発展の過程を検証したなかで、そこで起こった制度的・構造的変化のいくつかが、外資の日本でのビジネスの展開を促進にすることに寄与したのではないかと思われる事実が浮上したので、それらの変化を確認すると同時にどのように作用したのかを確認する。それらの変化はいずれも戦後に始まった日本のレコード産業の発展の経過で起こった、産業内の機能の変化であり、欧米のメジャーの日本でのオペレーションを容易にするために用意されたものではないのだが、結果的には外資にも有利に働き、彼らの日本への進攻を促進することになったと考えられる。

つぎの第3節では、「米英メジャーの進攻への日本のレコード産業の対応——外資上陸に対する抑止力・反撃力は働いたのか」と題して、ここまでみてきたような米英メジャーの進攻を、日本側のレコード産業はどのように受け止めていたのか、その受け止め方に問題はなかったのか、ということについて確認してみることにする。

3 現状と今後の予測＝サバイバルを模索する二一世紀のレコード産業
——激変する事業環境による業態の変化と生まれつつある新しいかたち

日本の資本の自由化に乗じて日本の市場への攻勢を仕掛けてきた欧米のメジャーは、二〇世紀の末には日本でも大きな位置を占めるようになった。この段階でメジャーたちが二〇世紀の初頭から目論んできた、世界のレコード市場制覇の一環としての日本制覇は所期の目的を見事に達成したといえる。しかしそれもつかの間のことでそこからは彼らの想定外の状況が相次いで生まれた。それは九〇年代の終盤に訪れた、情報のデジタル化の進行に伴う、音楽ビジネスを取り巻く環境の大きな変化である。ここに至って彼らの設計図は大きく狂い始めた。このようなことから本書の第4章では、「サバイバルを模索する二一世紀のレコード産業」として、二〇世紀末から始まり二一世紀に突入して一〇余年を経過するいまも続く、日本レコード産業の混迷の経過と要因を検証し、存続の危機とさえ言われるレコード産業、あるいはメジャー企業が、現在その再生に向かってどのような動きを起こしつつあるのかを確認する。

注

（1）日本では一九〇四（明治三七）年に輸入代理店の天賞堂が、新聞広告に使ったことが最初とされるレコードという呼称（それ以前は平円盤と呼ばれていた）は、その後ＳＰ盤の時代、ＬＰ盤・ＥＰ盤の時代を通して使われた。しかし一九八三（昭和五八）年ＣＤが登場するとＣＤはレコードとは呼ばれることはなかった。ＬＰ・ＥＰが消滅の方向に向かうとともに、レコードという呼称も消えつつある。しかし本書では、アナログ時代のレコードもデジタル時代ＣＤや音楽配信なども含めて、音楽を録音・複製・再生するディバイスをレコードと呼ぶことにする。現在（二〇一六年）日本のメジャーと呼ばれる企業で社名に〝レコード〟を使っているのはキングレコードのみである。

（2）エジソンが発明したシリンダー式のレコードは、声の録音を主たる目的とするいわば事務用、教育用の機材であり音楽の録音に主体が置かれているものではなかった（一八七八年の『ノース・アメリカン・レビュー』誌上のエジソンの手記による）。

この点については本書第1章第1節で詳述する。

（3）音楽のビジネスでは、ミュージシャンや作詞・作曲家が音楽を作ることを〝創作〟と呼ぶのに対して、彼らが作った芸術としての音楽を、レコード会社がその商品化のために行う行為を〝制作〟と呼ぶことが一般的である。レコード会社のなかでそのような仕事をするディレクターが所属する部門は制作部、あるいは制作本部と呼ばれることが多い。

（4）ＩＦＰＩ（International Federation of Phonogram and Videogram Producers）は、国際的なレコード業界の業界団体。日本では現在は「国際レコード・ビデオ製作者連盟」と呼ばれる。一九三三年にInternational Federation of the phonographic Industryとしてイタリアに発足した。現在はロンドンに本部を置く世界七五か国に会員を持つ国際組織で、会員の権益擁護を目的に活動を行っている。日本では日本レコード協会が会員である。http://www.fermata2000.com/view.php?blog_news_no=9512

（5）レコード産業で通常〝メジャー〟といえば世界のレコード産業のなかでも、アメリカ、イギリス、ドイツなどを本拠地とし、主要国に現地法人や支社を持ち各国で高い市場占有率を有する大規模企業をいう。

本書でもそのような企業を〝メジャー〟と呼ぶ。ただし日本に生まれた日本資本の大型企業をメジャーと呼ぶこともある。アーティストが〝メジャー・デビューする〟などという言い方がその例である。本書ではそのような日本の大型企業は〝日本の大手企業〟と呼ぶことにして区分する。

（6）このようなドメスティック企業は、ローカル企業と呼ばれることもあるが、本書では多くの場合ドメスティック企業と呼ぶことにする。

（7）一九九六（平成八）年ルパート・マードック率いる豪州のニューズコーポレーションと孫正義の率いるソフトバンクの合弁で設立した新会社が、旺文社が保有していたテレビ朝日の全株式を買い取り、保有率二一・四％の筆頭株主になることが発表された。これは日本の放送局にとって初めての外資とベンチャー企業による買収の企てだったが、翌年三月、当時第三位の株主の朝日新聞社が新会社保有の株式をすべて買い取ることで合意し、海外企業の出資は実現しなかった。これを契機に朝日新聞社がテレビ朝日の筆頭株主になった。http://www.asyura2.com/0502/senkyo8/msg/1114.html

（8）ＶＨＳテープやＤＶＤが開発されてからは、映画やテレビ放送の番組も、パッケージ化され販売されたり、レンタルされるようになった。しかし日本の映画会社や放送局はパッケージ化権の販売という権利ビジネスや、ビデオ販売会社を立ち上げてパッケージを販売することはあっても、製造工場を持って自ら製造するところは稀であった。

その場合パッケージの製造は、ＶＨＳテープやＣＤ、ＤＶＤの製造工場を持つ、レコード会社に発注することが多かった（日本レコード協会五〇周年委員会　一九九三『日本レコード協会五〇年史』）。

第1章　世界のメジャー企業による生成期の日本の市場への攻勢

本書は一九世紀終盤から二〇世紀末にかけての約一〇〇年余りの世界のレコード産業の歴史のなかで、ある時期からメジャーと呼ばれるようになった欧米の大手レコード企業数社の世界の市場への進出の経緯やその背景を、彼らの日本市場への進攻の足取りを追いながらたどっていくことを主眼とするが、一九四一年に起こった第二次世界大戦を区切として、戦前・戦後に分けて考察する。まずこの第1章では世界のレコード産業の「生成期」及び「成長期」と位置づけられる、第二次世界大戦直前までの時期について確認する。続く第2章では第二次世界大戦後から二〇世紀の終盤までの「発展期」ついて確認する。

第1節　欧米のレコード産業の創生（一九世紀末〜二〇世紀初頭）
——世界のメジャーに発展する発明者たちの事業

まずその手始めとしてここでは二〇世紀という一〇〇年の長い期間にわたって、世界のレコード産業を牽引することになる三つのレコード会社、すなわちコロムビア、グラモフォン、ビクターが、どのような経緯で生まれたかをみていく。これらの会社はエジソンやベルリーナというレコードの発明者たちが興したレコード会社であるが、ひとくちにレコードの発明者たちが興したレコード会社とはいっても、それぞれの企業によって誕生の時期も経緯も異なっている。またそこでは発明者のエジソンやベルリーナがそれぞれ一人ですべてを取り仕切ったのではなく、彼らの周囲にはさまざまの役割を担い、力を発揮した協力者たちがいた。そのためここではそれらの人々の働きも含めてみていくことになる。なお第二次世界大戦後に生まれた、戦後派メジャーとしてのユニバーサル、ワーナーの誕生の経緯は、ユニバーサルの前身であるポリグラム、フィリップス、ＭＣＡのそれを含めて、第二次世界大戦後の事象を検証する第２章の第２節で確認する。

1．エジソンとベルリーナの発明と起業

トーマス・エジソンは一八七七年に自ら発明した音の記録・再生・複製のシステムに、〝フォノグラフ〟（Phonograph ＝ギリシャ語の「音」と「記録する」という単語を重ねたもの）と命名したあと、同年の一二月に特許を申請し、翌七八年の二月には異例の速さで受理される。当時アメリカではほかに類似の発明品の申請がなかったためといわれる。そして彼は二ヵ月後の四月にはこの機械の商品化を行うために「エジソン・スピーキング・フォノグラフ社」を設立した。しかしエジソンがこの時点では、フォノグラフの主たる用途を、後のレコードのように音楽の記録・複製・再生を主体に考えていなかったことは、本書の序章でも述べた通りよく知られる。

それは一九七八年に彼が「ノース・アメリカン・レビュー」誌に発表した文章にも明らかで、そこで彼が挙げたフォノグラフの用途一〇項目には、第四項目に〝音楽の記録〟ということがあるが、

残りの九項目はこの機械が、話し言葉＝声を記録・再生することに適しており、声の手紙、盲人用の朗読本、教育用の教材、偉人の声の保存、遺言の保存などに有用である点を強調している。つまり音楽よりも音声の録音・再生に有効な機械であることを説いている(1)。それは「エジソン・スピーキング・フォノグラフ社」という社名の〝スピーキング〟というところにも現れているといえる。またこの機械はその後しばらくの間はトーキングマシーン（話す機械）と呼称されていた事実もある。

実際に市場に出た当初のフォノグラフは音質が貧弱で音楽の記録・再生には無理があった。いや音楽はもとより話し言葉の再生でさえ心もとない代物で、商品化された一号機は五〇〇台ほど生産されたが実用性に乏しいということが分かり、新会社の事業はたちまち行き詰ってしまった。このためエジソンは一時的にフォノグラフへの関心を失い、白熱電球など他の発明に没頭するようになる。その間に一八七六年に電話を発明したグレアム・ベルが、いとこの化学者チチェスター・ベルと機械工学の技術者のチャールズ・ティンターを招聘してエジソンのフォノグラフの改良に取組み、シリンダーの材質や針の固定法の改善に成功して音質の良化に成功、改良型の機械をグラフォフォンと命名して商品化する。そしてこれに刺激を受けたエジソン自身も、再びフォノグラフの改良に熱中するようになる(2)。このような改良競争のなかでこのトーキングマシーンの音質は少しずつ良化されていった(3)。

このようなことが進みトーキングマシーンは、だんだんに声の記録よりも音楽の記録・再生のディバイスとして関心が向いていった。それは声の記録装置としての用途はエジソンが考えていたようには需要に結びつかなかったこともあってのことである。そして一八八七年にエミール・ベルリーナがディスク方式の〝グラモフォン〟を発明し、さらに音質や使い勝手の改良が進むと、トーキングマシーンはますます音楽の記録・再生として認知される方向に向かった。このような状況のなかで、エジソンやベルリーナ、あるいはその関係者たちは、この機器のハードとソフト、つまり蓄音機とレコードの製造会社、さらにはその販売会社を相次いで創設する。それらの会社はその後、資本の移動、経営者の交代などの曲折を経て、世界のメジャーと呼ばれる大企業に発展していく。つぎに三社それぞれの誕生と生い立ちをみていくことにする。

2．コロムビア——エジソンの発明の本質を見抜いた販売会社の発展

メジャーのなかで最初に産声をあげたのはコロムビアである。しかしコロムビアはエジソンが起こしたエジソン・スピーキング・フォノグラフ社が、そのまま発展していったのではない。アメリカのピッツバーグでガラスの製造工場を経営していた実業家J・リビンコットは、一八八八年にエジソンの開発したシリンダー型蓄音機フォノグラフのリース会社として、ノース・アメリカン・フォノグラフ社を設立する。またチチェスター・ベルとチャールス・ティンター二名の技術力を使ってグレアム・ベルが開発した、グラフォフォンの販売権も獲得する。ノース・アメリカン・フォノグラフ社は各地に傘下の販売会社を持つようになったが、ワシントンDCを担当する販売会社とし

て、コロムビア・フォノグラフ社が置かれた。ここにコロムビアという社名を持つ会社がはじめて登場する。ワシントンDCのDCはDistrict Of Columbia（ディストリクト・オブ・コロムビア）[4]の略であり、コロムビア・フォノグラフ社の名称はそこから由来している。

J・リビンコットの興したノース・アメリカン・フォノグラフ社は、扱う商品のフォノグラフやグラフォフォンに技術的な欠陥が多いことで商売が軌道に乗らず、利益を出すようになっていたのは傘下の地域販売会社のなかでも、コロムビア・フォノグラフ社だけだった。その矢先にJ・リビンコットが病気で同社の事業から手を引くことになり、同社の事業はエジソンに引き継がれる。しかし結局一八九四年には破産に追い込まれ、傘下の販売会社のほとんども消滅する。しかし成績のよかったコロムビア・フォノグラフ社は生き残り、アメリカン・グラフォフォン社と合併して、新たにコロムビア・グラフォフォン社と名乗る会社が誕生する。これがメジャーのコロムビアに発展していく。

同じシリンダー型のトーキングマシーンを扱っていながら、コロムビア・フォノグラフ社はなぜ生き残ったのか。それはノース・アメリカン・フォノグラフ社の他の販売会社が、フォノグラフやグラフォフォンの録音機能にこだわり、有名人の声の録音・販売や、事務機器としてのリースなどに商売の目を向けていたのに対し、コロムビア・フォノグラフ社はこの機械を一般ユーザーが音楽を聴くための道具であることにいちはやく着目していたからである。一八八〇年代の終盤ごろに、シリンダー型のトーキングマシーンにコインを投入すると音楽が聴ける、後年のジュークボックスの原型のような、コイン・イン・ザ・スロット・マシーンが出現した。音楽が録音されたシリンダーのほうも八九年五月に市販されるようになる。この時期に録音された音楽の販売に最も力を注いだのが、コロムビア・フォノグラフ社から名前を変えたコロムビア・グラフォフォン社（以下コロムビア社と表記）だった。

まもなくコロムビア社は、自社で音楽の録音を手がけるようになり、シリンダーに音楽を入れたものを商品として市場に送り出すようになる。これこそレコード会社の活動である。後に行進曲の王様と呼ばれアメリカの代表的な作曲家となる、ジョン・フィリップ・スーザとアメリカ海兵隊吹奏楽団をはじめ、多くの著名なアーティストを起用して、コロムビア社は音楽の録音制作会社としての活動を強化していく。この当時伴奏ピアニストとしてこの会社の録音に参加していたのが、その後ベルリーナにスカウトされてグラモフォン社に入社し、レコード会社のA&Rの草分けとして、多くの歴史的録音を残すことになるフレッド・ガイスバーグである。

このようにトーキングマシーンを録音機としてではなく再生機と位置づけ、シリンダーに録音済みの音楽とともに販売することによって、コロムビア社は業績を挙げていった。当初はノース・アメリカン・フォノグラフ社の傘下の地域販売会社のひとつに過ぎなかった同社が、世界のメジャーのレコード会社に発展することになったのは、このように早い時期からトーキングマシーンが音楽を鑑賞することに向くものと見抜き、その判断に基づいて再生機としての蓄音機＝ハードの製造販売と、録音された音楽を記録・複製したレコード＝ソフトの制作・販売の両輪を、ビジネスの基盤に据えたことにある。

その後コロムビア社はイギリスへも進出する。そしてイギリスに進出したコロムビア社は一九二二年にアメリカのコロムビア社から独立する。その後一九二七年にはアメリカ・コロムビアは、アメリカの三大放送局の一つに成長しつつあったＣＢＳを手中に収め、（ＣＢＳとの親子関係は後に逆転し、コロムビア社がＣＢＳの子会社となるが）着々と世界規模のメジャーへの道を歩んで行く。

このようにコロムビア社は、Ｊ・リピンコットの興したノース・アメリカン・フォノグラフ社の販売会社から発展した会社である。ノース・アメリカン・フォノグラフ社は、エジソンの発明したフォノグラフを販売する会社としてスタートしているので、コロムビア社もある時期までは、ベルリーナが発明した円盤型のトーキングマシーンの急速な普及を横目でみながらも、シリンダー型のトーキングマシーンの機械とシリンダーを扱っていた。コロムビア社が、円盤レコードを扱うようになるのは一九〇二年のことである。

このように当初から円盤レコードでスタートしていたグラモフォンとビクターに加えて、コロムビアも円盤レコードへ急激に移行することになり、二〇年余り続いた円盤型対シリンダー型の市場争いにようやくケリがついた。このような経緯からもわかるようにコロムビア社はこの時期生まれた三つのメジャーレコード会社のうちでは、シリンダー型レコードでスタートしたエジソンの起業にその起源を持つ企業である。

3．グラモフォン――EMIとして開花したベルリーナの経営手腕

(1) アメリカでのビジネスの基盤作りと、それを支えた三人の盟友

エジソンのシリンダー型のトーキングマシーンが、技術の改善は少しずつ進んではいたものの、音声の録音機器なのか音楽の複製機器なのか、といった商品としての市場価値がなかなか定まらない時期が続くなかで、シリンダー型とは一線を画す新たな方式のトーキングマシーンが発明された。それがドイツ系アメリカ移民のエミール・ベルリーナが発明した円盤型のトーキングマシーンである。〝グラモフォン〟と名づけられたその機械は、一八八七年九月に特許申請され同年一一月に公示された。エジソンの発明と特許獲得から一〇年が経過していた。

ベルリーナのグラモフォンは円盤型という点で、エジソンのシリンダー型のフォノグラフやグラフォフォンとは異なるものだが、もうひとつ構造上の違いがあった。エジソンのシリンダーは、音の振動が針の強弱として刻まれる縦（たて）振動の記録方式であり、溝の深さを一定に保つことができない。これに対しベルリーナのディスクには音の振動は横（よこ）振動で記録される。このため針は音の強弱・高低の如何にかかわらず一定の圧力で動くので、刻まれる溝の深さも一定に保たれる。この点が円盤であることとに加えてグラモフォンが工場での大量生産が容易になる要因となった。

しかし発明されたばかりの時点では、ベルリーナのグラモフォンも未熟な点が多かった。たとえば円盤は人の手で回転させるのでどうしても回転ムラが生じ、中身の音楽などが同じ速度で再生されにくかった。それでも初めての円盤型のトーキングマシーンということで、一八八九年一一月ベルリン工業会での公開実演は反響を呼び、ドイツのケンメラー・ウント・ラインハルトという玩具会社が、グラモフォンのプレーヤーとレコードの販売をすることになり、翌年の九〇年に発売された。レコードは直径一二・五cm（奇しくもずっと後年になって開発されたCDとほぼ同じサイズだったが）という小型で、プレーヤーも手回しという、文字通り玩具の域を出ないものだった。しかしそれは世界最古のディスク型のレコードとプレーヤーとして、今ではコレクターズ・アイテムとなっている。

ベルリーナのグラモフォンに明るい見通しが立つのは、一八九五年フィラデルフィアの資産家トーマス・S・パーヴィンの出資を得て、フィラデルフィアにベルリーナ・グラモフォン社を立ち上げてからのことである。この年から一九九〇年ごろまでの約五年ほどのあいだにベルリーナはグラモフォンの事業を軌道に乗せる。ここに至ってベルリーナは発明家としてだけではなく、経営者としての能力も発揮する。また彼の周囲には多くの有能な協力者が集まっており、人望も厚かった人物であったことが想像される。(5)

それを裏付ける事実として、彼がレコード・ビジネスの基本である、「ディスク製造」「宣伝・販売」「音楽制作」の三本柱を意欲的に充実させて行くに当たって、彼の近くには助力を惜しまなかった三人の優秀なスタッフが存在した。①エルドリッジ・ジョンソン、②フランク・シーマン、③フレッド・ガイスバーグの三人である。この三人の貢献はつぎのようなものである。

①エルドリッジ・ジョンソンは技術面でベルリーナを支えた。当時ベルリーナは手動で回転させるため回転ムラに悩んでいた蓄音機のターンテーブルを、何とかしてモーターで回せないかと模索していた。ライバルのシリンダー型の蓄音機は、すでに電池利用のモーターやゼンマイ利用のモーターを使用していたこともあった。ベルリーナは時計やミシンに使われていたモーターを検討しているうちに、ニュージャージー州のキャムデンに住むエルドリッジ・ジョンソンという技術者が作るゼンマイが、円盤型のグラモフォンに使えると考え、試作品を発注する。しばらくしてエルドリッジ・ジョンソンは回転の際の雑音が少なく、回転の周期も安定し、しかも低コストのモーターを作り上げた。一八九五年のことであった。ベルリーナはそれに満足し、ただちに二〇〇個を発注する。それを皮切りにエルドリッジ・ジョンソンは一九〇〇年までの五年間に二五〇〇〇個のゼンマイ式のモーターをベルリーナ・グラモフォン社に納入したという。まさしくこの期間はベルリーナのグラモフォンが軌道に乗っていった時期である。ジョンソンはモーターの開発だけでなく、レコード盤の材料をエボナイトや硫化ゴムからシェラック粉末に切替えて音質を向上させたり、カッティングにワック

スを使用することや、スピーカーに相当するサウンドボックスの構造を改良することで音質・音量が大きく改善された。これらによって、彼はレコードの技術発展に大きな足跡を残すことになった。

②フランク・シーマンは流通の分野でベルリーナの事業に貢献した。彼はニューヨークの宣伝界の実力者として存在を知られていた人物だった。ベルリーナ・グラモフォン社設立の翌年の一八九六年に、ベルリーナは宣伝・販売を担当するナショナル・グラモフォン社を設立し、その責任者としてシーマンを招聘する。シーマンがナショナル・グラモフォン社で働いたのは九九年までの約四年間だったが、その間彼はその宣伝面でも販売面でもその実力を余すところなく発揮し、ベルリーナのグラモフォンの事業は、磐石の宣伝・販売体制を整えることに成功する。

③フレッド・ガイスバーグは、音楽の制作という分野で、ベルリーナ・グラモフォン社の発展に大いに寄与する。彼はドイツ移民の息子でアメリカの首都ワシントンで生まれた人物だが、音楽の才能に恵まれピアニストとして生計を立てていた。彼はコロムビア・フォノグラフ社の録音スタジオで、伴奏ピアニストのアルバイトをしていた。一八九一年にふとしたことからベルリーナを知り、ベルリーナが録音実験の際にガイスバーグをピアニストとして使った

ことなどから、二人のつながりは深くなる。一八九三年には正式に社員となって働くことになったが、ガイスバーグはコロムビア・フォノグラフ社の録音にかかわっていたことで、歌手やミュージシャンの知合いも多く、彼らを起用してグラモフォンでの録音を積極的に進めて行く。特に彼が名声を高めるのは、ベルリーナの要請で英国グラモフォンに赴任してからであるが、音楽録音のノウハウはアメリカで身に着けたものである。彼はまさにレコーディング・プロデューサーの始祖であり、その後世界中に生まれたレコード会社のプロデューサーたちの手本となる存在となる。

(2)ヨーロッパ進出とその成功

このようにしてベルリーナのアメリカでのビジネスは軌道に乗っていったが、一八九七年に彼は蓄音機とレコードのヨーロッパでの事業拡大を企図して、ベルリーナ・グラモフォン社のヨーロッパの拠点ともいうべき、ヨーロッパ・グラモフォン社をロンドンに開設する。このときベルリーナが責任者としてロンドンに派遣したのは、ベルリーナ・グラモフォン社にいた弁護士のバリー・オウエンだった。ヨーロッパ・グラモフォン社はすぐにドイツのハノーバーにレコードのプレス工場を作り、続いてドイツ、オーストリア、フランス、スペインに支社を開くというように、速いスピードで事業を拡大していく。

この時ベルリーナは音楽の制作録音の責任者としてフレッド・ガイスバーグをロンドンに送り込

んだ。またハノーバーのレコードのプレス工場には、自分の甥のジョー・サンダースを派遣した。ここでベルリーナがいち早くヨーロッパに拠点を置いたことは、彼がヨーロッパという市場を非常に重要視していたということであろう。この時期のヨーロッパはアメリカよりもはるかに音楽文化が進んでいたことを、ベルリーナはもちろん知っていた。だからこそいちはやくガイスバーグをヨーロッパに派遣して、ヨーロッパの各地の音楽を録音し、グラモフォン社のレコードのレパートリーを一気に充実させようと考えた。ヨーロッパは伝統あるクラシック音楽の宝庫であり、アメリカはまだその足元にも及ばないことは自明だった。またヨーロッパで録音した音源はヨーロッパのみならず、ヨーロッパからの移民の多いアメリカでも充分に市場価値がある商品になることも、彼らは見込んでいたことだろう。

ヨーロッパ・グラモフォン社がいち早く、ドイツ、オーストリア、フランス、スペインなど、ヨーロッパ各地に支社を開いたのは、販売拠点の開設という目的もあったが、その国の音楽を録音するための足場にしたり、録音する音楽の情報の収集するためのアンテナ基地として活用する狙いもあったに違いない。ヨーロッパに渡ったガイスバーグは一年の多くの日数を、録音機材を持って録音のために各地を旅するという活動を開始した。一九〇二年にガイスバーグはイタリアのミラノで、当時の超人気テノール歌手エンリコ・カルーソの録音を実現した。ロシアでは名歌手フョドール・シャリアピンの録音にも成功している。さらに一九〇二年から〇三年にかけては、カルカッタ、バンコク、シンガポール、香港、上海、そして日本へと足掛け二年の東アジアへの録音旅行にでかける。このときの日本でのガイスバーグの仕事やその成果については、本書の第1章3節に詳述する。

このようにしてベルリーナの率いるグラモフォン社は、二〇世紀の初頭までには世界をまたにかける国際的なレコード企業、いわゆる世界のメジャー・カンパニーとしての業容を固めつつあった。また一九三一年このグラモフォン社は英国コロムビアと合併して世間を驚かす。レコード産業のM&Aのはしりともいうべきこの合併劇で、ヨーロッパのメジャーとしてのEMIが誕生したのである。

4．ビクター——ベルリーナから独立した技術者ジョンソンの起業

一九〇一年にアメリカでビクター・トーキング・マシンという会社が設立される。ここに初めてビクターの名称を持つレコード会社が誕生した。この会社を興したのはベルリーナのグラモフォン社を、ゼンマイ式蓄音機の開発や製造など技術面で支えていたエルドリッジ・ジョンソンである。一八九九年にジョンソンがベルリーナのグラモフォン社を離れざるを得なくなる状況が生じた。それはグラモフォン社の宣伝・販売を支えていたフランク・シーマンが突然反旗を翻し、ナショナル・グラモフォン社を解散してベルリーナと袂を分かち、ニューヨークに隣接するヨンカーズという町に移ってゾノフォンという商標のレコード会社を設立したためである(6)。

シーマンは同時にユニバーサル・トーキングマシーン社という新しい会社を作り、蓄音機とレコードの製造を始める。このためエルドリッジ・ジョンソンの工場へのベルリーナ社からの注文が激

減し、工場増設に約四万ドルの投資をしたばかりのジョンソンは窮地に追込まれる。ここでジョンソンは決断し、ベルリーナとは友好裏に袂を分かち、コンソリデーテッド社というレコードと蓄音機を製造する会社を設立する。二年後の一九〇一年この会社がビクター・トーキング・マシン（以下ビクターと表記）と改名される。

一九〇〇年代に入ったばかりのこの時期は、先行するコロムビアとグラモフォンの両社にとっては、レコードの制作と蓄音機の製造という両輪がうまく回り始め、事業が軌道に乗りつつあった時期である。特にレコードの制作では、コロムビア社は、コロムビア・フォノグラフ社時代の一八九〇年頃から、アメリカ海兵隊吹奏楽団をはじめとする専属アーティストを抱え、スーザの行進曲など多くの録音を行ってきたが、一九〇〇年に入るとニューヨークのメトロポリタン歌劇場のオペラ歌手たちの録音を開始し、クラシックのレパートリーの充実を図っていった。ＥＭＩの前身である英国グラモフォン社では、前述のようにガイスバーグの積極的な活動によって、一九〇一年には当時ロシアの超人気歌手フョドール・シャリアピン、翌〇二年にはイタリア・ミラノで急激に人気が出はじめたエンリコ・カルーソの録音に成功し、赤いレーベルで差別化したレッドシール＝赤盤シリーズを設けて、クラシックのカタログを充実させていった。

設立時期がこの両社に一歩遅れたビクターも負けてはいなかった。友好関係(7)にあった英国グラモフォン社に倣って一九〇三年に赤盤シリーズを発足させ、ヨーロッパの活動が目立ったグラモフォンに対抗するように、ニューヨークを中心にアメリカでの録音に力を入れ、ニューヨークのメトロポリタン歌劇場のオペラ歌手たちの録音を中心に録音活動を開始した。なかでも一九〇三年暮れにアメリカ公演に訪れたエンリコ・カルーソの録音した歌劇「道化師」のアリア「衣装をつけろ」は大きな売れ行きを示し、設立まもないビクターのヒット商品となって、その地歩を固めることに寄与した。このレコードは一九三〇年頃までに一〇〇万枚の売上に到達し世界初のミリオンセラーとなる。一連のカルーソの録音など赤盤シリーズで業績を挙げたビクターは、一九一〇年代になるとクラシック音楽だけではなく、ダンス音楽、ジャズなどの、ポピュラー音楽にもレパートリーを広げていく。それは蓄音機の普及が進んで、人々の音楽への嗜好の幅が広がりつつあったことに呼応するものでもあった。

ビクター社は、蓄音機の製造・販売も順調だった。ベルリーナの依頼によってジョンソンが開発した、ゼンマイ動力でディスクが回転する蓄音機は、従来の手回し式のものに比較してはるかに回転が安定した。スピーカーに相当するサウンドボックスもさらに改良され、ディスクの素材もシェラックが採用され、音質も向上していった。ビクターの犬のマークはレコードのレーベルと蓄音機の商標として、音楽ファンに良質の音楽を提供する企業のシンボルとして定着する方向に向かった。この犬のマークはフランス人の画家フランシス・バロウが描いた、彼の兄の愛犬ニッパーの絵がオリジナルである。バロウはこの絵をまずエジソンが経営するシリンダー型蓄音機のレコード会社エジソン・ベル社に持ち込むが断られ、イギリスのグラモフォン社の社長バリー・オウエンが権利を買い取ることになった。これを見て気に入ったエルドリッジ・ジョンソンがアメリカでの使用権を得て、ビクターの商標として使用するようになったのである。

このように順調に歩み始めたエルドリッジ・ジョンソンのビクターだったが、一九二六年、経済不況とラジオの出現による経営への不安から、創業者のジョンソンはビクターを手放してしまう。しかしその後ＲＣＡ社の経営に移ったビクターは、同社のラジオ事業と放送事業（ＮＢＣ）との相乗効果もあって、蓄音機・レコードの両方の分野で、コロムビア及びグラモフォンと並ぶ世界規模のメジャー企業に発展していく。

☆

ここまでにシリンダー型レコードの発明者であるトーマス・エジソンや、円盤レコードを開発したエミール・ベルリーナ、そして技術者として蓄音機やレコードの改良に尽くしたエルドリッジ・ジョンソンや、その関係者らが創設した、コロムビア、グラモフォン及びビクターの誕生の経緯を確認した。なおここでの事実は、主にローランド・ジェラット著『レコードの歴史』*The fabulous phonograph*（一九七七）、及び岡俊雄著『レコードの世界史』（一九八六）、に準拠するものが多い。

ここでみたように一九世紀末から二〇世紀の初頭にかけての時代は自由競争時代の資本主義が発展し、それが世界の主要国による競争的発展の時代に突入して、過剰化した生産と資本の輸出先をめぐる、植民地の獲得と支配への競争の時代だった。このような時代にレコードの事業化に取り組んだメジャーの創始者たちは、他の多くの産業の欧米企業の事業家と同様に、欧米地域のみでの事業拡大を狙うだけではなく、世界の国々での事業拡張に向けての活動をはじめた。その矛先は開国という大きな歴史的変換を経て間もない、日本へも向けられることになった。次節では欧米のレコード産業が、まだそのような段階にあった日本にビジネスを仕掛けてくる経緯をみる。

第2節　立ち上がりが遅れた日本のレコード産業
――米英メジャーも躊躇した明治期の日本への進出

第1節でみたようなアメリカでの蓄音機・レコードの発明者たちが興した企業は、その発明品の技術的な問題点が改良され品質が安定すると、順調に発展への道を歩みはじめ、まもなくヨーロッパの各国や日本をはじめとするアジア各国への攻勢を開始する。しかしそのなかで日本への働きかけは、ヨーロッパ諸国にくらべると必ずしも早いとは言えなかった。また日本国内にレコード産業が立ちあがるのも、他のいくつかのメディア事業が明治の新政府が動き出すとまもなく相次いで開始されたのに比べて、かなりの年月を要することになった。それは日本における音楽文化の近代化が、他の分野のように短い年月では進まなかったことが大きな要因として挙げられるだろう。それは音楽においては欧米文化の移入が、その是非の国家的な判断も含めて時間を要したということに起因する。ここではこの時期の日本の社会の変革を確認しながら、明治期の日本における音楽文化振興の方向性の決定に時間を要した経緯と、そのためにレコード産業の立ち上げと発展がそれなりの年月を要した経過を振り返ってみる。

1. 社会の文明開化が進むなかで

蓄音器とレコードが日本に入ってきた明治という時代、つまり一九世紀の後半から二〇世紀の初頭にかけての時代には、日本の社会はどのような状況にあったのだろうか。この時代は地球上では政治的にも経済的にも、そして文化的にも世界を単一のシステムに統括しようとする力学が強く働いていた時期である。それ以前の世界の歴史でもこの種の動きが少なからずあったが、この時期のヨーロッパとアメリカを源とする動きは、そのどれにも増して強かった。それはヨーロッパの先進国やアメリカが自らの持つ西欧的な価値を、アジア、アフリカ、南アメリカ、オセアニアなどの非西欧地域に広め、あらゆる面の西欧化を促進させようとするもので、すでに多くが植民地化されたそれらの地域には、近代化という名目のもとにヨーロッパの政治、経済のシステムや科学技術、文化が広がっていた。その過程ではさまざまな価値の対立も生じ、それは各地での戦争の勃発にもつながった。

このような世界の動きのなかでこの時期の日本は、一八五三（嘉永六）年のペリー提督の率いるアメリカの東インド艦隊(8)の来訪がきっかけとなり、三五〇余年にわたって続けられた鎖国が終わった。かろうじて植民地になることは回避され、一八五八（安政五）年にはアメリカと修好通商条約を締結し、日本は開国に踏み切ることになった。それは単に欧米との交易を開始することだけではなく、それまでの幕藩体制という封建制国家を廃し、欧米を手本とする民主制に切り替えるという政治体制の大きな変革であった。これを機に日本には欧米の政治・経済・文化・技術が堰を切って流れ込み文明開化の時代が訪れた。政治体制の変革の混乱が収束に向かい新しい社会が生まれると、民衆は西欧の文化を戸惑いながらも受け入れていった。明治新政府も新しい諸施策の実行を急いだ。数年も経過しないうちに国軍が組織され、学制をはじめとする国の諸制度が矢継ぎ早に施行された。人々の日常生活でも西洋から多くのものを取り入れることが着々と進み、それは衣・食・住のすべての範疇に及んだ。

このようにこの時期には日本も世界の多くの非西欧諸国と同様に、アメリカとヨーロッパの推し進めるいわゆる西欧の価値観を受け入れ、近代化という旗印のもとに西欧の文明の導入が進んだ。そこではその動きへの批判勢力も生まれたが、明治政府は西欧がもくろむシステムの導入を受け入れる方向にまっしぐらに進んでいった。当初は政府高官や華族など社会の上層部に属する富裕層が中心だった欧米文化の享受は、やがて庶民のあいだにも広がるようになる。

このような状況のなかで政府が力を入れたメディア分野の事業の進展も目覚ましかった。一八六九（明治二）年には東京横浜間で電信が開通し、一八七一（明治四）年には郵便事業が始まった。

一八七〇（明治三）年には日本最初の日刊紙である「横浜毎日新聞」が創刊され、続いて一八七二（明治五）年には「東京日日新聞」、が、一八七四年には「讀賣新聞」が、一八七九年に「朝日新聞」が、それぞれ創刊された。これらのメディア産業はその前身は明治以前にも、郵便は飛脚便として、新聞はかわら版という形でも存在した。しかし鉄道の開通や木版印刷から活版印刷への進歩など、維新以後に西欧からもたらされた技術の恩恵で、この時期に事業として本格化した。電信電話事業もアメリカからの新技術の導入によってこの時期にスタートが切られることになった。

このようにメディア事業が相次いで立ち上がるなかで、同じメディアの事業でも娯楽・芸術である音楽を扱う、蓄音機・レコードの事業はスタートが遅れることになった。蓄音機が初めて日本に持ち込まれて人々の目の前で公開されたのは一八七九（明治一二）年のことで、当時明治政府が招聘していたお雇い外国人[9]の一人であり、東京大学理学部で機械工学を教えるために来日していた、イギリス人研究者ジェームス・アルフレッド・ユーイングによって実現された（倉田喜弘 1979：13-17）。このとき公開されたのはそのわずか二年前の一八七七（明治一〇）年にエジソンが発明した、錫箔を巻いた円筒の表面に音溝を刻み再生するシリンダー式の蓄音器であるが、エジソンが制作した機材そのものではなく、欧米の新聞で報道されたエジソンの原理をもとにユーイングが試作したものである。当時の東京商法会議所（木挽町＝現在の銀座にあった）で報道陣らの前で行われたフォノグラフ（エジソンによる命名）と呼ばれるその蓄音機のデモンストレーションでは、参加者がかわるがわる言葉や詩の一節などを吹き込み再生して驚嘆の声を上げたという。それは当日取材に来ていた新聞記者らによってレポートされ、多くの日本人がはじめて蓄音機がどういうものであるのかを知った。この明治一二年の出来事をかわきりに日本での蓄音器とレコードの歴史は始まった。しかしそこでただちにレコードの実用化・産業化が始まったわけではない。蓄音機とレコードが日本で産業としてスタートするには、ユーイングの蓄音機の公開から約三〇年の時間を要した。

2. 学校教育に委ねられた日本の近代音楽文化の醸成

それほどの時間を要した要因は二つ考えられる。その第一は明治新政府の音楽文化政策の舵の取り方である。明治新政府の誕生以降、衣・食・住すべての分野で日本人の生活の西欧化が急激に進むいっぽうで、文化の面でも西欧文化の移入が美術、演劇をはじめとする各分野で進捗していった。そこで新政府が最も頭を悩ませていたのは日本の伝統文化と西欧文化のどちらを主軸に置くのか、また如何にして双方の折り合いをつけていくかという点にあった。そのようなかで音楽文化の方向づけに際しても、当時の政府要人は難しい判断を迫られていた。

その判断に影響を及ぼしたもののひとつに次のような出来事があったといわれる。一八七九（明治一二）年、明治政府の招いた貴賓として来日したアメリカの前大統領のグラントから、接待役の政府要人の岩倉具視[10]は「貴国には固有の音楽はありや？」と問いかけられたという（倉田 1999：198）。このとき岩倉はグラントへの接待のなかで、日本を代表する音楽芸能として能楽と箏曲をすでに聴かせていた。しかしアメリカ人のグラントにとってそれらは音楽の範疇に入るものではなかった。そのためこのような問いかけがされたのである。西欧人に日本の伝統音楽が音楽とみなされなかったのはこのときが初めてではない。幕末のペリー提督一行と幕府役人の数年にわたる日本開国の交渉のなかで時折持たれた酒宴の折りにも、余興で歌われた日本人の歌はアメリカ人にとっては、音程の定まらない唸り声のようなものに感じられたという記録が、サミエル・ウィリアムズというペリー提督の艦隊の一員が書いた「ペリー日本遠征随行記」にみられる（倉田 1999：32-33）。音程の「揺れ」を伴う日本の歌唱も、一オクターブ一二音の明快な西洋音階に馴れた欧米人には当初は音楽とはみなされなかった。その後も日本を訪れた欧米人の多くは伝統的な能や雅楽の雅楽を初めて聴いて同様の印象を持ったという（内藤 2005：ⅲ－ⅳ）。グラントが岩倉に投げかけた「貴国には固有の音楽はありや？」の問いは、岩倉から政府要人に伝えられ、日本の文化政策にとっての重大な問題として重く受け止められた。

明治政府は日本の伝統音楽をそのまま継承せず、欧米の音楽を取り入れることと、それを基盤にして日本の伝統音楽からも取り入れるべきところは取り入れて、日本に新たな独自の音楽文化を創造していくという方向に舵とりをする（園部 1980：63）。じつは一八七二（明治五）年に太政官布告で学制が発表されたおり、このなかには小中学校の音楽教育のことも規定されていたのだが、具体的にはなんの研究も準備もできていなかった。このため一八七八年に文部省の伊沢修二と目賀田種太郎が、音楽教育の意見書を文部大臣に提出したということがあり、そこでは西洋音楽を取り入れることが提案されていて、政府はそれを採用する道を選んだ。しかし伝統的な日本の音楽と移入しようとする欧米の音楽にはあまりにも大きな隔たりがあった。そこで政府が選んだのは、新しい日本の音楽文化の涵養のためには小学校からの音楽教育という、成就するまでに年月を要する手段だった。

そこで政府はそのために「音楽取調掛り」を設立した（倉田 1999：198）。「音楽取調掛り」は、アメリカ留学でアメリカの音楽教育を視察して帰国した伊沢修二[11]を責任者とし、文部省内に設置された。「音楽取調掛り」の最大の任務は日本の国楽、つまり文明開化の新しい日本の音楽の方向を定めそれを教育という手段で実践するための道ならしをすることだった。その手始めの仕事が、小学校唱歌の創作を進めることであり、それを「小学唱歌集」という教科書にまとめて刊行することだった。

最初に刊行した数冊の「小学唱歌集」はいずれもその内容のほとんどが、外国の原曲に日本語の歌詞を当てはめたものだった（園部 1980：67–79）。なぜならば小学生が歌えるような唱歌を、西洋音階を使って作曲できるような作曲家は、日本にはまだいなかったからである。現在でも歌われる「蛍の光」（スコットランド民謡）、「庭の千草」（アイルランド民謡）、「蝶々」（ドイツ民謡）などが集録されていたが、タイトルや歌詞もオリジナル（原語）を翻訳したものではなく、日本の子供にも理解ができて歌えるような日本語のタイトルや歌詞に変えられている[12]。国粋主義者の反対もあったなかで「音楽取調掛り」が、学校唱歌にこのような西洋音階を取り入れたことは、日本の伝統音楽を採るか、外来の音楽を採るかの分岐点にあった日本の音楽の方向性を決めるうえでの大きな決断だった。やがて日本人の作曲による西洋音階の唱歌も作られるようになり、オルガンやラッパなど西洋音階の楽器がキリスト教会や学校や家庭にも備わるようになって、西洋音階は日本人のあいだに少しずつ浸透していく。それは日本の軍国主義の進展とともに国民が好むと好まざるにかかわらず広く耳にし、歌うようにもなった軍歌にも取り入れられるようになった。日本の音楽が西洋音階を持つようになったのは、このように明治時代の文明開化の流れのなかで当時の政府の要人の岩倉具視や伊沢修二らが持った西洋音楽への憧憬、あるいは劣等感といったものがその要因として大きく働いたといえるだろう。「音楽取調掛り」は設立から一二年経過した一八八九（明治二二）年には、東京音楽学校と名前が変わり発展的に解消される。それは音楽教育者を要請する機関であり、その後東京芸術大学音楽学部へと発展する。(13)

このように明治期の日本の音楽の文明開化は、即効的な効果を生むことが困難な教育という行程を通して行われることになり年月を必要とすることになった。その結果日本人のあいだに新しい音楽文化が育まれて、そのなかから新しい大衆音楽が生まれるのは、明治時代にその萌芽はみられたものの、大正時代に入ってからのことになった。このようなことが日本のレコード産業が、他のメディア産業に比べてその立ち上がりが遅れることにつながったといえる。明治時代の日本には本格的なレコード産業立ち上がりはみられなかった。

3. 音楽の再生機として認知が遅れた蓄音機

日本のレコード産業のスタートが遅れた二つ目の要因には、本書の序章でも触れたように、蓄音機とレコードというメディアが、発明当初はメディアとしての輪郭がはっきりしていなかったということがある。それはすでに述べたようにエジソンが発明の過程で頭に描いていたシリンダー（円筒）型の蓄音機の用途は、必ずしも音楽の複製を主たる目的とすることにはなかったことに起因するものである。エジソンがそれを音楽の録音・再生ではなく、声の記録のためのディバイスとしていたことは、日本におけるユーイングのデモンストレーションにも現れている。ユーイングの蓄音機のデモンストレーションでは、参加者がかわるがわる言葉や詩の一節を吹き込み、それがその場で再生された。さらにその九年後一八八八（明治二一）年に当時の農商務大臣井上馨は名士約二〇〇人を鹿鳴館に招き、アメリカ製蓄音機＝グラフォフォンの説明会兼試聴会を行った。その折に試聴されたのは、アメリカのグラフォフォン社のヘエルが持参した、在米日本行使の陸奥宗光から井上馨、岩崎弥之助（日本郵船の社長）に宛てたものと、アメリカの日本行使館の書記スティーブンから在日アメリカ人のグローヴァーに宛てた、〝声〟の書簡だった。これらの事実から分かるように、蓄音機の用途はまずは人間の音声を記録し再生することにあり、それは娯楽のツールであるよりも事務機器の範疇のツールであった。しかしこのような機能の事務機器を必要とするほどには当時の社会は成熟してはいなかったこともあった。

この時期の蓄音機は富裕層では家庭で購入する場合もあったが、一般には人の集まる盛り場で見世物の一つとして展示され、そのものめずらしさに人々は金を支払って耳に当てたゴム管から聴こえてくる役者や名士の声に聴き入る、というような利用のされ方がしばらくは続いた。欧米でもこの時期は同様の状況だったとされる。音が録音されて再生されるということのもの珍しさから、注目を引くレコードだったが、改良は加えられたもののシリンダー式のレコード・蓄音機の音質は悪く、人々がこれで音楽を聴いてみたいという願望を持たせるほどのものでは到底なかったという。そのため日本でのシリンダー式のレコード・蓄音機は、輸入ものが一部の愛好者に売れるだけで、国内での事業化は進まずレコード会社が設立されるまでにはならなかったのである。このため日本のレコード事業は、蓄音機もレコードも輸入品の販売からスタートした。

蓄音機とレコードが商品として最初に輸入された記録があるのは、一八八九（明治二二）年で、それは横浜のセール・フレーザー商会が、その年の一月二二日付けの読売新聞に、エジソン社の代理店としてシリンダー式蓄音機とレコードを輸入販売するという広告を載せていることでわかる（倉田 1979：43-44）。その後横浜の機械貿易商だったホーン商会がグラフォフォン社の製品を輸入し、それを販売するために一八九九（明治三二）年、松本武一郎が浅草に三光堂蓄音器店を開業する（倉田 1979：71-76）。この頃には銀座の服部時計店や天賞堂も輸入蓄音機の販売を始める。このような輸入蓄音機を売るためにレコードも輸入されたが、そのいっぽうで三光堂の松本武一郎は、国産のレコードの録音・製造を思い立つ。この時期の輸入レコードに収録されていた欧米の音楽は、まだ日本人の耳に馴染むものではなかった。そこで当時の日本の大衆演芸であった浪曲や落語のレコードを少しずつ作りはじめた。いずれもシリンダー式レコードである。シリンダー式の蓄音機はもちろん音や音楽の再生が可能だが、同時に録音も可能で、ちょうど第二次世界大戦後に現れたテープレコーダーに類似の機能を持っていたので、円盤式レコードのように製造工場を持たなくてもレコードを作ることができた。このようにしてアメリカの技術を真似て、国内におけるレコードと蓄音機の製造が始まった。ここに日本のレコード産業の萌芽がみられる。しかしそれはあくまでもまだ三光堂のような輸入販売店が、設備も不十分な店舗内の小部屋や倉庫のなかのような場所でレコードを作っていた状況で、レコード会社の誕生と呼べる状況には至っていなかった。

一九〇三（明治三六）年になると初めて円盤式のレコードが日本に輸入された。それは東京・銀座の天賞堂がこの年の暮れに掲載した「平円盤のレコードと蓄音機が入荷」という新聞広告で確認される（倉田 1979：78-80）。これが契機となって日本でも蓄音機とレコードが音楽を聴くのに適するディバイスであることが社会的にも認識され、レコードがマスメディアとして音楽というメッセージを、人々の間に広める機能を持つことが認知されるようになった。このあたりから富裕層を中心に蓄音機とレコードを買い、家庭で音楽を聴こうという動きが生まれる。しばらくは輸入品が中心で扱う業者も増えていくが、数年たっていよいよ日本でも最初のレコード会社、すなわち蓄音機とレコードの製造会社が誕生する。それは一九〇七（明治四〇）年輸入商のホーン商会の代表のアメリカ人であるＦ・Ｗ・ホーンが設立した、日米蓄音器株式会社に始まった。ここにきて蓄音機とレコードの国産化が始まることになった。このように日本でのレコード会社の設立は、明治末期まで待たねばならなかった。

しかしここで着目すべきことは、上記のように一九〇三（明治三六）年を契機に日本に円盤式のレコードの輸入が始まったということは、それと同時に当然のことながら円盤式のレコードを再生するための蓄音機の輸入も始まったということである。そして日本という市場で蓄音機を売るために、米英の先発メーカーであるグラモフォン、コロムビア、ビクターは、レコードの音楽のレパートリーを増やすことを考えた。しかしクラシックを中心とする当時の欧米での主力商品では日本での需要は限度があった。そこで彼らが考えたのは当時の日本の大衆が好んだ日本の伝統的な演芸・芸能・はやり歌を、日本に乗り込んできて録音して、それをレコード化することであった。次章ではこのような欧米のメジャーによる初期の日本への働きかけ開始の経緯を検証する。

第3節　〝英国からの黒船〟ガイスバーグの来訪
――開国後の日本の音楽文化の形成と外資の攻勢の始まり

ベルリーナが開発した円盤型レコードが実用化されてからは、レコードは音楽の複製のためのメディアということが認識され、レコード会社が生まれ音楽を生産し大量販売するようになった。しかし当初は後のレコード会社のように、レコードを売るために新たに音楽を作り出すのではなく、すでに世の中で愛好されている音楽を見つけ出し、録音しそれを複製して販売していた。明治時代の日本にも伝統音楽やそこから派生した、浪曲、民謡、それに書生節や俗謡などのなかに、大衆にもてはやされて歌われたり聴かれたりした楽曲があった。まだ日本にレコード会社が生まれる前の時代に、輸入蓄音機を扱っていた三光堂や天賞堂などの代理店が蓄音機を売るために、細々と始めた国産のレコードの録音と製造は、主にそのような内容の音楽を対象としていた。それは純粋な音楽というよりは音楽を伴った大衆芸能と呼ぶべきものだった。

このような時期にすでに発展期を迎えていた欧米のレコード会社が、日本への最初のアプローチを開始した。それは日本に録音技師などのスタッフを派遣し、当時の日本の代理店が試行錯誤で始めていた日本の芸能・音楽のレコードへの録音を、一気にまとめて実践するということで始まった。それは英国のグラモフォン（後のＥＭＩ）によって口火が切られ、その直後にアメリカのビクターやコロムビアなどが続いた。

以下英国のグラモフォンのフレッド・ガイスバーグの一行によって行われた、海外のメジャーレコード会社による、初めての日本での集中録音プロジェクトの経緯を追いながら、その狙いやそれが及ぼした黎明期の日本のレコード産業への影響などをみる。

1．録音スタッフの日本滞在とスケジュール

一九〇三（明治三六）年一月一六日午後二時、横浜港に着いた日本会社ラインの神戸丸から四人のヨーロッパからの乗客が降り立った。彼らは英国グラモフォン社のアジア地域への音楽録音のために出張してきたクルーで、マネージャー格のアディスとその妻、現場責任者でこのプロジェクトの実質的推進者であるプロデューサー兼録音技師のガイスバーグ、その助手のデルニットという若者の四人であった。この出張ツアーの概要は、ガイスバーグの自伝『レコードの音楽』(15)や、最近その存在が明らかになったガイスバーグの日記(16)、またグラモフォン社の社内資料などに、比較的詳細に記述されて残っている（岡田 2001：17-22）。それらによると、一行は横浜到着の一ヶ月ほど前の一九〇二（明治三五）年の一二月中旬にインドのカルカッタを出発し、すでにシンガポール、香港、上海に立寄り、現地の音楽の録音を済ませ、その後日本の長崎、門司、神戸に寄港して名所見物などを楽しみ、横浜港に到着したものである。

横浜到着後、ガイスバーグ一行は、同年の三月三日に再び横浜港から帰途につくまで約一ヶ月半

のあいだ東京に滞在し、当時演奏・上演されていた日本の音楽・芸能を、じつに二七三演目（七インチ盤一六四種、一〇インチ盤一〇九種）録音した。これが日本で初めての円盤式蓄音機用のレコード録音であった。

この一ヶ月半の彼らの滞在中の活動は、ガイスバーグの日記から要約するとつぎのようなものだった。

一九〇三（明治三六）年

一月一六日：横浜着　グランド・ホテル泊
一月一七日：横浜　山手散策
一月一八日：鎌倉見物
一月一九日：ガイスバーグの父危篤の報が届く
一月二〇日：（記事なし）
一月二二日～二八日（記事なし）
一月二一日　父死去の報が届く
一月二九日　東京でブラックの高座を見る
一月三〇日　別便で送った録音機材が到着する
一月三一日～二月一日（記事なし）

二月二日　東京へ移動、メトロポール・ホテルに滞在開始
二月三日　雪に降り込められる
二月四日　メトロポール・ホテル内の仮設スタジオで録音開始。この日だけで五四演目録音する。
二月五日　英国大使館コンサートに行く
二月六日　録音続行
二月七日　吉原見物
二月八日　（記事なし）
二月九日〜一一日　録音続行
二月一二日　歌舞伎観劇（盛綱陣屋）
二月一三日　録音続行（芸者バンド）
二月一四日　（記事なし）
二月一五日　上野公園見物
二月一六日　雅楽出演交渉
二月一七日　録音続行
二月一八日〜二月二〇日（記事なし）
二月二一日　上野の茶屋へ

二月二二日　新派観劇
二月二三日　（記事なし）
二月二四日　横浜へ　骨董品店めぐり
二月二五日　（記事なし）
二月二六日　小松宮（華族）の国葬を視察
二月二七日　録音続行
二月二八日　録音続行（雅楽）
三月一日　東京で知人と会食
三月二日　横浜へ　通関と機材の船積み
三月三日　朝　横浜港出発　離日

以上が四七日間にわたったガイスバーグ一行の東京・横浜滞在のスケジュールである（山本2001：23–25）。

2. 録音活動の実情とアーティスト・演目の選定

このような日程で行われたガイスバーグ一行の音楽録音という行為が、明治の後期の日本というまだ技術環境も未成熟、音楽家や芸人たちのレコードへの関心も未発達だった場所で、しかも過去に来日の経験もないヨーロッパ人だけで構成されていたクルーによって、なぜ可能となったのだろうか、それをまず考えてみる。なかでもレコードの制作に不可欠な二つの要素、すなわち録音とアーティストの選定は、どのように行われたのか。

まず録音については、上記のガイスバーグの日記にあるように、彼らは録音機材をヨーロッパから船便で持ち込んでいる。そしてそれを東京・築地明石町のメトロポール・ホテル(17)に持ち込み、仮設のスタジオを作った。そこにアーティストを呼んで演奏をさせたり、歌わせたりして録音した。その後のレコーディング・スタジオの概念から考えれば、いかにも安易でお手軽なやり方のように思われるが、当時の録音そのものが、後の時代のハイファイ録音などとは比較にならないほど未熟で、ノイズも多く音質・音量も貧弱なものだった。そのため録音の時点でも、それほど厳密な遮音や気密性確保の必要は求められなかった。当時の録音は大きなメガフォンのようなラッパに向かって、アーティストが歌や話や楽器の演奏を文字通り吹き込み、その音波が管を伝わってカッティング・ヘッドに伝わり、表面に蠟を塗った回転している円盤に音の溝を刻む、というものだった。したがってその場ではうまく録音ができたかどうかの確認はできず、プレス工場に持ち帰ってレコードにしてみなければ分からなかった。このような状態だったので、比較的堅牢な建物だったであろう当時の一流ホテルの一室ならば、外からの騒音はほぼ遮断され、当時のレコーディング・スタジオの要件を満たしていたのだと思われる。そしてガイスバーグ自身がレコーディング・エンジニアだったから、悪条件のなかでの機械操作にも対応できたと推測される。

つぎにアーティストの選定と出演交渉はどのように行われたのだろうか。日本で人気がありレコードが売れると見込まれるアーティストを選び、出演交渉することを英国から訪日したばかりの彼らだけでできたとは思われない。そこにはユニークなコーディネーターの存在があった。それはガイスバーグの日記にも出てくるオーストラリア人のヘンリー・ブラックという人物だった。前述のガイスバーグの日記の一月二九日の記述に「東京でブラックの高座を見る」とあるが、ブラックは三五年間も日本に住み、日本人を妻に持ち、完全な日本をしゃべり、快楽亭ブラックという高座名で寄席に出て漫談などをすることで生計を立てていた。ガイスバーグがどのような伝手でブラックと知り合ったかは、ガイスバーグの日記にも記述がないし、ほかにもそれに触れている資料は見つかっていない。いずれにせよ英語と日本語を話すバイリンガルであり、寄席芸人という立場で、落語、浪曲、小唄、清元、義太夫など、当時の日本の芸能界で活動していた数多くのエンタテナーたちに人脈を持っていたと思われるブラックは、このときのガイスバーグの日本録音セッションにおいて、アーティストの選定やその出演交渉にコーディネーター役を果たすにはおあつらえ向きの仲介人だった。少なくとも寄席に出演するような大衆芸能の芸人の選定と交渉はブラックが行ったと思われる。しかしこの時の録音のレパートリーには、大衆芸能ばかりではなく、上流階級で愛好された能、狂言から、宮中で演奏される雅楽[18]にまで及んでいる。これらの分野はブラックの守備範囲ではないと思われるので、たとえば彼らが英国大使館に出かけたという記録から類推すれば、雅楽の録音交渉などは英国大使館から宮内庁への働きかけがあったであろうことも考えられる。

この時の来日でガイスバーグ一行は、二七三種類の演目（七インチ盤一六四種、一〇インチ盤一〇九種）の音源を録音した。主なジャンルと演奏者を列記すると以下のようになる。

雅楽（東儀季熙）、能（梅若万三郎）、狂言（山本東次郎、岡田紫男）、常磐津（常磐津林中、岸澤文字兵衛）、義太夫（竹本相生太夫　竹澤弥七）、娘義太夫（竹本綾之助、竹本京子、竹本京江）、長唄（芳村伊十郎、杵屋弥三郎、杵屋六佐衛門）、清元（清元弥生太夫、清元梅吉）、俗曲（徳永里朝、富士松ぎん蝶、西国寺明学、立花家橘之助）、三曲（上原真佐喜）、吹奏楽＝西洋楽器合奏（吾妻婦人音楽連中）、落語（快楽亭ブラック、橘家圓喬、三遊亭圓遊、朝寝坊むらく、雷門助六、柳家小さん、三遊亭園右）浪曲（浪花亭愛造）、法界節（法界連）、声色（雷門助六）、詩吟（有村謹吾）、掛合ばなし・あほだら経（豊年齋梅坊主）など。

このとき録音された原盤はガイスバーグらの手によって、ヨーロッパに持ち帰られ、ドイツのプレス工場でレコード化されて、約一年後には日本に逆輸入されて販売されるようになった。

3. ガイスバーグという人物

このようにこのときの日本録音セッションにおいては、ガイスバーグはアーティストの選定、出演交渉、曲目（演目）の選択など実質的な録音の計画は、すべてブラックに任せた。任さざるをえなかったというべきかも知れない。その意味でこのときのガイスバーグは録音技師に過ぎず、実質的なプロデューサー役はブラックだったといえる。しかしガイスバーグの英国グラモフォンでの立場は、単なる録音技師ではなかった。レコード産業ではレコード会社のなかで音楽＝レコードの制作にかかわる一切の仕事を取り仕切る責任者を、Ａ＆Ｒ（Artist & Repertoire）と呼んでいる。Ａ＆Ｒの仕事は、通常アーティストを発掘し、曲を用意し、それを録音する段取りをしてレコードを作る、そしてそのレコードをヒットさせて、アーティストをスターに育成する、という役割を担う。一九世紀終盤から二〇世紀初頭のレコード会社では、このような役割をもつ人間が中核にいて会社が運営されていくようになりつつあった。ガイスバーグはそのようなＡ＆Ｒの先駆けともいえる存在である（細川 1990：76）。

フレデリック・エミール・ガイスバーグ（1873–1951）は、アメリカの首都ワシントンでドイツ系の移民の子供として生まれた。レコード・ビジネスに入ったのは、コロムビア・フォノグラフ社の蠟管レコードの録音で、ピアノ伴奏をしたのがきっかけだった。このときの縁で一八九四年に平円盤レコードの発明者エミール・ベルリーナと知合い、彼にスカウトされてグラモフォンに入社した。以後録音、制作の業務に取り組むことになる。一八九八年ロンドンに移り英国グラモフォンのために音源を録音する仕事に就く。しかし周囲から紹介されるアーティストを録音するだけでは飽き足らなくなったガイスバーグは、自らアーティストを発掘する仕事も始める。そのためにガイスバーグは、ロンドンにじっとしているだけではなく、未知のアーティストを探すため各地に出かけていくようになる。またその折にそこが有望な市場とみるや、グラモフォンの支社や代理店を開設する任務も負っていた。

最初のころの訪問先はスウェーデン、フィンランドなどの北欧スカンジナビア諸国、ロシア、ポーランド、ハンガリー、オーストリアなど東ヨーロッパの国々だったが、その後一九〇二年にはイタリアのオペラの本場ミラノに出かけ、前述のようにそこで世界的歌手エンリコ・カルーソーの録音に成功する。これが世界の音楽愛好家にレコードの持つ魅力を喧伝することになり、グラモフォンにも大きな成功をもたらすことになった。このことはガイスバーグのプロデューサーとしての名声を上げ、仕事への自信を深めることにもなったものと推測されるが、レコード会社にとってA&Rという存在が、重要であることを知らしめることにもなった。ガイスバーグはこのほかにも、フヨドール・シャリアピン、ネリー・メルバ、フリッツ・クライスラーなど、当時の名歌手・名演奏家の歌唱・演奏の初レコード制作をてがけている（細川 2001：12-14）。

またガイスバーグはこのような既成の有名アーティストを起用して、質の良いレコードを作ることに長けていただけでなく、前出のように有能な新人を発掘することも得意としていた。それこそレコード会社のA&Rにもっとも必要とされる資質である。もっとも彼の後継者が、「ガイスバーグはどんな新人アーティストも決して見逃すことがなかった」と語っていたというが、ガイスバーグが日本でみせたように、一ヶ月の間に二〇〇人にも及ぶアーティストの録音をこなした事実から推測すると、とりあえず手当たりしだい新人アーティストを捕まえて録音し、そのなかから売れてくるレコードが出るのを待つということだったのかもしれない。なにしろ当時はまだ競争会社も少なく、とりわけガイスバーグのような立場で、しかも技術を持った人間は少なかっただろうから。

4. 米国コロムビア、ビクターの追随

このようにこの時期に日本という市場が有望であると見込んで攻勢をかけ始めたのは、英国グラモフォン社だけではなかった。ガイスバーグを送り込んだ英国グラモフォンに続いて、アメリカ勢のコロムビア、ビクターも間髪を入れず後に続いた。まず一九〇三（明治三六）年の春のガイスバーグ一行の離日と入れ替わるように、米国コロムビア社から録音技師たちがやってきた。彼らもその時点で日本の著名な音楽家の楽器演奏や歌唱、有名人の演説などを録音して、アメリカに持ち帰り日本に逆輸出して販売するために平円盤＝レコードに製造した。当時の新聞記事によれば、それらのレコードは同年の秋には二度（一一月と一二月）にわたって試聴会が行われ発売が開始されたという。アメリカ・コロムビア社はこの後、一九〇五（明治三八）年の一一月と、その翌年の二月

にも、マーカーとカーソンという二人の録音技師を日本に派遣し、同様の録音を行っている（山口1936：101）。このときは東京では銀座一丁目の三光堂の店内に、大阪では南区安堂寺橋通二丁目＝堺筋の、江戸時代末期に建設された土蔵のなかに、それぞれ仮設スタジオを設けて録音が行われ、録音した邦楽曲目は東京だけでも九〇〇枚（片面）にも及んだ。

米国コロムビアに続いて米国ビクターも録音技師を日本に送り込み、邦楽の吹込みを行った。その時期については明確な記録がないが、第一回目は一九〇七（明治四〇年）年ではなかったかという説がある。だが米国ビクターのキャムデンから発売されたレコードのレーベルの表記が、一九〇七年二月一日となっていることから、日本での録音は前年の一九〇六（明治三九）年ではないかとの推測も成り立つ。このときの録音について、昭和五年四月に日本ビクターが発行した『ビクター生い立ちの記』創刊号(19)に（日本ビクターは昭和二年創立）興味深い記事がある。

「米国ビクターが吹込み技師を日本に派遣して吹込みをさせたらしいのであります。（中略）当時はビクターの名も余り広まって居なかったので此吹込に関しても大して世話する人もなく、只帝国ホテルに投宿し、ホテル支配人の世話位で吹込をしたらしいので、確な記録もありませんが、それから其吹込の一行は上海に行き其の帰途再び大阪、東京で吹込をして行ったらしいのであります。これが日本におけるビクター吹込の最初だらうと思ひます。」（山口1935：112-113）

このときの米国ビクターによる日本録音の成果は、八九二種（片面）に及び、先行したコロムビアの日本録音の九〇〇種に並ぶ規模とされる。これらは発売されたレコードのタイトル数から推計したものだが、ビクターの発売レコードのなかには、ガイスバーグが録音した音源と同一ものも少なくなかったという。それは英国グラモフォンがガイスバーグが録音した音源の日本への輸出権を、米国キャムデン＝ビクター系に売ったためといわれる。またビクターの八九二種のなかには朝鮮の音楽家約三〇人の演奏が含まれる（コロムビアは五人）。しかしそれが日本で録音されたのか、朝鮮で録音されたのかは明確ではない。

さらにビクターの録音のなかには、グラモフォンやコロムビアにはなかった「流行歌」の表示のある数曲が登場したことも注目される。「梅は咲いたか」（堀江千代菊、菊治）、「東雲節」（清国人　華玉川）、「サノサ節」「ラッパ節」（よし町松の助、音助）などである。もちろん後の流行歌のようにレコード会社が新曲を録音して、その曲の流行をさせようとする性格のものではなく、すでに世間で流行している俗謡を録音したものに過ぎない。

米国ビクターの第二回目の日本出張録音は、第一回目の録音の五年後の一九一一（明治四四）年に行われた。前出の『ビクター生い立ちの記』にもあるように第一回目の録音は、米国ビクターが未知の国で独力、手探りで行った要素が多かったのに比べ、第二回目の録音には、セール・フレーザー商会の協力があったとされる。米国ビクターの製品は当初からセール・フレーザー商会が日本の代理店として扱っていたが、輸入業者の横浜のホーン商会が間に入っていた時期もあった。しかし一九〇九（明治四二）年一月からは、セール・フレーザー商会が米国ビクターの製品の東洋総代理店となっていたという。同商会の援助によって行われた米国ビクターの第二回目の録音について『ビクター生い立ちの記』には次のように記されている。

「（前略）第二回の吹込技師が米国から参りました其際は、総代理店たるセール・フレーザーの努力によりまして、芳村伊十郎師先代の松尾太夫、現在の加賀太夫等が優秀なものを多数吹込み、且つ吹込技術も其時のｘｘ吹込として最優なものだったので、其等のレコードが市場に出ました時は、當時の業界を啞然たらしめたとの事で、其れからはビクターの日本物が大評判となったのです。（中略）其の第二回吹込に派遣された技師はチニー氏と云ひ、吹込をした場所は現在の東京吹込所でした。」（山口 1935：117）

このときの米国ビクターの第二回目の出張録音では、一二インチ盤が三七種、一〇インチ盤が一七一種、合計二〇八種と、第一回目に比べると数においては比較にならないほど少ない。しかし芳村伊十郎に代表されるアーティストの質、また録音技術の進歩による音質の向上など、『ビクター生い立ちの記』にもあるように、かなりの前進がみられたようである。「吹込をした場所は現在の東京吹込所でした」の記述でも分かるように、このときの録音はホテルや代理店の事務所のなかの部屋ではなく、吹込所、すなわち録音専用の部屋＝後の時代の録音スタジオに近い部屋で、それが昭和五年（『ビクター生い立ちの記』が書かれた時期）にも使われていた。このことからも吹込みの技術的環境が向上しつつあったことが分かる。一九〇七（明治四〇）年に設立された日本で初めてのレコード会社「日米蓄音器製造株式会社」も、この時期東京・本郷に、録音スタジオを開設している。そこは録音機械室と演奏室だけではなく、原盤貯蔵室と原盤液槽室が配置されて、録音後の原盤作りの機能までを具備し、オペレーターとして外国人技師が配されていたという[20]（山口 1935：134）。

英国グラモフォンに始まったこの時期の欧米のレコード会社の日本の音源の獲得競争は、米国のコロムビア、ビクターの追随があっただけには止まらず、ほかにもドイツのベガ（明治三九年）、ドイツのライロフォン（明治四二年）、フランスのパテ（明治四四年）など、ヨーロッパのレコード先進国からの日本への出張録音が相次いで行われ、それぞれ本国でレコード化されたものが、三光堂をはじめとするレコード店で輸入盤として販売された（倉田 1992：56）。

5. 日本の輸入代理店及び販売店の役割

このように明治末期に相次いで行われた、欧米の先進レコード会社による日本での録音は、時代が経過するにつれて日本の代理店や販売店の援助・協力で行われるようになったことが明確になってくる。一連の録音の口火を切った英国グラモフォンのガイスバーグの録音の直後にやってきた、一九〇三（明治三六）年の第一回の米コロムビアの録音では、輸入盤や輸入蓄音機を扱っていた東京・銀座の天賞堂がその役割を果し、一九〇五（明治三八）年の第二回の米コロムビアの録音では三光堂が協力した。また一九一一（明治四四）年の米国ビクターの第二回目の日本出張録音では、米国ビクターの東洋総代理店となっていた、セール・フレーザー商会が録音活動をサポートした。これらはどの資料にも明らかである。

いっぽう最初の録音であるガイスバーグの録音については、ガイスバーグ自身の日記や自叙伝、あるいは英国グラモフォンの資料にも、日本での協力者はアーティストであるブラックの名前以外は登場しない。しかしこのような大掛かりな出張録音が行われるに当たって、まだ産業としては未成熟だったとはいえ日本側のレコードビジネスの関係者の助力をまったく仰がなかったということがあり得るだろうか。当時英国グラモフォン社の日本総代理店としては神戸のカメロン商会という会社があった。輸入代理店のカメロン商会のほかに、市場への販売代理店として三光堂があった。ガイスバーグ録音のレコードも三光堂が輸入・販売業務を扱った。

このことから考えると、ガイスバーグの日記などの資料には記述はされていないが、グラモフォンが大掛かりな日本録音を実現させる前提には、事前の調査情報をカメロン商会や三光堂という代理店から入手していた可能性もある。事前の下調べもなくこのようなプロジェクトが実行されるとは考えにくい。特にビジネスの実務として、レコードの輸入・販売にかかわる条件交渉などが、英国グラモフォンと三光堂のあいだでは、日常的に行われていたはずである。それらの交渉のなかでガイスバーグの音源の録音制作にかかわる必要情報を、グラモフォンが入手していたことも充分に考えられる。ガイスバーグの一行には、マネージャー格の責任者としてアディスという人物が加わっている。この人物の役割は明確ではないが、カメロン社や三光堂との事務レベルの交渉役で、出張録音の事前の段取りに加わった可能性もある。またガイスバーグ一行はブラックをどのようにして知ったのかについて、これもその資料がなく不明とされているが、当時の演芸・芸能・音曲の中心地である、東京・浅草に店を構え、自らもすでに録音活動を始めていた三光堂の仲立ちもありえただろう。

そもそも三光堂という輸入業者兼輸入品販売店は一八八九（明治三二）年に松本武一郎が、横山進一郎と、後年社会主義者として有名になった片山潜に資本参加を求めて設立され、浅草並木町に店舗を持って蓄音機の輸入と販売を始めた(21)。もちろん蓄音機を売るためにレコード盤も輸入・販売した。この時期はまだシリンダー型の蠟管蓄音機・蠟管レコードの時代であったが、すでにイヤホーンでしか聴けない時代から、ラッパから音が出るようになって、かなりのボリュームも出せるようになり音質も向上し、蓄音機というものに世間の注目も高まった時期だった。当初は間口二間だった店舗が、開店一年後には六間に広がる大店舗となったという。その後明治三四年八月には大阪支店を開設、続いて明治三七年二月には福岡、三八年八月には小樽に進出し、三九年二月には本店を浅草から銀座に移した。明治天皇も蓄音機に興味を示し、三光堂は宮内庁御用達となる。

しかし三光堂の牽引車の松本武一郎が、明治四〇年九月に死去し、横山進一郎も片山潜もすでに手を引いていたため、三光堂の資産は途中から松本と共同所有者となっていた、横浜のホーン商会のF・W・ホーンにそのほとんどが渡ったともいわれる。その後経営は、松本武一郎の実弟の松本常三郎に引き継がれる。時代は蠟管レコードから平円盤レコードに移りつつあったが、松本常三郎は平円盤レコードの吹込み技術の研究を進めながら、事業の中心を平円盤蓄音機と平円盤レコードに切り替えて行く。

この三光堂のライバルとして、この分野に参入してきたのが東京・銀座の天賞堂[22]である。天賞堂は一八七九(明治一二)年、銀座尾張町(現在松坂屋があるあたり)に印刷業として開店した。その後輸入時計、貴金属等の販売を主とした高級貴金属店として発展したが、一九〇三(明治三六)年蓄音機、レコードにも進出する。この年はまさにガイスバーグが来訪した年である。天賞堂は新商品として蓄音機・レコードの扱い開始を告知する新聞広告(一二月掲載)から、いきなり平円盤を扱っていくこと宣言した。それは三光堂への宣戦布告の宣言でもあった。天賞堂は蠟管に使われていた蓄音機(フォノグラフ)という商品名は敢えて使わず、写声機(グラフォフォン)という商品名を考え出し、新商品を印象づける作戦に出た。そこにはまさに三光堂に対抗する意気込みが示されたといえよう。

この三光堂と天賞堂の競争の第一幕は、一九〇三（明治三六年）年のガイスバーグの録音と、第一回の米国コロムビアの日本録音における両店の関わりにみられる。このときの米国コロムビアの来訪は、天賞堂の招聘によるものであった。それはまさにガイスバーグの離日と一ヶ月ないしは数ヶ月後のことである。ガイスバーグの録音は、ドイツに持ち帰られてレコード化されて日本に輸入されて、三光堂によって販売されることになっていた。それに対抗したい天賞堂が、急遽米国コロムビア社の録音技師を招いたことは充分に考えられることである。結果的にはガイスバーグが録音した音源がレコード化されてグラモフォンから輸出され、日本で発売されたのは録音の翌年一九〇四年の春になってからだったが、後から録音された米国コロムビア盤は、その年一九〇三年の秋には到着し、天賞堂が販売することになった。つまり天賞堂が販売する米国コロムビア盤のほうが、三光堂のグラモフォン盤より録音は数か月あとだったのに、発売は約半年も早かった。ということでこの第一幕は天賞堂に軍配があがる結果になった。

この後も三光堂と天賞堂の市場での競争は明治末期から、三光堂が力を失う大正初期まで続く。またこの時期には米国ビクターの総代理店として、セール・フレーザー商会(23)の存在もあった。セール・フレーザー商会は貿易会社であり、蓄音機・レコードを販売する店舗は持たず、ビクター製品は実際は三光堂と天賞堂など店舗を持つものが販売したのだが、前述のように米国ビクターの日本録音に協力したのはこのセール・フレーザー商会であった。

このように欧米有力レコード会社のこの時期の日本への進出をサポートしたのが、日本の代理店や販売店である。彼らは商品を輸入しそれを販売することによって、自身のビジネスをしていたのだが、彼らのビジネスの成果はとりもなおさず欧米の企業の成果にもつながるものであった。そのため双方に協力関係が生ずるのは当然の成り行きだった。このことは欧米のメジャーは日本の仲介企業を活用しながら、すでにこの時期から日本での実質的なビジネスをスタートしていたことを意味するものである。

6. メジャーの日本録音ラッシュが意味するもの

ここまでみてきたように日本においては明治時代の終盤になって、やっと蓄音機とレコードの市場が生まれつつあった。そしてすでに生成期にあった欧米のメジャーなレコード会社が相次いで日本の市場に焦点を当てようとしていた。しかしこれらの欧米レコード産業は、この時期に本当に日本という市場をすでに有望視していたのだろうか。

まず彼らのこの時期の日本での活動、つまりこの時期の大掛かりな出張録音の真意を考えてみる。そこには二つの狙いがあったと考えるのが順当だろう。第一は、自分たちの有力商品である蓄音機を日本で売るために、日本人に好まれるできるだけ多くのレコードを制作することである。レコードのような音響製品や、ずっと後年に開発されたテレビやビデオなどの映像製品はハードとソフトが揃わなければ用をなさない。この時期の蓄音機はまだ機械式音響製品であって電気音響製品ではなかったが、メーカーはハードである蓄音機を売るためには、ソフトであるレコードを準備しなければならなかった。しかもレコードのような文化的趣好品は同じ内容のものがたくさんあっても意味がない。音楽愛好者の趣好は多様であり、それに対応する種類の豊富さが必要である。西洋の音楽をそのまま持ち込むことだけで済むならことは簡単だったろう。しかし西洋の音楽を受入れるような聴衆は日本にはまだ育っていなかった。どうしても日本人が好む日本の音楽が必要だった。これは日本に限ったことではない。どこの国にもその国の音楽がある。そこにこのように欧米のレコード会社が、現地音楽の録音を敢行する必要が生まれたのである。

第二の狙いは、レコードそのものを売ることである。レコードの種類を増やせば、多様な趣好を持つ多くの音楽ファンのニーズに応えることができる。そうすれば蓄音機が売れる。そうすればレコードもさらに売れる。こういう好ましい循環が生まれる。蓄音機のメーカーはレコードのメーカーでもあるから、このような循環はなによりも望ましい。これを世界中で実現するために各国で独自の音楽を録音し、その原盤を持ち帰り、欧米の自社の工場でプレスして、レコードとして各国に逆輸出する、という方策がとられたのである。このようなビジネスは録音技師を派遣し、機材を輸送するなどそれなりのコストもかかる。しかし現地のアーティストを一人一人本国に呼んで録音するよりははるかに効率的であることから、このようなことが行われたといえる。

これまでみてきたようにこの時期の日本には、グラモフォン、コロムビア、ビクターなど欧米のメジャーなレコード会社が、つぎつぎとやってきて録音活動を行った。しかしこの時点で彼らは日本という市場をどのようにみていたのであろうか。ガイスバーグ一行四人の来訪は、冒頭にも触れたように日本だけが目的地ではなかった。このときの録音ツアーは、一九〇二(明治三五)年九月から翌年八月までの、じつに一年に及ぶ長期出張旅行であり、その訪問先はインドのカルカッタに始まり、シンガポール、香港、上海、そして東京、バンコク、ラングーン、最後に再びインドのデリー、ボンベイで終わるというものだった。この間ガイスバーグは、合計一七〇〇枚の録音を行ったという(細川 2001:12-14)。アジア全域にまたがるこれらの都市は当時の大英帝国の領地が多く含まれる。一七〇〇枚もの録音をやり遂げたということは、ガイスバーグ一行がこれらのうちの多くの都市で、東京で行ったと同様の精力的な録音活動を展開したということを意味するものである。

このことから推測すると、少なくともこの時点ではガイスバーグ一行は、日本を特別に重要視してウェイトをかけていたわけではないように思われる。日本での録音枚数の二七三枚という数は、全行程の録音数の一七〇〇枚のなかの約一五%に過ぎないし、一ヶ月という日本滞在期間は約一年間の出張期間の一二分の一に過ぎない。滞在日記を読んでみてもガイスバーグが、事前に日本の音楽について特別に勉強して、予備知識を持ってやってきた形跡はみられない(24)。ブラックの言うままに片っ端から録音したという印象も強い。

欧米のレコード会社にとって日本がアジアのなかで、特別に重要な市場となっていくのは大正時代に入ってからのことであろう。日本の音楽文化は明治から大正にかけて、西洋の音楽がさまざまな形で、日本の音楽に取り入れられることで、レコード産業にも影響が出てくるのだが、それが明確になってくるのは大正時代になってからである。特に欧米のレコード産業が日本市場の重要性に気がつくのは、大正時代の経過とともに、日本の知識階級を中心にクラシックの輸入盤が本格的に受け入れられるようになり、やがて欧米の市場と比肩するような状態になっていったからである。この時期になると、もう欧米の会社は、日本に出かけてきて録音する必要はなくなる。それは西洋音楽が受け入れられるようになり、西洋音源の音楽の輸入盤が売れるようになり、それに伴って蓄音機も売れるようになるからである。またこの時期には日本にもレコード会社が誕生し、日本の音楽＝邦楽のレコードを製作するようになった。このように大正という時期は、日本のレコード産業の生成期であり成長期でもあり、欧米のメジャー会社たちも、クラシック盤を中心とする輸出の拡大以外は、日本への攻勢をそれほどかけなかった、あるいはかけようがなかった時期である。

彼らがつぎに日本に攻勢をかけてくるのは、資本をもって本格的に乗り込んでくる昭和の初期のことである。

第4節　大正時代の日本のレコード産業の形成
——日本蓄音器商会の役割と特質

前節でみたように英国グラモフォンのガイスバーグ一行によって一九〇三（明治三六）年に先鞭がつけられた欧米各社の日本での出張録音は、その後数年に亘り米国コロムビア二回、ビクター二回、ドイツのベガ、ライロフォン、フランスのパテ各一回と続いたが、それ以降は一段落する。それはアーティストとレパートリーを録音し尽くしたということもあったかもしれないが、いよいよ日本国内にもレコード会社が誕生し、蓄音機・レコードの国産化が始まったことがそれよりも大きな要因だろう。一九〇七（明治四〇）年ホーン商会の代表のF・W・ホーンが、日本で最初の蓄音機製造会社、日米蓄音器株式会社を設立する。この会社は一九一〇（明治四三）年には日本蓄音器商会と改名し、ニッポノフォンの商標の蓄音機を製造販売し、同時にレコードの録音・製造・販売も行うようになる。そしてその後大正時代になると日本には、東京と関西につぎつぎ後続のレコード会社が誕生するが、この日本蓄音器商会は大正時代を通じて最も活発に企業活動を展開し、日本におけるレコード会社のひな形を作ったといえる。

この大正時代には当時欧米では順調に発展しつつあり、明治末期には出張録音というかたちで日本への攻勢をかけてきた欧米のメジャー・レコード会社は、日本へのアプローチを中断した。この時期のレコードの市場にあった欧米レコード会社の存在といえば、彼らが製造したレコードが輸入盤（大正初期はクラシック音楽のみ、中期以降はジャズ、シャンソンなどのポピュラー音楽も加わる）として移入されていたことであり、日本に数社存在した輸入代理店がそのビジネスを遂行していた。欧米のメジャー・レコード会社は日本の市場の発展の成り行きを注視しながら、次なる攻勢の機をうかがっていたということもいえるだろう。

この時期に日本のレコード産業の中核となっていった日本蓄音器商会は日本で生まれたレコード会社であり、資本も経営も欧米のメジャー・レコード会社とはまったく繋がりのない企業だったが、じつはその資本はホーンをはじめとする日本在住のアメリカ人のよって保有され、それらのアメリカ人によって経営される会社だった。

このような性格の会社が大正時代を通して日本のレコード産業のリーディング・カンパニーとなったことが、昭和時代になってからの、欧米のメジャー・レコード会社の本格的な日本への攻勢、すなわち日本への資本投入による現地法人の設立、に少なからぬ影響を及ぼすことになったといえるだろう。この節ではそのような視点から、日本蓄音器商会を中心とする大正時代の日本のレコード産業の足跡をたどることにしたい。

1. 日本国内の初めてのレコード会社の誕生

日清戦争が終了した翌年、一八九六（明治二九）年、F・W・ホーンというアメリカ人が横浜港から日本に入国した。彼はまもなく横浜の山下町にホーン商会という、機械工具の輸入会社を興した。その数年後からホーン商会は蠟管蓄音機の輸入も手がけるようになる（飯塚 1998：10）。しかしホーン商会はあくまでも輸入商社であり、直営の販売店舗は持っていなかった。そのため明治三二年のころからは、銀座一丁目のレコード・蓄音機販売店の三光堂に、販売を委ねるようになった。そこでホーンは三光堂の経営者である松本武一郎という人物を知り、三光堂に資本参加もするようになる。松本は輸入蓄音機だけではなく、輸入レコードの販売も手がけていた。また当時日本の音楽・芸能のレコードを自ら制作（録音）し販売することも試みていた。

その松本の熱心な協力もあって、ホーンは一九〇七（明治四〇）年、日本で最初の蓄音機とレコードの製造・制作会社、日米蓄音器株式会社を設立する。その商品を販売する日米蓄音器商会も東京銀座に設立した。その三年後の一九一〇（明治四三）年には日本蓄音器商会を設立し、大阪にも支店を開設する。明治四五年には日米蓄音器株式会社を日本蓄音器商会に吸収して一本化する。日本蓄音器商会は、ニッポノフォンの商標の蓄音機を製造販売し、鷲印の商標を中心とするレコードの録音・製造・販売を行うようになり、事業は軌道に乗っていく。しかしこの事業に出資し経営にも参加するはずだった松本武一郎は、日米蓄音器株式会社が設立される直前に急死してしまう。松本武一郎の突然の死によって日本で初めてのレコード会社であり、日本のレコード会社の原型を作ったともいえる日米蓄音器株式会社、日本蓄音器商会の運営は、日本人の手から離れてしまう。

ホーンが米国の米という文字の入った日米蓄音器株式会社という名前の会社を三年で消滅させ、日本蓄音器商会に一本化してレコードの商標もニッポノフォン、という名称にしたことにはそれなりの理由があったとみるべきだろう。明治末期、まだ黎明期の日本のレコード市場は、欧米からの輸入レコードが中心だった。そのため発足したばかりの国内企業の製品を、輸入品である英国グラモフォン盤、米国コロムビア盤、米国ビクター盤に対抗させるためには、国内盤も輸入品と同じようなイメージや体裁にするほうが有効という判断があった。このため社名も日米蓄音器株式会社という国籍の曖昧な名称で発足し、商標もSymphony, Royal, American, Globe, Universalという五種類を使った。いずれも英語の名称であり、英文字のまま表記された。さすがに曲目と演奏者の名前は日本語で印刷されていたが、レーベルにはJapanese Song with Orchestraなどの英語も印刷されていた。しかし三年後の日本蓄音器商会の発足からは、そのような輸入品まがいの表示はやめて、日本製のレコードであることをはっきりと表示することに方向に変更された。それは日本蓄音器商会が、レパートリーの内容でも音質の問題でも、海外のレコード会社の商品に負けないという自信を持ったということだろう。そのために商標も文字通りニッポノフォン（日本のレコードという意味）が採用されたのである。レコードだけではなく蓄音機の商標にもニッポノフォンを使うようになり、レコードの商標も上記のような英語から鷲（ワシ）印という日本語に改められている。

ところで、発足した当時の日米蓄音器株式会社の登記（明治四〇年一〇月三〇日）の概要は、『日本コロムビア五〇年史』によれば、つぎの通りであった。

商号　：　日米蓄音器株式会社
本店　：　神奈川県橘樹郡川崎町久根崎一二六番地(25)
支店　：　横浜市山下町七三丙
目的　：　蓄音機、フォノグラフレコード、撥針及其ノ他ノ附属品並ニ他ノ楽器電気ヲ応用シタル其ノ附属品及斬新発明品其ノ他アラユル工風ニ依ル諸機械器具及構成部分若シクハ附属品ヲ製造取得分配供給使用又ハ処分シ
設立の年月日　：　明治四〇年一〇月三一日
資本総額　：　金一〇万円
一株の金額　：　金一〇〇円
各株に払い込みたる金額　：　金二五円
取締役の氏名住所
　横浜市山手町九番地　エフ・ダブリュ・ホーン
同　根岸町一一六一番地　ジー・ジー・ブレディー
同　山手街九番地　ゼー・エス・ニコル
同　同町三番地　フランク・エッチ・、アベー

同　山手町二三番地　ゼー・アール・ゲアリー

監査役の氏名住所

横浜市山手町九番地　エー・エー・ニューンス

東京市赤坂区青山南町六丁目八一番地　福島金馬

ここで取締役、監査役に名を連ねる七人のうち、ホーン、ブレディー、ニコル、アベー、ニューンス、福島の六人までがホーン商会の人たちだった。唯一外部から参加しているのが、ゼー・アール・ゲアリーだが、ゲアリーは当時東京電気の副社長だったという。ここで彼ははじめてレコード・蓄音機事業に参画することになったが、大正期後半にはホーンの後任として日本蓄音器商会の社長となり、この会社を指揮して辣腕を振るう。彼の経営上の判断は日本のレコード産業の歴史に大きな影響を及ぼすことになる。ここで注目すべきこととして、この日米蓄音器株式会社の経営陣のなかに松本武一郎の名前がないことについて、『日本コロムビア五〇年史』に、つぎのような記述がある。

「ホーン氏はさきにも述べたように、わが国にはじめて〝魔法の小箱〟（蠟管蓄音機のこと＝筆者注）を輸入した先駆者であり、また松本武一郎氏は邦楽を蠟管に吹き込むことに苦労を重ね、蓄音機を大衆の間に普及されることに努力した開拓者であった。この二人の手によってわが国のレコード事業がその第一歩を踏み出したということは、まことに意義深い。（中略）土地の選定、買収などに日夜奔走しながら、松本武一郎氏が設立の日を見ないで他界されたことは、まことに惜しみでもあまりあることといわなければならない。」（日本コロムビア 1961）[26]

この記述からも、三光堂の創設者である松本武一郎がホーンと協力して、日米蓄音器株式会社＝日本蓄音器商会の設立にも、並々ならぬ力を注いでいたことがうかがえる。

2．日本蓄音器商会が果たした役割

このようにして発足した日本蓄音器商会はどのように発展していったのか。その経緯をみていくことにしよう。明治四三年の日本蓄音器商会の設立の二年後、明治四五年には明治天皇が崩御され、国中が喪に服すという思わぬ事態が生じる。そのため歌舞・音曲は控えるという時期がしばらく続く。これによって生まれたばかりのレコード会社である日本蓄音器商会は出鼻をくじかれた。しかしそれも一時的なことに終わる。大正に入ると第一次世界大戦による景気の上昇という追い風も吹いて、同社は発展への道を歩みはじめる。それに追従するようにこの時期には新しいレコード会社も続々と誕生する。まず大正二年には京都で東洋蓄音機（二年後に「カチューシャの唄」を発売する）、大阪蓄音機、続いて大正二年には東京で弥満登〈ヤマト〉音影＝（活動写真とレコードを扱う）が名乗りを上げ、さらに翌年の大正三年には東京蓄音器が発足する。

しかし世界戦争の好況期にスタートした大正時代も、後半になると戦後の経済不況が訪れる。だがそのなかでも日本蓄音器商会だけは、複製盤の問題、多くの競争相手との戦いなど、むずかしい事業環境を乗り越えて事業を続けていく。こうして日本のレコード産業の生成期といえる大正時代を通じて、日本蓄音器商会は常にその牽引車の役割を果たした。以下同社の事業展開の概要をたどってみる。

(1) レコード音源の制作と発売

まずレコード音源の制作ということでは、同社は日本蓄音器商会と名を改めてからの三年間に、一〇インチ片面盤で、約一二〇〇種ものレコードを制作し発売した。そのジャンルも幅広く、日本の伝統芸能だけでも、端唄小唄、長唄、常磐津、新内、義太夫、謡曲、詩吟、浄瑠璃、落語、浪花節、尺八、などの多岐にわたり、さらに軍楽隊、唱歌、クラシック歌唱、など当時徐々に広まっていた西洋音楽やその影響を受けた新しいジャンルの音楽にも及んでいた。これらは明治三六年に英国グラモフォンのガイスバーグが録音したジャンル数を上回るものであった（山本 2001：20）。

そのなかでも吉田奈良丸の浪花節のレコードは、驚異的な売上を記録した。明治四三年から四五年までの三年間に二三種六四面の吹込みをしたが、注文が殺到して川崎の工場では昼夜二部交代制のシフトを敷いて作業に当たったという。こうして奈良丸のレコードは、創立まもない日本蓄音器商会の基盤を作ることに大きく寄与した(27)。またそれは日本でもレコード産業が成り立つことを世間に示し、後続のレコード会社の出現を促すことにもなった。なおこの時期の日本蓄音器商会のレコードは、東京・京橋弓町にあったニッポノフォンの試験場（吹込み所）で録音された。これは同社がこの時期すでに専用の吹込み設備を持ち、それを操作するエンジニアを擁していたことを物語るものである。その後日本蓄音器商会の吹込み所は赤坂の霊南坂に移動する。

さらに大正という時代が進むにしたがって、この会社は日本各地の民謡を発掘したり、新しい唱歌を発表したり、創作童謡などを作って、レコードのジャンルを充実させていった。また「カチューシャの唄」の発売は東洋蓄音器に先を越されたが、現代に至るまで日本のポピュラー音楽の主役となった流行歌を、中山晋平、野口雨情らの芸術家を育成してレコードによって広めていった。もちろんその間に新旧の同業他社が競争を挑んできた。しかしこのようにレパートリーの開拓、つまりレコード会社の基本ともいうべき、レコードの制作という機能を遂行することにおいて、同社が日本のレコード産業のリーダー役を演じたことは確かなことである。ここに日本蓄音器商会をこの時期の牽引車と呼ぶ所以のひとつがある。

(2) レコードの宣伝と販売

レコードに限らず企業の経済活動によって生産された商品は、宣伝という行為によって、消費者にその存在や価値が知らしめられること、さらには販売（営業あるいは配給ともいう）という行為によって、消費者のもとに届けられる必要がある。レコードもその例外ではない。その意味でいくら幅広いレパートリーの多くのレコードが制作されても、そこに宣伝、販売の機能がなければ、レコード会社は成り立って行かない。当時レコードという未知の分野に取り組む企業として、日本蓄音器商会も宣伝、販売の機能が必要なことは充分に承知していた。彼らはこの分野にも試行錯誤を繰り返しながら取り組んでいった。

創成期の日本のレコード産業の宣伝と販売への取組みを知るうえで、数少ない貴重な資料である、森垣二郎著『レコードと五〇年』(28) のなかの「美少年セールスマンと宣伝」という章に、つぎのような記述がある。

「鷲印（日本蓄音器商会のこと＝筆者注）の東京支店では、十人ぐらいの美少年を選抜して、当時流行のゴム輪の人力車に乗せ、毎月の新譜を、富豪貴族の邸宅に出張させて小売することも、二、三年続けられた。販売にもこれほどの苦難をなめながら、当時は月産五万枚程度のものが、かろうじて売りさばかれていたのである。売り込みの宣伝には最も意が用いられ、屋上広告あるいは新聞広告、その他絢爛（けんらん）たる宣伝に、吹込み費用の巨額が投じられたものであった。こうして誕生した各会社が、演奏者はもちろん、広告、販売にしのぎを削るようになった結果、ようやく大衆が蓄音機、レコードを認識するようになってきた。」（森垣 1960：28）

また同著の「販売店は時計商と自転車屋」という章には、つぎのような記述がある。

「こうして、蓄音機、レコードが内地で製造されるようになったが、さて、これをいかにして販売するかということが、次に起こる問題であった。それまでは輸入レコードを販売するだけであったから、一商店が店頭で売りさばくだけで事は足りた。（中略）当時の蠟管だけしか知らない人たちを相手に、平面盤を専門店で販売して経営が成り立つということを研究した結果、これが不可能であれば、ある商店に副業的に委託するより途がないということになった。そこで選ばれたのは、全国の時計屋と自転車屋とであった。」（森垣 1960：27）

これらの記述はいずれも、日本にレコード会社が生まれたばかりのころ、すなわち大正時代のごく初期のころ、著者の森垣が勤務していた日本蓄音器商会で、その販売や宣伝がどのように行われようとしていたかを書き記したものである。最初の「美少年セールスマンと宣伝」の記述からはこの時期にすでにレコードの宣伝が重要視され、新聞広告や屋外広告（ポスターや看板と思われる）にかなりの予算が充てられていたことがうかがえる。次の「販売店は時計商と自転車屋」の記述からは、同社が販売戦略に腐心していた様子がうかがえる。すなわち国内盤を製造・発売するようになった、国内のレコード会社が、輸入盤のみを扱っていた時代のように限られた代理店（三光堂、天賞堂、十字屋などの系列店舗）だけでは充分な販売成果は得られないと判断し、時計店と自転車店に販路を拡大することを思いつき、それらの店で副業としてレコードや蓄音器の販売をしてもらう交渉を開始した。自転車店は別にして、実際に時計店とレコード店・蓄音器店の兼業は、その後も二〇世紀の終わりの時期にいたるまで、とくに地方の街ではよく見られたものである(29)。

このように日本蓄音器商会は、レコード会社の宣伝や販売についても、どのようにあるべきかを模索し、試行錯誤を重ねて、ビジネスのノウハウを蓄積していった。この後も、一九一八（大正七）年ごろには同社が、毎月発売されるレコードの新譜の内容を定期的に新聞広告で告知したり、月報と呼ばれる新譜案内の印刷物を、毎月発行してレコード店で配布することを本格的にはじめたという記録もある。このような月例新聞広告や月報の制作も、日本のレコード会社のほとんどの会社が一九八〇年代まで続けていたベーシックな宣伝施策である。このようなことからも日本のレコード会社の宣伝や販売のあり方のひな型を作ったのは、ほかならぬこの時期の日本蓄音器商会であったということができる。

3. 代理店の役割の後退

このように大正期に入って、日本蓄音器商会やそれを追従するレコード会社が、その機能を充実させていくいっぽうで、明治中期から末期の日本のレコード産業の黎明期にそれなりの役割を演じた、三光堂、天賞堂、十字屋(30)に代表されるレコード、蓄音機の代理店の役割は後退する方向にあっあった。

た。これらの代理店にはレコードビジネスにかかわるものとして、明治時代には主に三つの役割があった。

一つ目は、欧米のレコード会社が日本に乗り込んできて、レコードを録音するというラッシュが起ったおりに、それぞれのケースで関与の程度の差こそあったものの、アーティストを選定や交渉をしたり、録音の段取りをするなど仲介者の役割を果たすことであった。

二つ目はそのようにして録音された音源が、欧米に持ち帰られてレコード化された後で、それを輸入して販売するということである。この二つの役割は連動していたもので、欧米の会社が録音した音源の輸入盤の販売権を得るために、録音の仲介者の労をとったという要素が強いものであったと推測される。しかし国内のレコード産業が誕生し、国内のレコード会社が誕生し国内でレコードが制作されるようになると、明治期のように欧米のレコード会社が、日本にやってきて録音活動を行うということがなくなってきた。少なくとも日本の音楽は日本のレコード会社で制作されるようになり、輸入盤として市場に入ってくることは減少していった。その結果彼らの輸入盤の販売代理店としての役割は、徐々に狭まる方向に向かった。日本蓄音器商会は蓄音機も製造・販売するようになったので、高価な輸入品の蓄音機の需要も少しずつ減少していったのではないかと思われる。このため国内盤のレコードに関しては、従来の輸入盤の代理店も一般のレコード・蓄音機販売店と同様の立場となった。

三つ目の役割はレコードの制作者としての役割である。三光堂や天賞堂は欧米のレコード会社が日本に乗り込んできた折の仲介役を引き受けるいっぽうで、自らも欧米からエンジニアを招き、レコーディング技術の習得を始め、国内アーティストを対象に自前のレコードの制作を少しずつ始めていた。たとえば三光堂にはドイツ人のエンジニアが常駐し、レコードの吹込みや製造の研究や実務を行っていたという記録がある[31]。最初は技術的にもむろん欧米の会社には到底歯が立たなかった。欧米からのエンジニアもその技術を積極的に公開することはなく、むしろ隠匿する傾向にあったからである。三光堂の創設者である松本武一郎に代表される日本のレコード産業の先駆者たちは、技術の習得に大いに苦悩したことが想定される。しかし彼らが苦労して培ったレコード会社経営の基盤は、大正時代のレコード会社に受け継がれていった。なかでも松本武一郎の労苦の多くは、日本蓄音器商会で芽を出し花を咲かせたといえる。

例外的にレコード会社に移行した代理店もある。それは三光堂である。三光堂は明治四〇年の松本武一郎死去のあと、その経営は実弟の松本常三郎に引き継がれるのだが、松本常三郎はレコード生産の技術研究に兄にも増して力を注ぐ。その結果三光堂は大正時代の中期まで、獅子印（ライオン印）の商標でレコードを発売し、メーカーとしてのレコード会社としても生き延びて行く。

このように明治末期に日本のレコード産業を牽引していた、代理店の多くは大正時代になってその役割を新たに生まれたレコード会社に譲り渡すことになった。ただし彼らに輸入盤の代理店として生き残る分野が残っていた。それはクラシック音楽を中心とする外国音楽のレコードや蓄音機の輸入である。クラシック音楽は当時生まれたばかりの日本のレコード会社が制作することはできなかった。当時輸入盤を扱った代理店には、三光堂、天賞堂、十字屋、山野楽器などの名前がある。[32]大正時代に輸入されたクラシックのレコードは、当時の日本の富裕層・インテリ層のなかに熱心なクラシック音楽ファンを生み、日本の音楽文化の発展のうえでも大きな影響を及ぼす重要な要因となった。

4. 社長交代と力の商法

大正という年号の時代は一五年間という短いものだったから、大正八（一九一九）年にはもう後半に突入したことになる。この時代とともに歩んできた日本蓄音器商会にもこの時期にひとつの区切りが訪れる。それは創業以来社長として陣頭指揮を執ってきたF・W・ホーンが、引退を表明したことである。代わって社長に就任したのは、創業以来の役員の一人であるJ・R・ゲアリーだった。ゲアリーはこの時期も東京電気㈱の副社長であり、同時に韓国の鉱山会社をはじめとするいくつかの企業の経営にも参画している多忙な実業家だった。このゲアリーは日本蓄音器商会の二代目の社長となったが、彼は就任直後から力の商法と評されるほどの積極的な経営を実行する（倉田 1979：220–224）。

まず最初にゲアリー新社長が手をつけたことは、競争レコード会社の吸収・合併である。就任早々の大正八年、手始めに成就したのが、京都の東洋蓄音器合資会社の系列化であった。大正二年に生まれた東洋蓄音器は、当時の司法大臣の尾崎行雄の演説「総選挙に就いて」と、松井須磨子の「カチューシャの唄」のレコードで成功を収め、駱駝印のオリエント・レコードの名前で、京阪神はもとより西日本一帯では親しまれる存在になっていた。このように創立直後に二枚ものヒット商品を市場に送り出すという力を持ち、しかも西日本に強い東洋蓄音器は、東日本が地盤の日本蓄音器商会にとって、敵にしておくよりは味方に引き入れておくべき相手だという判断があったのだろう。

その後大正一二年までの約四年の間に日本蓄音器商会は、さらに四つのレコード会社を傘下にしていく。スタンダード蓄音器、帝国蓄音器、東京蓄音器、そして三光堂である。この四社は日本蓄音器商会の資本系列化の後もしばらくは、それぞれの名称で活動を続けるが、大正一四年には一本化されて資本金一五〇万円の合同蓄音器株式会社となる。しかしレコードの商標は従来のものを生かし、帝国蓄音器はヒコーキ印、東京蓄音器は富士山印、三光堂はライオン印をそのまま使用していく。

このようにメジャーなレコード会社が、マイナーなレコード会社を系列化あるいは合併した後、すべての機能を自社に吸収してしまうのではなく、従来の会社の形態のまま維持して、従来どおりの活動を行わせるやり方は、欧米のメジャーが用いる方策である。それはこの時期に限って行われていたものではなく、レコード産業の歴史を振り返ってみると二〇世紀を通じてずっと踏襲されてきたことである。それは日本のレコード産業においても同様である。現在の日本のメジャーのレコード会社でも、会社のなかに複数のレーベル＝小さなレコード会社があるようなかたちが見られることが多い。その意味で当時の日本蓄音器商会が、早くもこのような手法を採用していたことは興味深い。米国人のゲアリーが母国のレコード産業から学んだものか、幅広い産業に関わる自身の経験や考えから生まれたものか、その辺りは定かではないが、やはり日本蓄音器商会が外国人が経営する外資系の会社であったことからの必然ではなかったのではないかとも思われる。

ゲアリー社長になってからの日本蓄音器商会の経営で、さらに力の商法という感が強いのが日東蓄音器への攻勢である。日東蓄音器は大正九年三月に大阪に誕生した。翌年四月の第一回発売で四七種もの新譜を発売し、以後五年間に二〇〇〇種もの自社制作のレコードを発売する（渡辺 2002：192-193）ということでも分かるように、急激に発展した会社である。[33] アーティストや音源は必ずしも関西に限られたものだけではないが、西日本を中心に資金源や販売網などの足場を固め、その意味で日本蓄音器商会にとっては、強力な競争相手の出現となった。自己のシェアの拡大を目指してトラスト形成を進めていた日本蓄音器商会は、この西日本の強敵をも手中に収めようと動きを始めた。当初は合併交渉を試みたがそれは失敗に終わる。そのためつぎのような相手の勢力を弱める戦略に切り替える（倉田 1992：109）。

日本蓄音器商会はまず大阪、京都、神戸の約三〇〇店の販売店に、「日本蓄音器商会以外の商品を取り扱ってはならない。これを守らず日東蓄音器＝ツバメ印のレコードを販売する店には、今後日本蓄音器商会＝ワシ印の販売契約を破棄する」という通告を出す。大正一一年四月のことである。しかしこの目論見は大阪の販売店組合の反発を招き失敗する。日本蓄音器商会は次の手として日東蓄音器を東京から追放しようとする。日本蓄音器商会は東京の問屋一〇店に対して、日東の商品を扱わないようにと厳命して、その旨の契約書まで取り交わす。だがこれも問屋だけではなく小売店からも猛反対を浴び、さらには新聞にも批判的な記事が掲載されることもあって、日本蓄音器商会の思惑通りにはいかなかった（倉田 1992：109–110）。

このような日本蓄音器商会の強引な経営はなぜ生まれたのか。当時は日本政府が第一次世界大戦後に生まれた成金や財閥、すなわち資本家を擁護する政策を打ち出していた時代であり、原敬内閣による力の政治の時代でもあった。そのような社会的風潮のなかで、日本蓄音器商会も資本・経営の集中、蓄積を狙い市場制覇を図ろうとしたのだろうが、そこにはゲアリーのアメリカ的経営手法もあってのことだろう。独占禁止法などは施行されるはるか以前のことである。

5．外資に身をゆだねた日本蓄音器商会

一九二三（大正一二）年九月一日関東大震災が起こる。東京や横浜に機能が集中するレコード会社は当然のことながら大きな被害を受ける。日本蓄音器商会ももちろん例外ではなかった。しかし対応は早かった。系列の京都の東洋蓄音器の工場を使うなど応急の手段を講じ一一月には新譜の発

売を再開した。ところがこの時期にはさらに大きないくつかの変化の波が、日本蓄音器商会を中心とする日本のレコード会社の足元に押し寄せつつあった。

そのひとつはアメリカに起こったメディア技術の開発とその伸展による変化である。一九二〇（大正九）年アメリカのピッツバーグに世界最初のラジオ局が誕生した。ラジオは速いテンポで普及し二年後の一九二二年には全米に六〇〇ものラジオ局が誕生、一九二六年にはアメリカ全土にネットワークを有するＮＢＣ（National Broadcasting Company）が生まれる。時間の経過とともにラジオはレコードの宣伝媒体として、重要な存在となり、両者のあいだには共存共栄の関係が生まれるのだが、ラジオ誕生の直後は蓄音器、レコードの両方の売上が減少する時期があり、一時的ではあったがレコード産業がその存続を危惧される状況も生まれた。そのようなアメリカの事態は日本にも伝わり、レコード産業内部でも事業の将来を心配する見方も生まれた。またラジオの開発が生んだ技術のなかに、音声・音楽を電気信号に変えるマイクロフォンと、それを増幅するアンプリファイアの技術があったが、それらはレコードの録音・再生にも画期的な進展をもたらすものだった。再生音楽の録音は従来までの機械的吹込みから電気吹込みに変わることになった（岡 1986：82）。再生装置も、ゼンマイを動力とする機械蓄音器から電気蓄音器に変わる。しかしこれらの新技術もアメリカで生まれたもので、当時の日本のレコード産業にとっては従来の設備や技術が役立たなくなり、新技術の導入への投資を余儀なくされるという事態がいやおうなしにやってくることになった。

日本の企業でありながら、アメリカ人によって経営されていた日本蓄音器商会では、ここに挙げたような欧米の動きによってもたらされた技術や経済の状況変化による情勢の変化を、特に敏感に感じ取っていた。社長のゲアリーはこれからの日本のレコード会社が、アメリカの技術と資本がなければ立ち行かないことをこの時期に感知したのではないか。彼は一九二五年一二月に大正時代が終わり、昭和という新たな時代に入るのを待っていたように、日本蓄音器商会の総株数の約三五・七％を英国コロムビアに譲渡する。一九二七（昭和二）年五月のことだった。さらに同年一〇月には日本蓄音器商会の総株数の約一一・七％を、米国コロムビアに譲渡する。これにより日本蓄音器商会は、米英コロムビア社の系列下に入ることになった（日本レコード協会 1993：36）。

6．満を持しての米英メジャーの日本への進攻開始

このような日本蓄音器商会の変化はこの時期すでに、世界のレコード市場で大きな位置を占めていたコロムビア社が、日本蓄音器商会という日本の既存のレコード会社を足場にして、日本の市場に直接乗り込んでくることを意味するものでもあった。振り返ってみると、欧米のメジャー会社は明治末期に日本に足を踏み入れてきて、まだ録音技術をほとんど持たなかった（まだレコード会社も生まれていなかった）日本で日本の芸能・音楽を録音し、自国に持ち帰ってプレスし、日本へ逆輸出してビジネスを行った。しかし大正年間の約一五年は、これといった大きな動きはみせず、日本という市場を静観していた。日本へは自国の音楽であるクラシックのレコードを輸出していたに過ぎない。そして昭和という新たな時代の幕開けと同時に、日本のレコード市場に〝本格的成長の

時期の来たれり″の感触を得ていよいよ攻勢をかけてきた。この時期のコロムビアの動きはこのようにみることができる。

　このように考えると、この大正年間一五年余の日本蓄音器商会の企業活動が、結果的にはコロムビアの日本上陸のために大きな足掛かりとなった、といえる側面も持つことになる。アメリカ人の資本とアメリカ人の創業・経営ということでもあったために、なおさらその感が否めない。

　ここで思いが及ぶことは、もし日本蓄音器商会の設立に尽力した松本武一郎が、四二歳という若さで夭折することなく、日本蓄音器商会の経営に参加していたら、どうなっていただろうかということである。渡辺裕は著書『日本文化　モダン・ラプソディ』のなかで、「大正期から昭和初期にかけて日本では特に関西を中心に多くの小さなレコード会社があって、独自のユニークな企画のレコードを制作販売していた。しかし欧米資本や欧米人経営者の日本蓄音器商会やビクターに吸収・再編されてしまった。これらのユニークな小さなレコード会社が再編の波に飲み込まれるようなことがなかったら、日本の音楽文化は今とはずいぶん違った様相を呈していたのではないか。」（筆者要約）（渡辺 2002：191）と述べている。松本武一郎は三光堂というレコード販売店の経営者として腕を振るったが、同時に日本のレコード制作のパイオニアであり、日本最初の音楽プロデューサーともいえる人物でもあった。もし彼が日本蓄音器商会の経営者として、大正末期から昭和初期に起こった日本蓄音器商会の外資攻勢への対応、ひいては日本のレコード産業の変革の渦中にいたら、日本人のレコード会社の経営者として、さらには音楽制作の重要性を知る経営者として、どのような舵取りをしただろうか。もしかするとアメリカ人のようなビジネス最優先の経営者とは異なる判断が生まれて、歴史の事実とは異なった状況が生まれていたかもしれない。

第5節　昭和初期の外資の本格攻勢とレコード産業の発展
——欧米ビクターとコロムビアの上陸

前節でも触れたように大正から昭和になる直前の一九二三（大正一二）年九月に、相模湾沖を震源とする巨大な地震による関東大震災が発生した。これにより日本の政治・経済の中枢であった東京を中心とする関東一円の地域は壊滅的に破壊され、日本の社会は大きな打撃を受けた。この震災後の経済を建て直すための手立てとして、政府は懸命になって様々な政策を打ち出したが、その基本政策のひとつに国産品の奨励ということがあった。その一環として大正一三（一九二四）年の七月三一日に、〈奢侈品ノ輸入税ニ関スル法律〉（法律第二四号）が定められ、贅沢品の輸入には高率の関税が課せられるようになった。この法律はレコード産業のあり方に大きく影響することになった。当時贅沢品とされていた蓄音器やレコードには、一〇〇％の関税がかかるようになり、その結果米英のコロムビア、ビクター、ポリドールなど、それまで蓄音機やレコードを日本の市場に向けての輸出品として送り込んでいた外国のレコード会社のビジネスは、そのままでは立ち行かなくなった。そこで彼らは現物を輸出することをやめ、そのかわりに日本に資本を投下し、自らの手でレコード会社を設立し、蓄音機・レコードを日本で生産して国産品として販売することを決断する。その際の足がかりを求めて、彼らは従来までのパートナーであった日本の輸入業者やレコード会社に助力を求めた（森本敏克 1975：15–16）。助力を求めたというよりも結果的には足場にして利用したというほうが正しいかもしれない。このため大正時代には日本のレコード産業の主役だった日本のレコード会社や輸入代理店が、この時期までにすでに世界規模の企業に成長していた欧米のレコード会社にその主役を奪われることになった。それは一九七〇年代の資本の自由化を契機に日本のレコード産業に起こった、外国資本のレコード会社の日本市場への参入の際にみられた現象によく似た出来事だった。

このように昭和時代に入ると、日本のレコード会社のありようは変化を生じることになった。アメリカ及びイギリスのコロムビアの日本の出先会社としては、日本蓄音器商会がその株式を売り渡すことによって外資会社として生まれ変わり、その役割を果たすことになった。いっぽうアメリカのビクターは資本を投下して、日本ビクター蓄音器株式会社という会社を新たに設立した。またドイツのポリドール・レコードは、日本への資本投入はしなかったものの、従来の輸出先であった日本の阿南商会と銀座十字屋というレコード販売業者の働きかけを受けて、両社に新会社を作らせ日本ポリドール蓄音器商会と名乗らせて、日本での独占的提携先に指定するというやり方で、日本市場への働きかけに本腰を入れた。この外資系三社、コロムビア、ビクター、ポリドールの誕生の直後には、日本資本のキングレコードと帝国蓄音器（後にテイチクと改名）の二社が生まれる。これら五社が昭和時代前半の日本のレコード産業をリードすることになった。そのいっぽうで大正時代に林立していた中小のレコード会社は、その多くがこの時期までにこれらの大手レコード会社に吸収・統合された。この節ではこの時期の外資系三社の誕生とそれに続く昭和初期における事業の進展をみていく。

これらの外資会社は日本進出に際しては、特にビクターとコロムビアが母国アメリカで培ってきたレコード会社としての販売体制と宣伝体制を日本のレコード産業に持ち込んだ点も注目される。これらの体制は昭和初期のビクターとコロムビアが競い合いながら育成した日本の流行歌の市場を支えた体制であり、第二次世界大戦後の二〇世紀後半にまで長く定着したものである。その販売体制とは彼らが欧米において試行錯誤を重ね確立したレコードという商品の特性にマッチした流通のシステムによる体制であり、その宣伝体制とは欧米で日本よりも一歩先んじて普及が始まっていた、映画とラジオのそれぞれとレコードが互いに利用し合う、メディアの共働システムとも呼ぶべき体制である。以下昭和初期に日本のレコード産業に起こったこのような変動をみていくことにする。

1．欧米三大メジャーの日本上陸と産業の発展の本格化

(1) 全額出資して日本ビクターを誕生させたアメリカのビクター

一九二七（昭和二）年の九月に、アメリカのビクターの二〇〇万円の全額出資によって、日本ビ

クター蓄音器株式会社が設立された[34]。この会社は蓄音器というハードと、レコードというコンテンツを扱う会社であり、二〇世紀後半にはそのレコード部門は、ビクター音楽産業からビクターエンタテインメントへと発展していく。設立の当時この会社の母体となったのは、設備・人材とも、大正時代からアメリカのビクター製品の総輸入元だった、セール・フレーザー商会[35]である。横浜市中村町の新会社ビクターの本社と工場も、東京麹町区馬場先門に作られたビクターのレコーディング・スタジオも、セール・フレーザー商会が土地を提供して建設された。アメリカからＢ・ガードナーが専務としてやってきたが、セール・フレーザー商会からは岡庄五（おかまさかず）をはじめ数人が新会社の要職についた。なかでも岡庄五[36]はレコード会社のかなめともいうべき音楽の制作部門の責任者である文芸部長の職に就き、創生期のビクターの発展に力を尽くし、昭和初期の流行歌の制作や宣伝に深くかかわった。日本ビクターの工場は一九二七（昭和二）年の一二月から、スタジオはその翌年の一月から稼動がはじまった。

このように日本ビクター蓄音器株式会社が誕生し、洋楽のレコードについては従来の輸入元＝代理店が扱っていたような海外でプレスされた輸入レコードではなく、プレスに必要な原盤がアメリカやヨーロッパから持ち込まれて、横浜の新工場でプレス＝生産されるようになった。会社開設から約半年が経過した一九二八（昭和三）年二月、いよいよ国内プレスの第一回発売として、レコードの種類にして一五〇種、曲数にして二七〇曲の洋楽レコードが発売された。この時期のビクターはアメリカのビクター盤に加えて、社長のエルドリッジ・ジョンソンとベルリーナとの盟友関係から、イギリスのグラモフォン（ＨＭＶ）盤の発売権を持っていたから、そのレパートリーはコロムビア、ポリドールをはるかに上回る陣容を誇っていた。その当時の洋楽はそのほとんどがクラシック音楽であったが、主なものを挙げるだけでも、指揮者ではストコフスキー、トスカニーニ、メンゲルベルク、オーケストラではフィラデルフィア管弦楽団、ニューヨーク・フィル、バイオリン奏者ではハイフェッツ、クライスラー、ジンバリスト、ティボー、チェロではカザルス、ピアノではコルトー、バックハウス、パデレフスキーなど、まさに他社を圧倒する布陣だった。

しかし日本ビクターは外資のレコード会社だからといって、洋楽レコードだけを手がけたわけではない。二月に洋楽の発売を開始したばかりの同社は、二ヶ月後の四月には邦楽＝流行歌の第一回の新譜を数点発売した。そのなかの一枚が作詞・野口雨情、作曲・中山晋平、唄・佐藤千夜子による「波浮の港」であり、数ヶ月で一〇万枚以上売れたという。また同社は同年の一二月には、作詞・時雨音羽、作曲・佐々紅華、唄・二村定一による「君恋し」を発売し、これも当時としては大ヒットとなる。この歌は戦後フランク永井の歌唱でリバイバルし、日本レコード大賞を受賞したことで、後世の人々にも改めて知られるようになった作品である。さらにビクターは翌年一九二九（昭和四）年の六月に、作詞・西条八十、作曲・中山晋平、唄・佐藤千夜子による「東京行進曲」を発売しこれも大ヒットする。このレコードの裏面には、作詞・野口雨情、作曲・中山晋平、唄・

佐藤千夜子の「紅屋の娘」がカプリングされていたが、この曲もヒットした。またその翌月の七月には、作詞・時雨音羽、作曲・佐々紅華、唄・二村定一という「君恋し」のトリオによる「浪花小唄」が発売され、これもヒットするが、さらに八月には、作詞・西条八十、作曲・松竹蒲田音楽部、唄・佐藤千夜子による、映画主題歌「愛して頂戴」もヒットする。

このように特に昭和三年から四年にかけて、創立直後のビクターは洋楽だけではなく、邦楽＝流行歌の分野でも他社を圧倒する実績を収めるようになり、アメリカ・ビクターとイギリス・グラモフォンの豊富な原盤でシェアーを高めつつあった洋楽クラシックの分野と併せて、当初は独走ともいえる状況にあった。それは日本蓄音器商会やポリドールが体制を整える昭和五〜六年頃まで続き、その後もビクターは引き続き日本のレコード産業のリーディング・カンパニーの位置を保ち続けることになる。

考えてみると一九二七（昭和二）年の九月に発足したばかりの外資のレコード会社であるビクターが、その後半年余りのあいだに、洋楽は当然として、邦楽のレコードの発売体制をも作り上げたその速さは目を見張るものがある。そこには前述のように、ビクターの従来までの日本への輸出総代理店だったセール・フレーザー商会の、人材や設備の提供をはじめとする、多面的な協力があったことはいうまでもない。

しかし当時のアメリカ・ビクター社の世界戦略の一環としての日本進出には、周到な事前準備があったことも想像される。この時期のアメリカでのビクター社は、必ずしも経営的に順風満帆だったわけではない。アメリカのレコード市場は一九二一年に一億ドルの大台に乗せるというピークに至ったが、二五年には五九〇〇万ドルにほぼ半減する。その原因はラジオの急激な普及であった。この事態を憂慮するあまり創業者であり社長でもあったエルドリッジ・ジョンソンは、一九二六年一二月に自分とベルリーナの持ち株を、レコード事業に関心を持つスパイアとセリグマンという二つの銀行に売却し、ビクターから去ってしまう。しかしジョンソンの心配が現実となる事態は起こらず、電気録音という技術の開発によるレコードの音質の飛躍的向上もあって、ビクターは活況を維持し、一九二九年には一旦銀行家の手に渡ったビクターの株は、無線技師としてタイタニック号遭難の無線を最初に受けたことで有名な、デビッド・サーノフ(37)の経営するRCA（ラジオ・コーポレーション・オブ・アメリカ）が手中に収める。RCAはすでにNBCという放送事業を手がけており、これによってビクターはこれまでのビクター・トーキングマシーン社から、RCAビクターという名称のレコード会社となり、ラジオ・蓄音機などの電気音響機器の製造販売と、放送・レコードの事業を営むRCAという事業体の一角を占めることになった。このようなことがあってビクターはいよいよ世界のメジャーへの歩みを本格化する。

アメリカのビクターが日本に進出してきたのは、このような変動のさなかの一九二七（昭和二）年であり、前年の一九二六年一二月にエルドリッジ・ジョンソンが退陣した直後である。経営トップの交代という大きな変動があっても、業績が低下することもなく、日本への進出という事業も粛然と行われたということは、この時期のビクター・トーキングマシーン社が、すでにジョンソン個人の力で動いていた個人会社の段階を過ぎて、組織として運営されるようになっており、企業としての基盤が確立されていたことがわかる。

(2) 日本蓄音器商会の身売りでコロムビアの日本法人誕生

アメリカのビクター・トーキングマシーン社の日本でのスタートが、製品の総輸入元だったセール・フレーザー商会の協力があったとはいえ、まったく新たなレコード会社の設立だったのに対し、コロムビアの日本でのスタートは、株式の譲渡による日本蓄音器商会の英・米コロムビアの日本支社への移行というかたちで始まった。しかし社名は日本蓄音器商会がそのまま使われたため、その事実は社名の変更というかたちでは表面化されなかった。このときに日本コロムビア蓄音器株式会社という輸入蓄音器を扱う、資本金一万円の子会社が設立されたが、レコード会社本体の社名はなぜか日本蓄音器商会のままで変更されることはなかった。レコード会社のトップ企業として大正時代から親しまれていた日本蓄音器商会という名称は、ニッチクという略称で親しまれていたこともあり、ブランドイメージとしても確立していたと思われ、消してしまうのは惜しまれたということかもしれない。この会社が日本コロムビアと名乗るのは、第二次世界大戦後の一九四六（昭和二一）年になってからのことである。

社名は変えなかったものの、蓄音機の商標やレコードのレーベルに使われたデザインは、世界のコロムビアで使われていたツインノーツ（八分音符）のマークが使われるようになった。そしてレコードのレーベルにはそのツインノーツ（八分音符）マークと並んで、必ずＣＯＬＵＭＢＩＡという英文字のロゴが使われるようになった。これは世界中のコロムビアのレコードに共通である。このようなことから社名は日本蓄音器商会であっても、会社やその商品はこの時期から〝コロムビア〟と呼ばれることが多くなった。洋楽を愛好するレコード・ファンにとって、ビクターやポリドールという横文字のレコード会社と肩を並べる会社は、やはり横文字の欧米の名称で呼ぶほうが自然だったからだろう。折りしも日本には欧米のいわゆる横文字文化が奔流のように流れ込んできた時代でもあった。

社長職は大正八年からその任にあった日本蓄音器商会のＪ・Ｒ・ケアリーがそのまま継承したが、アメリカ・コロムビア社から副社長として、レスター・Ｈ・ホワイトが派遣されてきた。ホワイトは後述のようにそれまで日本蓄音器商会の販売体制の柱だった代理店制度を改めるなど、レコード・蓄音機の販売制度の改革に大いに力を注ぐ。これは日本ビクターにアメリカから赴任してきた専務のＢ・ガードナーが、やはり営業畑の人材で、流行歌をはじめとする音楽制作は日本人スタッフに任せてアメリカ方式の販売体制の拡充に力を入れたことと同様である（コロムビア五〇年史編集委員会 1961）。

新生の日本蓄音器商会でも欧米の原盤の日本プレスの皮切りとして、一九二七（昭和二）年七月、アメリカをはじめ、イギリス、ドイツのコロムビアから持ち込まれた原盤により、日本でプレスされた洋楽レコードが四四種発売された。これは日本ビクターの洋楽の第一回発売より七ヶ月早いが、日本ポリドールのそれよりは三ヶ月あとのことであった。この時期のコロムビアの洋楽クラシックは、アメリカのビクター原盤やヨーロッパのグラモフォン原盤からの人気演奏家を擁するビクターのクラシックに比べて、演奏家の顔ぶれは見劣りするものだった。この時期のコロムビアはアメリカでは経営が思わしくなかったこともあって、ビクターほどの人気演奏家を揃えることが難しく、イギリスの演奏家も全体的に知名度が低かった。そしてそのマイナスをレパートリーの充実、すなわち楽曲の多様さで補おうとしていた。洋楽レコードが国産化された一九二七（昭和二）年は、ちょうどベートーベンの没後一〇〇年にあたっていたこともあって、日本のコロムビアでは一九二八（昭和三）年にはベートーベンの交響曲全集を日本での製造盤で揃えるなど、ラインアップの充実に力を注いでいた。この時期の主なアーティストには指揮者では、ワインガルトナー、メンゲルベルグ、ストラヴィンスキーなど、オーケストラでは、ロイヤル・フィル、ロンドン交響楽団、バイオリンではシゲティ、ジンバリスト、ピアノではフリードマン、ゴドフスキーなどだったが、ビクターと比べるとスターが少ないという感が否めない。

邦楽については新生の日本蓄音器商会では、大正時代からの邦楽制作体制が引き継がれている。

しかしスタート当初の数年間は邦楽＝流行歌の分野でヒット曲を生み出すことができず、ここでもビクターに先行を許すことになった。中山晋平をビクターに引き抜かれたことはコロムビアにとってはとくに痛手だった。一九二七（昭和二）年からの四年間ほどは、ビクターの中山晋平らが送り出すヒット曲の連発を横目で見るしかなかった。しかし一九三一（昭和六）年に発売された、作詞・高橋掬太郎、作曲・古賀政男、歌・藤山一郎による「酒は涙かため息か」をきっかけとしてコロムビアの巻き返しが始まる。コロムビアは「キャンプ小唄」「丘を越えて」「影を慕いて」「サーカスの唄」「ほんとにそうなら」など立て続けにヒットを飛ばすが、ここに挙げたヒット曲が作詞家と歌手はそれぞれ異なるものが多いなかで、作曲はすべて古賀政男によるものであった。これら一連の古賀政男の作品のヒットによって、コロムビアはこの頃はヒット曲の輩出のペースがややスローダウンしていた、ビクターを凌駕するようになった。『コロムビア五〇年史』もこの時期の同社の流行歌分野での好成績を、古賀政男の作品の力によるものとしている。

このようにして、邦楽・洋楽の両分野での実績が好調になった日本蓄音器商会は、昭和時代が進むとともに、世界のメジャーであるコロムビアの日本の出先企業として、世界の主要国のコロムビア各社に引けを取らないまでに業容を拡大していった。おりしも日本蓄音器商会がコロムビアの日本法人としてスタートした一九二七（昭和二年）年一〇月には、英国コロムビアの実力者ルイス・スターリング副社長が日本を訪れ日本市場を視察している。この時期をさかのぼること三年前の一九二四年の末に、スターリングは急遽アメリカに渡り、銀行王J・P・モーガンを口説いて二五〇万ドルの融資を受け、親会社ともいえるアメリカ・コロムビアを買収する。それは経営難にあえぐアメリカ・コロムビアを救済するためだけではなかった。これからのレコードは電気録音でなくては受け入れられなくなることを痛感していたスターリングは、電気録音方式を発明し特許を持つ、アメリカのウェスタン・エレクトリック社[38]が、さしあたってその特許の売り込みの対象を、アメリカの会社のみに絞っていたので、アメリカ・コロムビアを買収してそれを手中に収めるという方法を選んだ。スターリングが巨額の借金までして電気録音方式を得たのは、すでにその特許を得ていたビクターの独走を阻もうとしたからである。

電気録音方式が使えるようになったスターリングは、その頃録音したばかりの機械式録音の原盤をすべて破棄して、電気録音方式で録音をやり直したという。英国コロムビアが日本蓄音器商会の株を引き受け、日本でのビジネスに直接乗り出すようになったのは、まさにスターリングがこのような積極経営を展開するさなかである。それは世界のメジャーに成長しつつあったスターリングのコロムビアが、日本という市場に大きな期待を持っていた証拠でもあるだろう。多忙を極めていたはずのスターリングが、長い船旅を敢行して日本市場の視察に訪れたことでもそれがうなずける。

(3) 日本の有力販売店が出資した日本ポリドールの誕生

一九二六（大正一五）年夏、ドイツのポリドール・レコードの輸入元の阿南商会の阿南正茂と、銀座十字屋の鈴木幾三郎はドイツに渡り、ポリドールの製造元であるドイツ・グラモフォンと折衝して、ドイツ録音の原盤の日本における独占製造許可を得ることに成功した。そしてその翌年の一九二七（昭和二）年五月には日本ポリドール蓄音器商会を設立する。それはドイツ・グラモフォンが米英のビクターやコロムビアのように、資本を投下して日本に進攻する動きをしなかったので、日本側の販売会社二社が交渉の結果、原盤の独占的な使用権を得て、あたかもポリドールの日本支社のような名称のレコード会社を設立したということである。東京・池上にプレス工場も作られ、そこでプレスされた洋楽レコードの第一回発売は、一九二七（昭和二）年の四月であった。これは日本ポリドール蓄音器商会が設立される直前ということになるが、日本蓄音器商会がコロムビア盤の洋楽が発売したのが同年七月だったから、ポリドール盤のほうがコロムビア盤よりも三ヶ月ほど早く、海外で吹込んだ洋楽レコードの日本プレス盤の記念すべき初発売は、この時のポリドール盤ということになる。このように日本ポリドール蓄音器商会は、国内資本の会社としてスタートした。

ドイツ・グラモフォンはどのような会社なのか改めて確認しておこう。前述のように一八九七年に円盤レコードの発明者ベルリーナは、アメリカで蓄音機とレコードのメーカーであるベルリーナ・グラモフォン社を立上げ、さらにヨーロッパでの事業拡大を企図して、ベルリーナ・グラモフォン社のヨーロッパの拠点として、グラモフォン社をロンドンに開設する。このときベルリーナがロンドンに派遣したのは、前述のようにベルリーナ・グラモフォン社にいた弁護士のバリー・オウエンだった。彼はベルリーナの意を受けて、すぐにドイツのハノーバーにレコードのプレス工場を作り、さらにドイツ、オーストリア、フランス、スペインに支社を開くというように、速いスピードで事業を拡大して行った。(39)

しかし一九一四年第一次世界大戦が始まると、ドイツ政府は敵国となったイギリスの企業であるベルリーナ・グラモフォン社のドイツ支社と、ハノーバーのレコードのプレス工場を没収してしまう。イギリスのベルリーナ・グラモフォン社との縁が切れた同社のドイツの支社と工場は、当時オルゴールや自動演奏ピアノのメーカーとして隆盛していたライプツィヒのポリュフォン社に買い取られる。ここにドイツ・グラモフォン社が誕生し、ドイツを中心とするクラシック、ポピュラーの両分野の音楽制作で独自の道を歩み始め発展していく。

同社はその後一九四〇年にはドイツの電気メーカー、ジーメンスに買収されるが、二〇世紀終半には世界のメジャー、ポリグラムの傘下に入る。そして現在ではそのポリグラムを母体とするメジャー、ユニバーサル・グループの一角を占めるに至っている。阿南正茂と鈴木幾三郎が興した日本ポリドール蓄音器商会は、このようにして生まれたドイツ・グラモフォン社の実質的な日本支社という立場で、昭和初期の日本のレコード市場でビジネスを展開していったのである。

日本ポリドール蓄音器商会が発足当時に発売した洋楽のレパートリーはどのようなものだったのか。何と言ってもポリドールは、クラシックの本場ドイツを本拠とするレコード会社であり、その中核はベルリン・フィルとベルリン国立歌劇場交響楽団の二大オーケストラだった。ベルリン・フィルに対抗するオーストリアのウィーン・フィルの録音がまだ少なかったこともあって、ベルリン・フィルのレコードはファン垂涎のものだった。なかでも名指揮者フルトヴェングラーの指揮するベルリン・フィルの録音は、最初は種類も多くなかったが名盤の誉れ高く市場性が高かった。ほかに指揮者ではリヒャルト・シュトラウスやオスカー・フリートがいた。特に作曲家でもあるリヒャルト・シュトラウスは自作自演もので評価が高かった。ピアニストのウイルヘルム・ケンプも看板アーティストだった。声楽では本場のドイツリードが一部の熱心なファンに支持された。

日本のポリドールも洋楽のみを扱ったのではない。一九二七（昭和二）年の設立当初から邦楽レコードの録音も手がけている。だが流行歌のヒットを出すまでには数年の時間がかかった。同社の最初のヒット曲といわれるのは、一九三〇（昭和五）年、富田屋喜久治が歌ったコミカルな「酋長の娘」であったが、この曲は俗曲系の流行歌のレコードを数枚作るために新曲が数曲用意されて録音されたときに、あと一曲不足していたために急遽準備されて録音された（森本 1975：39）曲だったという。その意味でこの曲は偶発的なヒットだった。この曲のヒットが発足まもないポリドールにとって経営的にも救いの神となったというが、この曲のヒット誕生のいきさつからみても、専属アーティストの不足などから、流行歌についてはは同社がコロムビアやビクターなどの後塵を拝し、この時期でもまだまだ苦戦を強いられていたことがうかがえる。

2．アメリカから持ち込まれたレコードの販売体制
――メーカーから小売店へのダイレクト流通システム

これまで見てきたように、コロムビアの資本参入による新生日本蓄音器商会の誕生、日本ビクター蓄音器株式会社の誕生、及び日本ポリドール蓄音器商会の誕生によって、従来までは輸入のみに頼っていた洋楽の国内製造が実現し、この時期に日本のレコード会社が洋楽と邦楽という二本立の分野でビジネスを展開することが始まった。それぞれのレコード会社には洋楽の編成担当部門と、当時は文芸部と呼ばれた邦楽の制作部門が置かれるようになった。ここに現在でも多くの日本のレコード会社に見られる、洋楽部・邦楽部という制作部門の二元体制が始まった。つまりこの時期にその後の日本のレコード会社に脈々と受継がれることになる、制作部門の基本的なかたちができあがったのである。

しかし基本的なかたちができあがったのは制作の分野だけではない。見逃してはならないのは、この時期に販売の分野でも従来の日本のレコード産業のシステムが、大正時代の古いものから、昭和時代の新しいものに改変されたことである。先頭に立ってそれを推進したのはアメリカから派遣されてきた二人のレコード・ビジネスマンである。そのうちの一人はアメリカのビクターから送り込まれ、日本ビクターの実質的な経営者として専務に着任したB・ガードナーである。着任する早々にガードナーは欧米で先行していた特約店制度というレコードの販売体制を日本でも確立すべ

く動きを開始した。彼はまずレコードと蓄音機のメーカーとしての日本ビクター蓄音器株式会社の別会社として、日本ビクター蓄音器販売株式会社という名称の販売専門の会社を設立した。そのうえで従来まで実質的に卸し店の機能を果たして大きな力を持っていた代理店を廃し、自社の商品は代理店の仲介を通さずに直接全国の小売店＝特約店に出荷する特約店制度を確立した。ただし東京・大阪・京都などの一部の有力なレコード店には、ジョバー＝売りさばき元、という名称を与えて、卸し店の機能も残し小型のレコード店へ商品の卸しの対応や新しい販売店の開拓を委任した。

このような特約店制度は中間に卸し店が介在しないので、レコード・メーカーと小売店の関係がダイレクトとなり、意志・情報の伝達や共有が容易くなって、商品の発注・供給などがスムーズになるというメリットがあり、「生（なま）もの」[40]ともいわれるヒット曲を扱うレコード・ビジネスには望ましい制度であった。この点は戦後になっても巨大な卸し店の存在でその流通制度に批判の多い出版産業としばしば対比される。また特約店制度は卸店を通さないために特約店のマージンも多くなり歓迎された。この特約店制度はその後ビクターだけではなく、日本のレコード産業に広く定着し、少なくとも二〇世紀末までのＬＰ、ＣＤの時代、すなわちパッケージ型のメディア全盛の時代には、大いにその機能を発揮した。

日本のレコード販売システムの確立に尽力したもう一人のアメリカ人のビジネスマンは、アメリカ・コロムビア社から副社長として着任したレスター・Ｈ・ホワイトである。社長としてそのまま留任した日本蓄音器商会のＪ・Ｒ・ケアリーの右腕として、ホワイトもビクターのガードナーと同様に、特約店制度の普及を核にして日本の販売制度の改革に力を注ぐ。彼もそれまで日本蓄音器商会の販売体制の柱だった代理店制度を改め、ビクター同様に特約店制度を採用して、メーカーが小売店を直接コントロールしやすい体制を整えた（コロムビア五〇年史編集委員会 1961）。期せずしてビクターでもコロムビアでもアメリカから派遣されてきた人材が、日本の販売制度の改革を行ったのは、決して偶然の一致ではないだろう。サイモン・フリスも指摘するように欧米のメジャーが市場を制覇しようとする時には、まず流通・販売網を確立するという方程式（Frith 1981-1991：170）が、この時点のビクターとコロムビアの日本での動きにも如実に現れているといえる。この方程式を実践すべくアメリカの両社は、営業畑の仕事に精通したベテラン社員を日本に送り込んできたものと考えられる。

この時期に日本ビクターと日本蓄音器商会によって整えられたアメリカに倣った特約店制度という販売体制は、その後も二〇世紀を通して日本のレコード産業に永く定着し、その発展を支えることになった。またこのように大手企業が強い販売体制を持つということは、自社の商品の販売に有利であることに加えて、販売機能を持たない中小のレコード制作会社の商品の配給を請け負うというシステムが生まれることにつながった。それはレコード産業全体にとって有効なシステムであり、二〇世紀のレコード産業の発展を促す要因のひとつとして働いたということができるだろう。

３．ラジオと映画との共働により軌道に乗ったレコードの宣伝体制
——互いに影響し合ったアメリカ生まれの３つのメディア

外資のレコード会社が相次いで日本に誕生した昭和の初期という時代は、ラジオという新しいメディアが出現して急激な発展をしつつあり、さらには映画というメディアがこれまでの無声の時代からトーキーという技術革命の時代を迎えて、その躍進が始まろうとしていた時期であった。まさに発展の時期を迎えていたレコード産業にとって、同じく発展途上にあったラジオと映画という、二つの当時のニューメディアがあったことはまさにお誂え向きだった。レコード産業は、ラジオと映画がレコードの宣伝媒体として利用価値の高いものであることが、時期を追うごとに明らかになっていったことである。そしてレコード産業は短期間にラジオ産業と映画産業との連携を深め、深いつながりを持つようになる。そしてさらに都合のよいことには、この三者の関係はレコードの側が一方的に恩恵を受けるだけでなく、ラジオや映画の側もレコードからメリットを得るという、持ちつ持たれつの関係が成立していったことである。ラジオとレコードのあいだには当初は多少の曲折はあったものの、おしなべて協調は順調に進んでいったといえる。

ここで当時のラジオとレコード、そして映画とレコードという、新しいメディア同士のかかわりがそれぞれどのように生まれ、互いに影響を及ぼすようになっていったのか、そしてそこにおいて日本に進攻してきた欧米のメジャーのレコード会社がどのような役割を果たしたのかについて確認

してみることにする。

(1)ラジオ産業とレコード産業

一九二五(大正一四)年三月、東京芝浦でラジオの試験放送が始まり、同年七月の東京・愛宕山放送所からの本放送が開始されて、日本初の放送局=東京放送局が誕生した。その間に大阪と名古屋の放送局も生まれて、その三者が合体して日本放送協会(NHK)が設立された。しかし設立当初ラジオは、レコード会社が邦楽の主力として発売を続けていた流行歌を、俗っぽい庶民の音楽であり、社会の良俗に反する内容ものが多いとして放送から遠ざけた。それは当時の流行歌が、「枯れすすき」=「船頭小唄」にみられるように、歌詞も旋律も退廃的な色合いが強く、関東大震災戦後の不況の中で、生活苦にあえぐ庶民には受入れられていたが、政府の役人や都市のインテリ層からは、うとんじられていたからである。

アメリカではラジオが生まれた当時、日本の流行歌に相当するポピュラー音楽が、二年間で四〇〇局も誕生したラジオ局から盛んに放送されたため、レコード産業は一時的に大きな打撃を被るという事態に至ったが、日本では前述のような理由で流行歌がラジオから放送されなかったため、アメリカのようなことは起こらなかった。当時ラジオが好んで放送した音楽は、大正時代に学校で音楽教育を受けた青年層やインテリ層が愛好した、海外のクラシックやポピュラー音楽、あるいは山田耕筰、成田為三、滝廉太郎らの音楽に代表される日本製の歌曲などが主体だった[41]。

このような状態がしばらく続いたあと邦楽＝流行歌についても事態は変化する。ラジオが徐々に流行歌を放送するようになったからである。それはラジオの普及が急速に進み、価格が引き下げられるようになったことで庶民層にも広がっていったことにより、すでにレコードによって国民的娯楽の域に達しつつあった流行歌を、放送せざるを得なくなっていったということである。そうなると今度はその放送によってさらに歌の流行が煽られ、歌手の人気が高まり、レコードが売れると同時にラジオの聴取率も高まるという、レコード産業にとってもラジオ局にとっても都合の良い循環が生まれていった。これを音楽ファンの立場からすると、ラジオの音楽番組はいまどのような曲が世の中では好まれているのかを知ることができるものであり、自分が知らない曲と出会える〝音楽のカタログ〟でもあったのに対して、レコードは聴きたい曲を任意の時間に聴くことができるうえに、何度でも繰り返して聴けるというものであり、さらには好きな音楽を自分のものとして所有にするという、個人の所有欲を満足させるものであった。このように音楽ファンはラジオとレコードを使いわけながら楽しむようになっていったが、レコード産業とラジオ産業は協力してそのような音楽ファンを巧みに育成していったということもできる。

このような状況を「一枚の新曲レコードが発売されると、たちまちそれは（ラジオを通じて）全国数十万の人の耳に伝わるのである。そして、どのような歌が民衆の好みに投じたかどうかは、すぐにレコードの売行きによってわかるのである」（園部 1980：135）という見方は当を得たものといえる。まさにラジオはレコードにとって、サンプラーの配布者であると同時に、アンテナの役割を果すようになった。ここにレコード産業とラジオ産業は互いを協力者として位置づけられるようになった。レコード会社の宣伝マンの最もベーシックな仕事は〝ラジオ局回り〟ということはこの時期に始まっていたことであり、ＦＭ放送がスタートする二〇世紀後半までも続くことになった。

(2) 映画産業とレコード産業

流行歌と映画の関係は、一九一四（大正三）年にさかのぼり、キネトフォン(42)の「カチューシャの唄」と、無声映画(43)「カチューシャ」という二つの映像作品にはじまる。このように流行歌第一号誕生の時点から、流行歌と映画のかかわりは早くも生まれていた。その後もヒットした流行歌が出現すると、それを題材にした映画が作られるようになる。「カチューシャ」に続いて、一九一七（大正六）年に「さすらひの唄」をテーマに使った映画「生ける屍」が公開される。さらに一九二二（大正一一）年の「船頭小唄」から、「水藻の花」「ストトン節」「恋慕小唄」、「籠の鳥」「新・籠の鳥」などへと続く。

当時は流行歌という呼称は生まれておらず、これらの歌は小唄とか新民謡などと呼ばれていたため、作られた映画は小唄映画と呼ばれた。それは大正時代のこれらの映画が、まず小唄のヒットがあってその人気を利用して映画が作られ、観客を呼び込もうとしたからである。昭和に入ってからもビクターの「君恋し」がヒットしたことをみとどけてから、日活は当時のスター、滝川久子主演の悲恋映画「君恋し」を作ったが、この場合もまず先にヒット曲ありきだった。このような状況は音楽を作る側が、映画会社に企画の材料を与え続けていたということを意味する。映画会社は曲がヒットするのを待って、機が熟したと見るやそのヒットが冷めないうちにとばかり短期間で映画を作り、それを興行にかけて儲けたのである。

ところが一九二九（昭和四）年の「東京行進曲」からはそれまでの構図に変化が生じた。流行歌と映画が同時に企画され制作されたのである。つまり「東京行進曲」という映画が企画され、そのなかで歌われる主題歌として「東京行進曲」という歌が作られたのである。この映画の企画は前年に「君恋し」の映画で成功した日活映画で、映画と流行歌を組み合わせることで味をしめた同社が、今度はありものの歌を使うのではなく、映画と同時に歌も新しく作ってみようということを発想した。その証拠に、西条八十への作詞の注文は日活映画から出され、西条は日活の宣伝部長から「歌詞は原作と関係なくてもよいが、充分流行性のあるものを」と念を押されたという（森本 1975：29）。このようにして生まれた「東京行進曲」は歌も映画も大当たりした。日活映画もこの映画によって大儲けしたが、作詞・西条八十、作曲・中山晋平、唄・佐藤千夜子による流行歌「東京行進曲」は、前出のようにビクター初期の大ヒットとなり、同社の発展の基盤を作ることにもなった。このような成功が足がかりとなって、レコード産業と映画産業の間の、異種企業同士の提携はその後も続き、その結果この後の流行歌には映画主題歌が多く生まれるようになった。同じ年＝昭和四年には、映画「沓掛時次郎」の主題歌の「沓掛小唄」、映画「愛して頂戴」の同名主題歌、映画「絵日傘」の主題歌の「祇園小唄」などが作られ、翌昭和五年には、映画「唐人お吉」の主題歌の「唐人お吉小唄」、さらに昭和六年には、「女給」の主題歌の「女給の唄」、「侍ニッポン」の主題歌「侍ニッポン」などのヒットが生まれた。

欧米のメジャーレコード会社が日本に乗り込んできた昭和初期という時期は、ラジオと映画も発展期にあった。それはレコードのビジネスにとって願ってもない追い風が吹き始めていた時期ということだった。ラジオと映画との出会いはレコード産業にとって強力なパートナーとの出会いであり、それがレコード宣伝体制の確立にもつながった。確かに欧米のメジャーが日本に進攻してくる以前の大正時代から、前述のように流行歌のヒット曲を題材とする映画が作られていた。しかし昭和時代になってからはトーキーの時代となり、映画と音楽はより有機的な関係になった。世界初めてのトーキー映画として「ジャズシンガー」がアメリカのワーナー社によって製作されたのが一九二七（昭和二）年であり、その後もトーキーではミュージカル映画という映像と音楽が密接に絡み合う映画が相次いで製作された。日本にビクター、コロムビアが乗り込んできたのはまさにその一九二七年であり、日本にやってきたスタッフたちも、そのようなアメリカでの映画と音楽の新しい展開を目の当たりにしてきたはずである。前出のようにレコード会社と映画会社が協働して、一九二九（昭和四）年に初めて主題歌と映画が同時に作られたという「東京行進曲」が製作されたのも、彼らのアメリカでの体験によるアイデアやノウハウが働いていたことが充分に考えられる。

ここにきてレコードの宣伝に映画とのタイアップというべきものがアメリカから本格的にもたらされ、それはその後もレコードの宣伝のベーシックな、そして効果の高いかたちとして、定着していくことになった。そのためこの時期にスタートしたビクター、コロムビアには宣伝部という組織が置かれるようになり制作部、営業部と並んでその後のレコード会社の三つの基幹部門となる。宣伝部はラジオや映画、そして第二次世界大戦後には新たに出現したテレビなど、関連メディアとの連携のなかで、楽曲やアーティストのプロモーションを担当する重要な部署になる。

このようなことから日本のレコード会社における宣伝部の誕生も、レコードというものを売っていくための必要から、生まれるべくして生まれたということもできるが、欧米のメジャーが持ち込んだものということもできる。

4. 第二次世界大戦による外資の日本攻勢の中断
――苦境に立ったレコード産業

ここまでみたように、昭和時代に入ってまもなく始められたコロムビアとビクターという当時の欧米のレコード会社の二大メジャーの日本への攻勢は、一九世紀末から二〇世紀にかけての日本における欧米の音楽文化の受容という大きな潮流のなかで、その勢いを加速し日本レコード産業に発展のきっかけをもたらした。そこでは日本のレコード産業が欧米と同等の先進国のレベルに一気に引上げられることにもなった。

しかしこのような発展の勢いは昭和の時代が一〇年も経過しないうちに、かげりを生じることになった。それは日本の社会を少しずつ蝕んでいった軍国主義のなせる技だった。なかでも中国の覇権をめぐる抗争は日本をアメリカ、イギリスとの対立を徐々に深刻化し、やがて一九三七（昭和一二）年の日中戦争から、一九四一（昭和一六）年の第二次世界大戦開戦へと突き進み、日本は両国を敵として戦うことになった。このような事態の進展はアメリカ・イギリス資本やその合弁であるコロムビアやビクターにとって、そのままのかたちでの会社存続を難しいものとしていった。それは欧米人の経営者の立場を刻々と困難にしていくことにもなった。

最初に変化を生じたのはコロムビア＝日本蓄音器商会だった。最初は副社長としてアメリカからやってきて、途中からゲアリーに代わって社長に就任していたホワイトは、一九三三（昭和八）年に日本からの資本撤退を決断した。この年の一〇月英国コロムビアと米国コロムビアの所有する日本蓄音器商会の株は、鮎川義介[44]の率いる日産コンツェルンの日本産業株式会社に譲渡された。ここで日本蓄音器商会は外資を離れ、創立以来はじめて民族資本企業となった。一九三三（昭和八）年といえば一九三七（昭和一二）年の日中戦争が起こる五年も前のことで、ホワイトの資本譲渡の決断は、後述のビクターに比べても非常に早かった。しかし一九三三（昭和八）年には日本は国際連盟を脱退していることを考えれば、外資企業が日本で存続することが難しくなることは読めていたことだろう。Ｈ・ホワイトは翌年の一九三四（昭和九）年、七年間の日本滞在にピリオドを打ってアメリカに帰国した。

日本ビクターに資本の移動が起こったのはコロムビアに遅れること三年後の一九三六（昭和一一）年である。ＲＣＡビクターは日本ビクターの持ち株の過半数を、コロムビア株の譲渡先でもある日産に譲渡し、さらに一九三八（昭和一三）年には残りの株も手放した。これによってコロムビア、ビクターも外資とは決別し完全に民族資本企業となった。そして会社経営も欧米人の手から日本人の手に移った。一九三八（昭和一三）年といえば、第二次世界大戦が開戦される一九四一（昭和一六）年の三年前である。一旦は鮎川義介の率いる日産が保有することになった、コロムビア、ビクターの株は一九三七（昭和一二）年には東京電気株式会社に譲渡される。鮎川が満州開発にかかわることになり満州重工業を開設し総裁として満州に渡ることになったからである。東京電気株式会社は一九三九（昭和一四）年、芝浦製作所を合併して、東京芝浦電気株式会社（東芝）となった。

第二次世界大戦が始まるとレコード産業には、外国資本や外国人経営者の問題だけにとどまらず、さまざまの問題が降りかかってきた。外来語の使用が禁止されたこともそのひとつである。そもそもレコードという言葉が外来語であり「音盤」と改められた。一九四二年二月ポリドールは「大東亜蓄音器株式会社」に、翌四三年四月には日本ビクターが「日本音響株式会社」に、キングレコードが「富士音盤」に、社名を変えた。なぜか日本蓄音器商会も「日蓄工業株式会社」に変った。やはり日本蓄音器商会はコロムビア資本時代の名称だったからだろうか。

しかし戦争の長期化と戦局の悪化は、レコード産業の存続そのものを脅かす事態にまで深刻の度を増していった。一九四〇（昭和一五）年に施行された物品税法でレコードには二〇％が課税されたが、その税率は年を追うごとに高率に修正され、一九四四（昭和一九）年には一二〇％にまでになった。軍事政府による〝レコードは贅沢（ぜいたく）品〟の烙印のなせるわざだった。これに先立つ一九三四（昭和九）年には政府当局によるレコードの内容（企画）の検閲が行われるようになった。戦争批判の左翼思想の歌詞や、富国強兵の国策に反する軟弱な歌詞の流行歌、アメリカやイギリスなど敵国音楽やその影響のある音楽が、取締りのやり玉に挙げられた。レコード化が許されるのは戦意を鼓舞する国民歌謡や軍歌だけという状況が、戦局の深刻化とともに進展していった。さらにレコード盤の材料不足も追い打ちをかけた。当時ＳＰレコードの主材料はシェラック、コーパルガム、カーボンブラックだったが、これらは重要な戦争資材でもあったため大部分が軍需に充てられ、レコードへの割り当ては微少だった。そこで各レコード会社は代用品や中古レコードの再利用（レコードを砕いて粉末にして再利用する）をせざるを得なくなり、レコードの品質は極端に劣化した（倉田 1992：212）。

このような二重三重の足かせを負い、戦争期の人々の音楽への消費意欲の著しい低下も手伝って、第二次世界大戦中の日本のレコード産業は疲弊していった。さらに致命的だったのはアメリカ軍の空襲によるレコード会社の工場の被害だった。ビクター、ポリドールは本社・工場・録音施設を焼失した。工場が戦火を逃れたのは奈良の帝蓄と川崎の日本蓄音器商会（コロムビア）のみだった。終戦を迎えた一九四五（昭和二〇）年にはその日本蓄音器商会の工場での生産枚数が、わずか一〇万枚(45)という状況にまで減少していた。

このように世界大戦という人類にとっての大きな不幸が原因となって、欧米のレコード会社の攻勢がきっかけとなって進みかけた日本のレコード産業の発展は、一旦停止することになった。欧米のレコード会社が再び日本の市場への関与を開始するのは、第二次世界大戦が終結して数年を経過してからのことである。第二次世界大戦後から二〇世紀末までに至る欧米メジャーの再度の、そして世界戦略の一環としての本腰を入れた日本への進攻の経過は、次章で検証することにしたい。

注

（1）とはいうものの、エジソンが最初に録音したのは、彼自身が歌うマザーグースのなかの「メリーさんの羊」だったという。しかしそうしたのは、その蓄音機が〝th〟の音声の再生が苦手なので、エジソンがその発音の少ない子供向けの詩を選んだためであり、それが音楽だからということではないという話も伝わっている。なおこの録音が一二月六日だったので、日本オーディオ協会はこの日を「音の日」に制定している。

（2）グレアム・ベルの改良蓄音機はエジソンの闘志をかき立て、約一〇年間放置していた蓄音機の改良にエジソンなりに何日も徹夜で取り組んで、短期間でエジソン自身の改良型蓄音機を完成させた（岡 1986）。

（3）少しずつは改良されつつあったとはいうものの、一八八九年（エジソンの発明の一二年後）にエジソンからの依頼で、ドイツで行われたブラームスの自作自演のピアノ曲「ハンガリー舞曲第1番」とヨハン・シュトラウスの「とんぼ」の録音は雑音が多く、ブラームスは失望したという。この録音音声は現在YouTubeで聴くことが出来るが、あまりにもノイズが多く曲の識別も困難なほどである。http://www.78rpm.net/column/brahms-plays-brahms.html

（4）コロンビア（Columbia）は、南アメリカのコロンビア共和国と同様に、アメリカ大陸の発見者クリストファー・コロンブスに由来する名称で、「コロンブスの地」「コロンブスの国」という意味の言葉である。日本のことを大和というのと同じように、アメリカの古名・別称として、地名、企業名、学校名などに多く使わている。http://ameblo.jp/chikyugi-pro/entry-11530532430.html

（5）ベルリーナの周囲には音楽家も多く集まっていたと言われる。彼はそれらのプロフェッショナルな音楽家たちの意見や要望を取り入れて、レコードや蓄音機の技術開発やマーケティングに役立てたという。それが会社を発展に導いたとみることができる。この点は音楽の世界には遠かったというエジソンとの違いがある（Gelatt,Roland 1977＝1981）。

（6）この時のフランク・シーマンの離反は、ベルリーナとの利益配分のトラブルだったとも言われる。この時期のグラモフォン社は、何といってもレコードの技術が発展途上で、ベルリーナはそこに向けての投資にウェイトをかけざるを得なかった時期であったことから、シーマンの不満が募ったのではないかとも考えられる（岡 1986）。

（7）このことからも分かるように、エルドリッジ・ジョンソンとベルリーナは、喧嘩別れしたわけではなかった。このあとも英国グラモフォンとアメリカ・ビクターは音源を共有することも多くなった。英国グラモフォンのフレッド・ガイスバーグが日本で録音した音源も、アメリカではビクターが発売している（倉田 1979=1992）。

（8）東インド艦隊（East India Squadron）は、一八三五年に設立され一九世紀に存在したアメリカ海軍の艦隊。一八六六年にアジア艦隊（Asiatic Squadron）と名称変更された。米国とアジア諸国の交易は増加しつつあり、これらは民間の活動であり、アジア諸国との正式な国交はなかったため、当時のアンドリュー・ジャクソン大統領は、東インド艦隊を編成しをアジアに派遣し、アジアの国々と何らかの条約を結ぶことを指示した。日本に対しては外交交渉によって開国させること、また必要であれば「強さ」を見せるべきとの意を受け、同艦隊のペリー提督は一八五四年の日米和親条約の締結にいたる、日本開国への道筋をつけることとなった。http://d.hatena.ne.jp/whomoro/20121013/1350099511

（9）「お雇い外国人」とは。明治政府は積極的にアメリカ、ヨーロッパ諸国に働きかけて様々な分野の専門家を日本に招き、彼らの教えを受けて「近代化」を図ろうとした。維新から三〇年くらいの間に、イギリスから約六〇〇〇人、アメリカから二七〇〇人、ドイツから九〇〇人、フランスから六〇〇人の教育者や技術者が来日したとされる。彼らは「お雇い外国人」と呼ばれ、日本全国に渡って献身的に日本に尽くし、政治・経済・産業・文化・教育・芸術などの分野で日本の近代化に大きく貢献した（野村光一著『お雇い外国人⑩音楽』一九四一、鹿島研究所出版会）。

（10）岩倉具視は、公卿・政治家。京都の人。初め公武合体に努め、のち討幕運動に参加。明治維新後は右大臣となる。新政府はアメリカの政治制度が参考にされ、行政部・立法部・司法部にわかれた三権分立型政府へ移行したが、岩倉はこのうち行政官の中の輔相となり国内行政全般取り仕切った。実質的な首班であった。また特命全権大使として欧米を視察したが、それが新政府の中核で諸施策を立案・遂行する彼に大きな影響を与えたという。http://www.jpreki.com/iwakura/

（11）伊沢修二は、明治・大正期の教育者・文部省官僚。幕末に信濃高遠藩から江戸へ出てジョン万次郎等に英語を学ぶ。一八七二（明治五）年からは文部省へ勤務。一八七五（明治八）年にアメリカの教育状況調査のために留学。グラハム・ベルから視話術を、ルーサー・メーソンから音楽教育を学ぶ。帰国後一八七九（明治一二）年三月には音楽取調掛りに任命され、日本の音楽教育の礎を固め、音楽文化の発展の方向性を定めた功労者といえる。西洋の音楽を持ち込む方向だったため、国粋主義者からは攻撃を受けたという。 https://kotobank.jp/word/

(12) 「蛍の光」はスコットランド民謡。現地でのオリジナルのタイトルは「Auld Lang Syne」（オールド・ラング・サイン）。直訳すると「久しき昔」という意味。歌詞は「旧友や昔の出来事は忘れられていくものなのか……」というような内容。「庭の千草」はアイルランド民謡。現地でのオリジナルのタイトルは「The Last Rose of Summer」。直訳すると「夏の名残のバラ」。歌詞は「それは夏の名残のバラ。一輪だけ咲き残る。同じ木に咲いた美しき仲間たちはすでに散っていったのに……」という内容。「蝶々」はドイツ民謡。現地でのオリジナルのタイトルは「Hanschen Klein」。直訳すると「幼いハンス」。歌詞は「幼いハンスが世界をめぐる旅に出る。お母さんは別れがつらくて泣き出した……」という内容。このようにいずれの歌も日本の唱歌は、メロディーはオリジナルを使っているが、タイトルや歌詞はオリジナルをほとんど無視していた。

(13) オルガン、特に二つのペダルを左右の足で交互に踏んで空気を送り込みその動力で音を鳴らす小型のリードオルガンは、長い間日本の音楽教育の現場で大きな役割を果たしたといえる。明治時代、最初にオルガンを盛んに導入したのは、教会や海外からの援助によって日本各地に創立された私学のミッション・スクールで、そこでは西洋音階の讃美歌がオルガン伴奏で歌われた。唱歌による音楽教育が始まった小学校でも、演奏のできる教員が増えるとともにオルガンが普及した。二〇世紀後半になって学校にピアノが導入されるようになるまで音楽室や教室や講堂からはオルガンの音が聞こえていた。 http://www.tsugane.jp/meiji/tenji/tenji_hin/organ_syoka.html

(14) 鹿鳴館は欧米からの国賓や外交官を接待するために、明治政府の外務卿・井上馨の発起によって一八八三（明治一六）年、東京の現在の内幸町（帝国ホテルの隣接地）に建てられた。不平等条約改正などのため、日本の西欧化・近代化が進んでいることをアピールすべく、西欧の料理・衣服・舞踏などが用意され、庶民の生活とは遊離した虚構の場所だった。しかし音楽文化の歴史という観点からみると、舞踏会や音楽会では陸軍軍楽隊によるクラシックの演奏がされていた点が注目される。外務省の記録にもあるが、一八九三年一一月の天長節（天皇誕生日）の演奏曲目は、マイアベーアの「戴冠式行進曲」、ワグナーの「ローエングリン」の前奏曲、邦楽の祝儀曲、レオン・チックの「チロル民謡の主題による変奏曲」・幻想曲など全九曲であったという。http://www.miadd.com/meijinotokyo/rokumeikan_2.html

(15) 原題は「Music on Record」。一九四六年にロンドンで出版されている。

(16) ガイスバーグのアジア録音旅行の日記は、雑誌 Talking Machine Review に一九七八～一九八四年にかけて随時掲載されているが、日本にかかわる部分はその最終回にわずか一週間分しか載っていなかった。しかし一九九七年のガイスバーグの日本録音の原盤の発見の際に日記の未発表原稿も見つかり、当時の録音の状況の不明の部分の解明が進んだ。

(17) メトロポール・ホテルは一八八九（明治二二）年、横浜クラブホテルの支店として、東京・築地の米公使館の建物の買収により開業した。一九〇七（明治四〇）年、経営不振のため帝国ホテルに買収され一時閉鎖。その後シーズン営業を行った時期もあったが、まもなく完全に閉鎖された。その跡地には現在は新阪急ホテル築地がある。http://www.e-navilife.com/chuo/story/09/11/index.html#top

(18) 雅楽の録音についてはブラックのアドバイスはあったにせよ、ブラックが仲介したとは考えにくい。現に二月一六日のガイスバーグ日記に「当時のイギリス公使のクロード・マクドナルド卿を介して交渉し侍従長の承諾を得た」とある。また「雅楽録音の交渉の途中で靖国神社とおぼしき神社を見る」という記述もある。このことからガイスバーグ自身がイギリス大使館を通して宮内庁に交渉したのではないかと推察される。

(19) 『ビクター生い立ちの記』創刊号は、昭和五年発行の古い資料で、筆者の手元にはない。ここでは山口亀之助『レコード文化発達史第一巻』が引用している部分を再引用した。

(20) このスタジオの入口には「日米蓄音器製造株式会社試験場」という看板が掲げられていた。内部は二階に録音機械室と演奏室、一階に原盤貯蔵室と原盤液槽室が配置され、プレスコットという名前の外国人技師が取り仕切っていたという（山口亀之助『レコード文化発達史第一巻』）。

(21) 三光堂は、幕末から明治期に現在も日本の産業の中枢を担う多くの企業の設立にかかわり日本の資本主義の父と呼ばれる渋沢栄一を祖とする、渋沢家三代の恩顧を受けたという。蓄音器が当時まったく新しい事業であったことがその背景にはあった。三光堂が明治天皇の声を録音する栄誉を受けたのも、渋沢栄一の推挙があったからという。それを機に三光堂は「宮内庁御用達」を掲げることを許される。http://www2s.biglobe.ne.jp/~amatsu/

(22) 三光堂が大正時代末期までに姿を消したのに対し、天賞堂は現在も東京・銀座四丁目の晴海通りに店舗を構えている。現在は蓄音器・レコードは扱わず、高級時計・貴金属・ラジコン・プラモデル・書籍・鉄道模型などを扱っているが、特に天賞堂製の鉄道模型といえば、最高級鉄道模型として世界中のマニアの憧れの的となっているという。http://www.ginza-tenshodo.com/company/index.html

(23) セール・フレーザー商会は、昭和初期にアメリカ・ビクターが、日本ビクターを設立する際にも協力することになる。事務所やスタジオの土地を提供したり、日本人の人材を送り込んだりしている。たとえば新会社で文芸部長を長く務めた岡庄五（おかまさかず）も、セール・フレーザーからの人材だった。岡は一九六〇年代まで日本ビクターに在籍した。これらについては第1章第5節を参照されたい。

(24) 録音の初日（二月四日）のガイスバーグの日記には「日本の音楽はまったくひどすぎる」という感想が書かれている。しかし彼はそれまでに日本の音楽に触れたことがないわけではない。この録音の数年前の一九〇〇年にはパリ万博で川上音二郎一座の録音を手がけている（都家歌六　二〇〇一「日本初吹き込みのグラモフォン盤全演目復刻までの道のり」東芝ＥＭＩ　『ＣＤ全集〜日本吹込み事始』ライナーノーツより）。

(25) 現在の川崎市のこの地は、日本のレコード産業発祥の地である。近年この土地の所有者のコロムビアが、この記念すべき土地を売却したことで話題となった。その時の新聞報道ではマンションの建設が予定されているという（日本経済新聞二〇〇六年一一月八日朝刊「レコード発祥の地に超高級マンション」）。

(26)『日本コロムビア五〇年史』にはページ番号が表示されていない。
(27) 初期のレコードが産業として成立つことに寄与した音楽のジャンルは、日本では浪曲師が唄う浪花節だったのに対して、欧米ではオペラ歌手が歌うオペラのアリアであった。その共通点はどちらも大声の歌手の独演によって演じられるということにあり、小さい音や重なった音の多いジャンルの音楽は、当時の未熟な技術では録音・再生が難しかった。
(28) 森垣二郎の一九六〇（昭和三五）年の著作『レコードとの五〇年』と、山口亀之助の一九三五（昭和一〇）年の著作『レコード文化発達史第一巻』は、ともに日本蓄音器商会という、レコード会社のなかにいた人物が、大正時代のレコード会社を取り巻く状況を綴ったもので、日本のレコード産業の歩みをたどるに当っては、貴重な文献である。
(29) たとえば一九六〇年代中期の、静岡県中部&東部レコード商組合の加盟店リストには、山本時計店（静岡市）、大村時計店（三島市）、遠藤時計店（富士宮市）、櫛田時計店（下田市）、市川時計店（修善寺町）、大沢屋時計店（大仁町）など、時計商との兼業店が多かった。
(30) 十字屋は、一八七四（明治七）年、東京・銀座三丁目に開業。当初は聖書の輸入販売を業とした。その後書籍・楽器の扱いを始め、大正時代に入ってレコード・蓄音機の輸入販売も開始。大正の後半には米国ビクター・レコードを一手に販売していた時期もあったという。昭和初期には十字屋の鈴木幾三郎が、阿南商会の阿南正茂と共に渡欧しドイツ・グラモフォンと折衝して、日本ポリドール蓄音機商会の設立に尽力している。現在の十字屋は創業の地にビルを構え、CD&楽器販売店舗に加えホールを併設し貸しホール業も営む。http://www.ginzajujiya.com/company/
(31) 大正時代の三光堂を経営していた松本常三郎の孫である松本敦雄が主催するサイトによる。
http://www2s.biglobe.ne.jp/~amatsu/
(32) 山野楽器は、一八九二（明治二五）年、ピアノ・オルガンの製造・販売会社として発足。工場は東京・月島で、販売店は銀座でスタート。一九二四（大正一三）年、米国ビクターの蓄音機・レコードの輸入販売を開始する。現在も関東を中心に数十の支店を持ち、楽器・楽譜・CDの販売と卸しを中心とする事業を展開している。https://www.yamano-music.co.jp/docs/yamano/outline.html

(33) 日東蓄音器は多くのレコードを発売していただけではなく、「ニットータイムス」というPR雑誌まで発行していた。新譜案内を中心とした二〇〜三〇ページの小冊子だが、自社の新譜の意義解説や読者の評価まで掲載していた。この会社が単にレコードを売るだけではなく、文化の向上意識を持って活動していたことをうかがわせる（渡辺裕著『日本文化　モダン・ラプソディ』二〇〇二年、春秋社）。

(34) このように日本ビクター蓄音機株式会社は、アメリカ・ビクター社の全額出資でスタートしたが、設立の二年後の一九二九（昭和四）年には、日本の三菱合資会社と住友合資会社の資本参加を受けて、日米資本の合弁会社となる。これはアメリカ・ビクターがＲＣＡに買収され、ＲＣＡは海外投資は合弁の方針だったことによる。

www.rieb.kobe-u.ac.jp/center/cdal/takokuseki/.../nvictor.pdf

(35) セール・フレーザー商会は、東京八重洲に本拠を置くイギリス資本の貿易会社だったが、一九三一（昭和六）年から数年間、白洲次郎が取締役として勤務していた。しかしレコード・ビジネスに直接かかわっていたという記録はない。イギリスのケンブリッジ大学への留学で英語が達者な白洲は、日本とイギリスを往復して新たな貿易品目の開拓の仕事に従事していたらしい。その後彼が戦中・戦後を通じて、近衛文麿や吉田茂の参謀として対アメリカとの交渉に力を尽くしたことはよく知られている。http://buaiso.com/about_buaiso/jiro.html

(36) 岡庄五は、第二次世界大戦後の一九六〇年代まで日本ビクターに在籍した。退社時には取締役に名を連ねていたが、実質的にはすでに現役からは退いていた。『蓄音機レコード企業の真実』『最近に於けるレコード界の趨勢』日本文化協会刊（一九三六年＝昭和一一年出版）などの著書がある。

(37) デビッド・サーノフは、ロシア生まれで一九〇〇年にアメリカに移住。一九一二年四月の寒い夜、アメリカン・マルコーニ社の若き電信技士だった彼は、ニューヨークのジョン・ワナメーカー百貨店の屋上に据え付けられた無線の受信機からタイタニック号のＳＯＳ無線を受信。マスコミや政府機関、そして洋上で近くを航行していた多くの船舶に救助依頼を打電し、多くの人命を助けることになった。その後ＦＭ

ラジオやカラーテレビの実用化に尽力し、マルコーニ社の後継会社のＲＣＡ社を立ち上げ、一九二五年副社長、三〇年社長となる。http://diamond.jp/articles/-/7315

(38) 一九二四年ディスクの電気録音法の特許を得たウェスタン・エレクトリック社は、電話を発明したグレアム・ベルのベル研究所の傘下にあり、同研究所に集まっていた有能な電気音響学の技術者たちが成果をあげ、研究開発した電気録音法の特許を、ビクターとコロムビアに売り込みをかけた（岡 1986）。

(39) ハノーバーはドイツの北部の都市。ニーダーザクセン州の州都。Hannover と綴るが、ドイツ語ではハノーファに近い発音となる。世界最大のコンピュータ見本市である CeBIT（セビット）が毎年春に開催される。一八九七年に作られたグラモフォンのプレス工場は、その後ドイツ・グラモフォンのプレス工場となり、ＬＰからＣＤの時代を通じてグラモフォンのクラシック盤を中心に製造してきた。現在はユニバーサル・ミュージックのＣＤ工場となっており、通算すると一二〇年の歴史を持つレコードの歴史とともに歩んできたレコード製造工場である。http://www.terra.dti.ne.jp/~yymatsu/recording/history.html. http://audiof.zouri.jp/y-cd-07.htm

(40) レコード業界内ではレコードを「生（なま）もの」と呼ぶこともあった。昨日まで飛ぶように売れていたヒット曲が、翌日にはもうほとんど売れなくなるということもあり、メーカーにとっても小売店にとっては生産コントロールや仕入数や在庫数の管理が難しく、それはちょうど生鮮食料品の商売に似ているところから、このように呼ばれていた。

(41) この時期のラジオと音楽の関係について、園部三郎は「大正末期に開始されたラジオは、芸術音楽と民衆音楽、都市文化と地方文化、あるいはインテリ文化と庶民文化、これらの分化をいっそう深めた」（園部 1980：134）という見方を示している。

(42) キネトフォンは、動画をスクリーンに投影するのではなく、箱の中に映し出しそれを覗きこんでみるキネトスコープと、音の出る蓄音機の機能を組み合わせたもので、エジソンが考案した。当時は「ピープショー」とも呼ばれたがピープ（peep）とは、覗くという意味。一八九三年にシカゴ万国博覧会に出展し、一八九四年にはニューヨークのブロードウェイに世界初のキネトスコープ・パーラーが誕生した。それが大ヒットし、その後二年でアメリカのほとんどの街にキネトスコープ・パーラーが設置された。日本でキネトスコープを初上映したのは、一八九六年神戸の神港倶楽部だった。http://qola-la.com/articles/270/

(43) ここでいう無声映画とは、一八九〇年代にフランスのルミエール兄弟が発明したとされるシネマトグラフ（cinématographe）のこと。これは世界初の撮影と映写の機能を合わせ持つ複合映写機材であり、世界初の実写映画の作成と映画を商業公開が可能となり映画史に名を残す。映像にセリフや音楽が同期されるトーキーに進化したのは一九二七年のことである。http://zip2000.server-shared.com/lumiere.htm

(44) 鮎川義介は、大正・昭和期の実業家であり、日産コンツェルンの創始者。政治家でもあった。一九一〇（明治四三）年に井上馨の援助で戸畑鋳物㈱、現在の日立金属を設立。一九二〇（大正九）年、久原房之助より久原鉱業を中心とする系列企業の経営を引継ぎ、一九二八（大正三）年、同社を日本産業株式会社と改称して社長になるとともに、日産自動車・日立電気・日本鉱業等の各社をも掌握して、日産コンツェルンを形成した。敗戦後戦犯に指名され公職追放。一九五一（昭和二六）年追放解除後、ただちに中小企業助成会長となり、一九五三（昭和二八）年には参院議員に当選した。http://www.ndl.go.jp/portrait/datas/226.html

(45) コロムビア五〇年史編集委員会編『コロムビア五〇年史』による。

第2章　発展期の日本のレコード産業への世界のメジャーの進攻

一九四五年八月、日本は敗戦という結果をもって第二次世界大戦の終了を迎えた。そして戦時中はもとより戦後の数年間はその関係がほぼ途絶えていた、欧米のレコード会社と日本のレコード会社の関係が復活することになった。しかしそれは直ちに欧米のメジャーが日本に戻ってきて、戦争のために手放した日本でのレコードの事業を再開するということにはならなかった。そこには日本における法的な制約もあったが、欧米企業が資本を再投下するには戦争直後の日本の状況はまったく先が見えなかったからといえるだろう。欧米の側からみると日本人の生活に音楽を聴くゆとりすぐに戻るとは思えなかったはずだ。戦争直後に最初に日本人の戦後の荒（すさ）んだ心に響いたのは、終戦の翌年の一九四六（昭和二一）年ごろから作られはじめた「リンゴの歌」（唄・並木路子）や「東京の花売り娘」（唄・岡晴夫）などのいわゆる戦後歌謡だったが、それらは戦争中もかろうじて生きながらえてきた、日本資本のレコード会社の手によるものだった。

しかし終戦から数年経過するうちに、早くも戦後の日本の社会・経済の復興は軌道に乗りはじめ、人々が余暇を楽しむような生活が少しずつ戻りはじめた。そのような日本の状況は欧米レコード会社も少しずつ察知するところとなり、日本の市場を世界中でも有望な市場になるのではないかとみるようになっていた。そのようなことから、戦後五年経過した頃から、欧米の有力なレコード会社は、まずは日本の有力レコード会社とのあいだにライセンス[1]契約を結ぶというかたちで、日本のレコード産業とのかかわりを再開させた。その後一九六〇年代後半の日本の資本の自由化（レコード産業の場合はこの時は五〇％自由化）という契機が訪れると、この関係は日米の合弁レコード会社の設立というかたちに切換わった。さらに八〇年代になって一〇〇％の資本自由化が実現すると、その合弁会社が発展的に解消されて、一〇〇％外資の出資による独立会社の出現となるのである。このように二〇世紀後半の彼らの日本という市場への攻勢は、①ライセンス契約時代、②合弁会社の時代、③独立会社の時代、という三段階を経て加速していった。

この章ではこの三つの段階について、米英のメジャー会社と日本の大手レコード会社のあいだに起こった出来事の経緯や結果を検証していくことにより、この時期の日本のレコード産業の発展において欧米のレコード会社、特にメジャーのレコード会社がいかに重要な役割を演じ、重大な影響を与えてきたのかを明らかにすることにしたい。なお第2節では第二次世界大戦後に生まれた新興の二つのメジャー、ＷＥＡとポリグラムの誕生の過程について確認し理解を深めることとしたい。

第1節　レーベル別ライセンス契約時代の進展（五〇～六〇年代）
——日米レコード会社の提携進行と洋楽市場の拡大

1．電機メーカーの傘下となり戦禍から復興した日本のレコード産業

まずは第二次世界大戦後の日本のレコード産業の戦禍からの立ち直りの状況について、少し詳しくみていくことにする。一九四五年八月、第二次世界大戦で敗戦した日本は、勝利したアメリカを中心とする連合軍に占領されることとなり、アメリカのダグラス・マッカーサー連合軍最高司令官の指揮下に置かれることになった。マッカーサー司令官の補佐機関として、実質的な日本占領政策を実施したのがＧＨＱ（連合国最高司令官総司令部＝General Headquarters の略）だった。ＧＨＱの政策の基本は日本の非軍事化と民主主義の導入であった。このような新しい環境のなかで、戦時中は軍需産業の指定を受けたレコード産業にも、同年の一〇月からは民需産業への転換の許可が下り、蓄音機やレコードの生産が許されることになった（日本レコード協会 1993：83）。しかし戦争、しかも敗戦という結果から受けた日本の甚大な社会的、経済的、文化的なダメージは、多くの産業にとってすぐに戦前の水準に復旧できるような生易しい状況ではなく、特にレコード産業はどの産業にも劣らない深刻といっても過言ではないような事態に直面していた。工場や吹込みスタジオなどの

生産施設の復旧、レコードの原材料の著しい不足への対応、商品の流通・配給網の受けた損傷の整備など、解決すべき難問が山積していた。

レコード産業の復興のメドがつき、さらに本格的な発展への道を歩みはじめるのは、終戦から五年ほど経過した一九五〇（昭和二五）年といえる。この年は朝鮮戦争の勃発により国連軍の中核を担っていたアメリカ軍の武器や弾薬の修理・補給などを日本が担うことになり、日本の経済が活気づき多くの産業が戦後の復興を遂げるきっかけとなった年である。だが終戦の直後からも多くの産業が徐々にではあったが復興への動きをはじめていたことも事実であり、レコード産業もその例外ではなかった。前出のように歌謡曲復活となった戦後のヒット第一作の「リンゴの歌」は、一九四六（昭和二一）年に生まれている。

しかし日本と欧米の軍事的対立が原因となって、第二次世界大戦の開始の直前に日本から引き上げていった欧米のレコード会社、ＲＣＡビクターとコロムビアの両社が、終戦後すぐに日本に戻ってきて戦前同様のかたちでビジネスを再開することはなかった。「リンゴの歌」も戦時中は日蓄工業と名前を変えていた、日本資本の日本コロムビアが生んだ歌である。欧米のメジャーたちが日本への資本投入というかたちで戻ってくるのは、一九六〇年代～七〇年代に日米の合弁レコード会社の設立という手段で再上陸するまで待たなければならなかった。終戦直後の復興からそれまでの時期の日本のレコード産業の再建には、欧米メジャーは直接的には力を貸してはいない。

第二次世界大戦後の日本のレコード産業にその復興の時期から資金を投資し、経営にも参加したのは日本の大手の家電メーカーであった。まず一九五四年には日本ビクターの株式の五〇％を松下電器が持つことになった（日本レコード協会 1993：117）。戦争の勃発のためにアメリカと日本が敵対国となったため、アメリカのビクターが戦争直前の時期にそれまで保有していた日本ビクターの株式を手放して撤退したが、その株式を戦後のこの時期に松下電器が日本興行銀行と折半で引受けたものである。この時から経営者も松下電器から派遣されるようになり、その状況は九〇年代まで続いた。さらに六〇年代には日本コロムビアの株式を日立電機が保有するようになり、やはり社長が日立から送り込まれるようになった。またこれに前後して東芝がレコード事業部を立ち上げ、六〇年代後半にはソニーもアメリカＣＢＳレコードと合弁のＣＢＳソニー・レコードを発足させる（第3章で詳述）ようになるなど、大手家電メーカーがレコード会社に投資しレコード事業に相次いで参入した。この時期の日本の家電メーカーは、電気冷蔵庫、電気掃除機、電気洗濯機などによる電化ブームが到来し、さらにそれによって生まれた余暇の活用に向けて白黒からカラーへと進んだテレビ需要の高まりによって、未曾有の活況を呈していたが、それに加えてＬＰとステレオの技術の登場により、オーディオ機器の市場の隆盛も目を見張るものがあった。このため家電メーカーはオーディオ機器の製造・販売にも力を注ぐようになったのだが、ここで彼らはその昔アメリカのベルリーナやジョンソンの会社が、蓄音機の事業だけではなくレコードの事業にも参入したように、レコード会社に投資するようになったのである。それはオーディオ機器の市場の上昇につれてレコードの市場も上昇し、レコード事業への参画の魅力が増したことが第一義の要因であるが、レコード事業に参入しアーティストを擁してレコードを制作・販売することで、オーディオ機器のビジネスを展開するうえでの、宣伝や販売促進にかかわる相乗効果をあげようとする意図もあった。またこの時期に前後してレコード事業に乗り出したのは、大手電気メーカーばかりではない。トリオ、ケンウッドなどの音響機器専門メーカーもレコード部門を作り、放送局もフジテレビ・ニッポン放送グループがポニー・キャニオンを、日本テレビがバップ（ＶＡＰ）というレコード会社を立ち上げた。映画の東宝も東宝レコードを設立した。これらのケースもそれぞれの分野の企業に、事業の多角化とレコード会社を持つことが本業の振興に有利に働くとの思惑があったことはいうまでもない。

とはいうものの戦後の日本のレコード産業の復興・再建に欧米のレコード会社がいささかも関与しなかったのかといえばそうではない。そこには二つの重要なかかわりが生まれていた。その一つはこの時期に欧米で発展しつつあった、主に若者をターゲットとする新しいポピュラー音楽が、日本の音楽市場でも大きな市場価値を持つようになっていたことであり、二つ目はＬＰレコードやＥＰレコードの開発、磁気テープの出現など、新たな技術開発の恩恵が欧米の企業を通して、日本のレコード産業にももたらされたことである。

この時期の欧米のレコード会社と日本のレコード会社を繋いでいたのはライセンス契約だった。

それは欧米のレコード会社が保有するレコードの原盤の日本での使用権を、ライセンス契約を結ぶことによってその契約期間に限って獲得する、というものである。たとえば日本ビクターがRCAビクターから提供される原盤を利用してレコードを製造販売できるのも、日本コロムビアがCBSコロムビアの原盤を利用できるのも、それぞれの間に日本という地域に限っての、レーベル包括のライセンス契約を締結したからである。言い換えれば欧米のレコード会社は、ライセンス契約を結ぶというかたちで、日本の有力なレコード会社をパートナーとして選定し、日本という市場でのビジネスを行なおうとしたということである。終戦直後から一九六〇年代の半ばの時期までは、自国の経済を保護するために日本は保護経済政策を敷いており、外国資本の進出を規制していたため、もし彼らが希望したとしてもこの時期の外資の日本への進出は難しかったこともあった。以下この時期のライセンス契約の事例についてみていくことにする。

2　復興をリードした日本コロムビアと日本ビクター

前述のように終戦時にほとんど壊滅状態にあったレコード産業の戦後のレコード生産再開は意外に早く、一九四五（昭和二〇）年八月一五日の戦争終了の二ヶ月後の一〇月には、当時日蓄工業と名称を変えていた日本コロムビアが邦楽レコード（この時期はSP盤）と、ポータブル蓄音機の生産・販売を再開した。工場が戦災を免れた同社だからできたことであった。さらに同社は同年一二月には洋楽のポピュラー盤、年が明けて翌年一九四六年の一月には洋楽のクラシック盤も発売を開始する。

いっぽうの日本ビクターは横浜の工場が米軍の空襲によって焼失してしまった。そのため製造の再開はライバルのコロムビアに先を越されたが、それでも一九四六（昭和二一）年九月には邦楽の発売を開始する。その際ビクターはまだ工場が再建されておらず、コロムビアの工場にレコード盤のプレスを委託して発売に漕ぎつけた。ビクターが洋楽の発売を開始したのも、一九四七（昭和二二）年一〇月である。

この時期には戦時中の横文字名称禁止が解かれ、各社は相次いで戦争前に名乗っていたカタカナの社名を復活させた。一九四五（昭和二〇）年一二月にはビクターは戦時中に名乗っていた日本音響株式会社から日本ビクター株式会社に、一九四六（昭和二一）年四月にはコロムビアも日蓄工業株式会社から日本コロムビア株式会社に変更している(2)。ここに日本にはじめて〝コロムビア〟を社名に持つレコード会社が誕生することになった。旧・日本蓄音器商会は名実ともに日本コロムビアになったのである。

しかしこの段階で両社が発売したレコードは、戦前にアメリカから支給された古い原盤を使用した戦前のレコードの再発売にすぎなかった。なぜならばこの時点では両社ともそれぞれの相手の会社と新たなライセンス契約＝音源使用契約を結んでいなかったので、戦後になって海外で新しく録音された音源は、日本でレコード化することができなかったからである。たとえば一九四五（昭和二〇）年一二月から日蓄工業＝コロムビアは、アンドレ・コストラネッツ楽団の「ビギン・ザ・ビギン」と「眼に入った煙」[3]（「煙が眼にしみる」の初期の邦題と思われる）のカプリング盤からはじまる、ポピュラー音楽のM盤シリーズの発売を開始したが、それらの原盤はすべて戦前にアメリカ・コロムビアから支給されていたものである。同様に一九四六（昭和二一）年一月から発売されたクラシック盤も、ワインガルトナー、メンゲルベルク、ワルターなどの指揮者によるものですべて戦前のコロムビア盤の原盤を利用した再発売だった。

このような状況を打破し、戦後の欧米で新しく録音された楽曲の日本での発売を実現して洋楽ビジネスを軌道に乗せるために、コロムビア、ビクター両社ともそれぞれの提携先との戦後の新契約の締結を急いだ。その結果コロムビアは一九四七（昭和二二）年に、ビクターは少し遅れて一九五〇（昭和二五）年に、それぞれのアメリカの提携先であるCBSコロムビア、RCAビクターと「米国吹込み原盤輸入契約」を締結した。これによって両社とも戦後の新しい吹込み音源が利用できるようになり、洋楽のビジネスが本格的に開始されたのである。

この契約の締結によって、一九四九（昭和二四）年九月からコロムビアのポピュラー音楽は従来のM盤シリーズに代えて、新たにL盤シリーズが設けられ新しいポップスが発売されるようになった。L盤シリーズとはL一〇〇〇番からのレコード番号が使われたからそう呼ばれるようになったものである（L盤のLは、Limited のLという説と、M盤より一ランク上のLという説がある）。これに対してビクターはS盤シリーズを設けてポピュラーのヒット曲の発売を開始した（S盤のSはSpecial のSという）(4)。このL盤とS盤はSPレコードの時代における洋楽ポップスの源泉となり、日本の若者の間にポピュラー音楽を普及させ、レコード産業の発展をリードすることになった。初期のL盤からはダイナ・ショアの「ボタンとリボン」などの大ヒットが生まれ、S盤からはプレスリーの連続ヒットなどが生まれた。

クラシックについては、コロムビアは一九四九（昭和二四）年、新契約に基づく初の新録音の新譜として、ワルター指揮ニューヨーク・フィルのベートーヴェンの「運命」を発売し、その後翌年の一九五〇年には毎月新録音が発売されるようになった。いっぽうのビクターの新契約による新譜も、一九五〇（昭和二五）年八月、ハイフェッツとビーチャム指揮のロイヤル・フィルによるメンデルスゾーンのバイオリン協奏曲を皮切りに、続々と発売されるようになった。このように世界のメジャーのコロムビア、ビクターから送られてくる、ポピュラーとクラシックの文字通りの新譜が、日本の受け皿である日本コロムビア、日本ビクターから毎月発売される体制が整い、それが牽引車となって日本の洋楽の市場は順調に拡大していくことになった。

3. 戦前にもあった洋楽のライセンス契約

このようにして日本コロムビア、日本ビクターにおける戦後の新たなライセンス契約が結ばれた。が、記述が時系列的には後戻りするが、ここで戦前の洋楽のライセンス契約の状態を確認しておこう。日本のレコード会社が海外から洋楽の原盤を持ち込んでプレスをするようになったのは、すでにみた通り一九二七（昭和二）年にビクター、コロムビア、ポリドールの日本の出先会社が設立されたところから始まった。そのなかで日本ビクターとコロムビア＝日本蓄音器商会は、実質的には海外企業の日本支社だったが、明確な記録は残っていないものの、両社ともアメリカの親会社とのあいだに原盤使用のためのライセンス契約を結んでいたと考えられる。前述のように第二次世界大戦後になって、ライセンス契約の更新がされたという事実からもそのように判断することが妥当である。

ポリドールの場合はもっとはっきりしている。日本ポリドール蓄音器商会が阿南商会を中心とする日本資本の会社だったから、当時ドイツを中心とする海外の原盤を使用するためには、原盤使用のためのライセンス契約が必要である。そのため一九二七（昭和二）年、日本ポリドール蓄音器商会が設立されると同時に契約が結ばれた。それ以前の時期には、海外でプレスされた洋楽レコードの現物を独占的に輸入する契約が、海外の会社と日本のレコード会社や代理店の間で結ばれるいくつかのケースはあったと思われるが、原盤利用のためのライセンス契約はこれが初めてであろう。一九二六（大正一五）年夏、それまでドイツのポリドール・レコードの輸入元の阿南商会の阿南正茂と、銀座十字屋の鈴木幾三郎がドイツに渡り、ポリドールの製造元であるドイツ・グラモフォンと折衝して、ドイツ録音の原盤の日本における製造許可を得たうえで、日本ポリドール蓄音器商会を設立した経緯はすでに確認したが、それはまさに原盤使用のライセンス契約の交渉のための渡独であった。

第二次世界大戦開戦以前に結ばれた原盤使用のライセンス契約が締結されていたのは、ビクター、コロムビア、ポリドールなどのメジャー・レーベルだけではなかった。中小のレーベル同士の契約もあった。昭和初期には洋楽のみならず邦楽についても大手会社の勢力が強まり、その煽りをくらって中小レコード会社にとっては厳しい状況が進んでおり、経営が苦しくなって廃業したり、大手に吸収されたりする会社も少なくなかった。しかしそのなかには大手に対抗して、海外の中小のレコード会社と洋楽のライセンス契約を結び、自らの手で道を開こうと気を吐くレコード会社もあった。いくつかの事例をたどってみよう。

まず日本のキングレコードが結んだドイツ・テレフンケンとの契約がある。一九三〇（昭和五）年に大手出版社の講談社はレコード事業に進出したが、一九三六（昭和一一）年に同社のレコード部門はキングレコードとして分離独立した。テレフンケンとの契約はこの年に結ばれ、一一月から新譜が発売されるようになった。テレフンケンはドイツで一九三二年にウルトラフォンという会社を引き継いで生まれたクラシック音楽を主体とするレコード会社＝レーベルだったが、グラモフォンやコロムビアには及ばなかったものの、ベルリン・フィルハーモニーやアムステルダム・コンセルトヘボウ管弦楽団など一流のオーケストラの演奏の録音を実践し、ベートーヴェンの交響曲などをはじめレパートリーなども多く、クラシックの分野では当時の日本でも、ビクター、コロムビア、ポリドールに次ぐ第四勢力となった。このキングレコードとドイツ・テレフンケン(5)との契約は、ドイツが日本との同盟国だったせいもあって戦争中も継続され、両国の旗色が悪くなる一九四二（昭和一七）年頃まで新譜の発売が続いた。

大正時代に東日本を中心に市場を牛耳る日本蓄音器商会に対抗して、西日本の雄として戦いを挑んできた日東蓄音器株式会社は、昭和時代になって外資化によって特に洋楽が充実した日本蓄音器商会に大きく水をあけられてしまったが、しばらくは日本のジャズを録音するなど和製洋楽の積極的な録音で活気のあった会社である。同社は一九三四（昭和九）年には、ドイツのクリスタルというレコード会社とライセンス契約を締結する。クリスタルは英国系の会社だが、ドイツのクラシックとポピュラー音楽の分野で独自の活動をしていた。しかしクラシックのほうはポリドールやテレフンケンに歯が立たなかったが、ポピュラー音楽で独自の特色を打ち出していた。

東京レコード製作所という会社は、アメリカのアメリカン・レコード・コーポレーション（ARC）という会社が保有するジャズ専門レーベルであるラッキーと契約し、一九三四（昭和九）年一一月から発売を開始した。このジャズは市場性もあり順調な滑り出しをみせたが翌年社長が死去し、この契約は日本蓄音機商会＝コロムビアに受け継がれた。また一九二四（大正一三）年、兵庫県西宮市に設立された内外蓄音器商会は、一九三〇（昭和五）年にタイヘイレコードと改称されたが、この会社もアメリカ原盤のポピュラー音楽を発売している。名古屋のツルレコードにも同様の動きがあった。

さらには海外の原盤の名称をそのまま名乗るレコード会社も出現した。一九二九（昭和四）年には日本パーロフォン、一九三〇（昭和五）年には日本オデオンという会社が生まれた。いずれもカール・リンドストレムの持つドイツの会社の日本支社というかたちでスタートした。そのうち日本パーロフォンはドイツの原盤を発売するだけでなく、近衛秀麿のオーケストラなど日本のクラシックの録音も手掛けた。これらのライセンス契約は、戦争で中断され解消はされないまでも事実上の活動は休止され、契約は凍結状態となるものが多かった。戦後の新契約もすぐには始まらないところが多かった。日本側にも欧米の相手側にも吸収や合併で会社が消滅するケースも少なくなかったからである。

4．米英市場での新興レーベルの誕生ラッシュ

さてそれでは再び戦後に戻って、ライセンス契約全盛時代の欧米と日本の関係についてみていくことにする。一九五〇年代に突入する前後のころから約二〇年間、アメリかを皮切りにイギリスをも含む、ポピュラー音楽のめざましい隆盛が起こった。その時期にはそれら米英の新しいポピュラー音楽が、レコードだけではなく、ＦＥＮ(6)などのラジオ放送（アメリカの駐留軍向けの放送）の音楽番組、朝鮮戦争の兵士の慰問に訪れるミュージシャンたちの途中立ち寄りによるライブ公演、それに影響された日本のミュージシャンの演奏などを通じて、日本に奔流のように押し寄せてきた。し

かしそこで主役を演じたのはあくまでもレコードだったといえる。日本と米英のレコード会社のあいだに多くのライセンス契約が取り交わされ、それが基盤となって日本にも米英のポピュラー音楽が大量に紹介されるようになった。それはここでまず米英におけるポピュラー音楽の発展と、それに伴って起こった米英のレコード会社の増加現象をたどってみよう。

この時期のアメリカのポピュラー音楽シーンにおける変革のきっかけとなったものとして、ロックンロールの誕生を挙げないわけにはいかない。一九五四年にビル・ヘイリーの「ロック・アラウンド・ザ・クロック」がその発端といわれるが、それに続いてチャック・ベリーやリトル・リチャードのヒット曲が登場し、鬱積する白人の若者の不満を晴らすことなって、ロックンロールはアメリカのポピュラー音楽における大きな潮流となった。さらにテネシー州メンフィスのサン・レコードという、小さなレコード会社からデビューしたエルヴィス・プレスリーが、一九五六年に大手RCAに移籍し「ハートブレイク・ホテル」でブレイクして大スターになった。ここにアメリカのポピュラー音楽におけるロックンロールの位置は決定的なものとなった。そこではレコード会社にとってのビジネス・チャンスが大きく膨らむことになった。

黒人向けのポピュラー音楽にも大きな変化が訪れた。一九四〇年代から黒人の若者に受け入れられていた激しいビートを持つリズム・アンド・ブルースが、この時期になってソフトで滑らかな音楽に変化し、六〇年代に入るころからソウル・ミュージックと呼ばれるようになっていく。それは黒人による音楽であっても、白人にも受け入られることを狙った、黒人の経営するモータウンのようなレコード会社の戦略の成功といわれるが、この流れはマイケル・ジャクソンやダイアナ・ロスなどに代表される多くの黒人ヴォーカリストのスターを生み、七〇年代のディスコサウンド隆盛にもつながっていく。

この時期にもうひとつアメリカのポピュラー音楽の大きな流れとして浮上したのが、フォークソングである。一九六〇年代の初頭に、ベトナム戦争反対と黒人差別反対の運動が盛り上がっていた社会的背景のなかで、それらの民衆の意思を音楽のなかで表現しようとしたのがプロテストソングであり、それはカレッジの学生やアメリカの中産階級のインテリ層に支持された。その中心にいたのはボブ・ディランだった。ディランは一九六五年には突然ロック歌手に変身するが、フォークソングの主題はプロテストソングにとどまらず広がりをみせ、六〇年代を通して大きな流れとなり多くのスター歌手とヒット曲を輩出した。

一九六〇年代に入るとイギリスにもポピュラー音楽の大きな変化が生じた。それはロックンロールの誕生に端を発する、アメリカでの新しい音楽のうねりに呼応するように生まれたものだった。最初の、そして最も劇的な波は六二年のザ・ビートルズの登場だった。それが引き金となってイギリスでもロックの波がつぎつぎに発生し、ブリティッシュ・ロックと総称される流れとなって、アメリカにも逆流していった。そのなかではアニマルズ、ローリング・ストーンズ、ザ・フー、キンクスなどイギリスのロックバンドが、アメリカで成功を収め始めた。六〇年代の終盤になると、哲学的なメッセージを込めてクラシックをバックボーンに据えたプログレッシブ・ロックなども生まれ、これもアメリカでも多くのロックファンを魅了した。そしてその頃までには、アメリカでもロックンロールから発展したロックが、さまざまな方向に分化・多様化していった。たとえば西海岸で生まれたビーチボーイズを中心とするサーフ・ミュージック、ヘヴィで電気的な大音量で演奏するハードロック、南部ジョージアが発生のサザンロックなどが挙げられる。

このように五〇年代から六〇年代にかけて、アメリカ・イギリスのポピュラー音楽が互いに刺激しあいながら発展するなかで、両国のポピュラー音楽の市場は年を追うごとに成長し、それに伴ってレコード会社の数も増加の一途をたどった。その結果扱う音楽の種類やアーティストの顔ぶれも多様化していった。第二次世界大戦後から六〇年代までに生まれて、その後二〇世紀後半をそれぞれの足取りで歩んで行ったレコード会社にはどのようなものがあったのか。設立の古い順に主なものを挙げてみると、アメリカでは、アトランティック（一九四七年）、インペリアル（四七年）エレクトラ（四七年）、マーキュリー（四七年）、ベル（五四年設立七三年にアリスタに改名）、リバティ（五五年）、ワーナー・ブラザーズ（五八年）、モータウン（五九年）、リプリーズ（六〇年）、A&M（六二年）、などがある。

いっぽうイギリスでは、アイランド（六二年）、クリサリス（六九年）、などがある。イギリスでは一九五〇年代は、めざましい活動で注目を集めた新レーベルは生まれていなかった。イギリスのポピュラー音楽の活性化は、六〇年代になってからのザ・ビートルズ、ブリティッシュ・ロックの隆盛以降、さらにはヴァージンレコードが生まれパンクロックが現れる七〇年代以降であることがここにも認められる。

ここに挙げたレーベルは当時の新興レーベルである。これらの多くが新しい欧米のポピュラー音楽の流れを創り出し、レコード市場の発展の多くの部分を担っていたことは確かなことだが、そのいっぽうでは第二次大戦以前から存続している、世界のメジャーと呼ばれるレコード会社、ＣＢＳコロムビア、ＲＣＡビクター、ＥＭＩが、新興レーベルには負けずとばかりに活動を続けていた。この時期に誕生したスーパー・スターたち、たとえば前述のように、エルヴィス・プレスリーはＲＣＡビクターが、ザ・ビートルズはＥＭＩが、ボブ・ディランはＣＢＳコロムビアが、それぞれ世界に発信した。また彼らは外部の新興レーベルに対抗するべく、自社内に新しいレーベルを興し、新しいジャンルの音楽や不得手だった分野にも取り組みを始め発展していった。

その事例をあげてみると、たとえばＣＢＳコロムビアはＥＭＩ＝英国コロムビアとの契約が終了し、クラシック分野が手薄になったことを補うために、オランダの新しいクラシック・レーベルのフィリップスと契約したが、そこからの音源をアメリカで発売するため、一九五三年に新レーベル、エピックを創設している。のちにエピックはジャズやポピュラー音楽も扱うようになり、コロムビアのセカンド・レーベルとして成長していった。(7) またイギリスの会社であるＥＭＩは世界のメジャーを目指すため、どうしても手薄になるアメリカの音楽を確保するために、一九五五年にキャピトルを買収しアメリカのポピュラー音楽の音源を確保した。

5．ライセンス全盛時代の到来――売り手市場の明暗

当時次々に生まれたこれら欧米の新興レーベルは、アメリカとヨーロッパの市場で覇を競っていただけではない。それらは世界中に自分たちの音楽を広めようと進出を狙っていた。アメリカ、ヨーロッパに続く世界の第三位の音楽市場に成長しつつあった日本市場への攻勢も、年を追うごとに強まっていた。彼らは新しい会社を設立し、ヒット曲を出してスター・アーティストを持った段階で日本の市場での売上を狙って、日本のレコード会社へのライセンス契約を模索するべくアプローチをかけてきた。

五〇年代から六〇年代の時期は、日本レコード会社といえばまだ、日本コロムビア、日本ビクター、キング、ポリドール、テイチクそれに東芝を加えた六社が主役の時代だった。従って多くの欧米レーベルは、この六社のいずれかと交渉を持ち、ライセンス契約を結ぶことになった。契約によって原盤使用権を得たそれぞれの会社の洋楽部からは、アメリカ・イギリスでヒットしている楽曲が次々と日本の市場に送り出され、若者のあいだに広がった。この時期はこれらの若者向けのポップスと、大人の音楽ファンにも人気の高かった洋画の主題歌が、ラジオのヒットチャート番組でも

上位を独占していた。レコード会社の洋楽部の存在がクローズアップされたのはこの時期である。当時レコード会社の洋楽部のA&R（編成マン）の仕事は、音楽の好きな学生のあいだで人気の高いものの代表であった。

それでは当時のライセンス契約とはどのような内容のものだったか。その骨子は次のように要約されよう。たとえばアメリカのあるレーベルと日本のレコード会社が契約をしたとする。するとその日本のレコード会社は、そのアメリカのレーベルが権利を持つすべての原盤を複製してレコードを製造し、契約で定められた期間（通常は三年間。ただし一年間や五年間などもある）に、日本という地域で宣伝・販売する権利を得ることになる。その場合、商標（レーベルのロゴマーク）の使用権も許可される。しかしそのいっぽうで日本側は、複製したレコードの売上数量に応じて、決められた料率の印税（原盤使用印税＝著作隣接権利用印税）をアメリカ側に支払わなければならない。また契約に規定されていれば、その印税をレコードの売上が発生する以前（多くの場合契約時点と年度の変わり目）に、支払わなければならない。これを前払印税（Advanced Royalty）と呼ぶ。[8]

この時期はアメリカやイギリスでは活きのいい音楽がどんどん生まれており、それらが相次いで日本にも提供されていた。そのため五〇年代から六〇年代にかけてのこの時期は、日本のレコード市場では洋楽の比率が高まっていった。特に七〇年代前半の五年間はそのピークの時期で洋楽が四〇％を超える年も多かったが、洋楽の比率が最も高かったのは一九六八年で四五％（邦楽は五五

％）を記録した。(9) このような状況のなかで、当然のことながら日本のレコード会社は、アメリカやヨーロッパのポピュラー音楽の音源の確保に躍起となった。できるだけ多くの、そしてできるだけ活発なレーベルとライセンス契約を結び、日本の洋楽市場で売上を伸ばし、占有率をあげることが、当時レコード会社の洋楽部のマネージメントには求められた。しかしいくら活発な時代であったとはいえ、欧米のレコード会社の数には限りがあった。有力なレーベルといえばその数はさらに絞られる。その数少ないレーベルとのライセンス契約を巡って、日本のレコード会社のあいだでは熾烈な獲得競争が生まれることは当然の成り行きだった。そこに生まれたのは原盤を提供するアメリカやイギリス側が、圧倒的に有利な立場に立つ売り手市場であった。

そのため多くの契約交渉はアメリカ側が優位な状況のなかで行われた。日本側がレコード会社の洋楽部長や社内の英語が得意な社員が交渉の当事者であったのに対して、アメリカ側は多くの場合、レコード会社が選定する弁護士が交渉役となった。彼らは複数のレコード会社をクライアントに持つ、この種の契約のプロフェッショナルであり、ただでさえ有利な交渉をさらに有利に進めたといえる。契約に際してアメリカ側は、日本の複数のレコード会社からの入札を求めることができた。そこで入札された契約条件の最も有利な相手を選ぶことができたのである。日本側のレコード会社は競争相手より少しでも有利な条件を出すことが必須となった。

このような入札競争のなかで、条件交渉のポイントとなったのは、原盤印税率と前払印税額の二点である。熾烈な入札競争の過程で、原盤印税率はどんどん高められ、前払印税額はどんどん高騰したという。その結果ある時期までには、原盤印税率はどんなに多量のレコードを売っても、日本側には利益が出ないほどの率にまで高まり、前払印税額もそのレーベルの実力から試算される売上から発生する印税額には、とうてい到達しないほどの額が要求されるケースもまれではなくなったという(10)。

このようなことから、多くのレコード会社で洋楽のビジネスは利益を生み出すことが難しいという状況が生まれていた。しかしそのようななかでも当時のレコード会社は洋楽のライセンス契約をやめようとはしなかった。それは前述のように当時の市場が英米のポピュラー音楽を求めており、それを提供することが自社の市場占有率を確保することにつながり、さらにはレコード会社としてのステイタスを上げることにもなったからである。当時のレコード会社の広告や広報誌には、商品の告知がされるいっぽうで、必ずといっていいほど自社の保有する洋楽レーベルの数の多さ、多彩さを誇示するスペースが見られることからもそのことが確認される。このようにこの時期のレコード会社の洋楽のビジネスは利益を生み出すことが難しく、レコード会社の利益はもっぱら邦楽のビジネスに負うところが大きかったといえるだろう。

第2節　新興メジャー三社の誕生とその足取り
――六大メジャー時代の到来によるレコード産業の活況

これまでみてきたように、一九五〇年代から六〇年代にかけての日本のレコード会社の洋楽ビジネスは、その時期のポピュラー音楽の隆盛を反映して続々と誕生していた、多様な音楽の分野にまたがるアメリカの新興レコード会社とライセンス契約を結ぶことによって展開された。しかし七〇年代に入るころからそのビジネスの形態に少しずつ変化が生まれてきた。それはアメリカやイギリスのレコード産業の側に生じた変化に起因するものであった。その変化とは一九五〇年代から六〇年代にかけて出現した多くの中小のポピュラー音楽のレーベルが、大資本のもとに集約・統合され始めるというものであった。その動きは三つの新しいメジャー・カンパニーの誕生、すなわちＷＥＡ、ＭＣＡ及びポリグラムの三社の誕生につながっていった[11]。その結果戦前からの歴史を持つＣＢＳコロムビア、ＲＣＡビクター、ＥＭＩという三社のメジャーに加えて、新たに生まれた上記の三社がメジャーの仲間入りをして、この時期から九〇年代の終盤までは世界のメジャーレコード会社は六社となり、互いに覇を競う時代となった。

ここでは戦後に誕生した新興メジャー三社について、ワーナー（ＷＥＡ）、ポリグラム、ＭＣＡの順に、それぞれの成立の過程と背景、併せてレーベルとしての特色を確認しておくことにしたい。

1. ワーナー・グループ＝WEAの誕生とその発展

(1)ワーナー・ブラザーズ＝Wの誕生

二〇世紀に入って間もなくアメリカ・カリフォルニア州バーバンクに生まれた映画会社ワーナー・ブラザーズが、二〇世紀も半ばを過ぎた一九五八年にレコード会社を設立した。じつはワーナー・ブラザーズは一九三〇年にも、当時のブランズウィック・レコードなどを買収してレコード会社を作ったことがあったが、このときはアメリカ経済の大恐慌にみまわれ、設立直後に撤退した苦い経験を持つ。新生ワーナー・レコードもはじめからメジャーなレコード会社ではなく、五八年の設立当初は新興レコード会社のひとつに過ぎなかった。しかし第一回の新譜として発売した数枚のレコードのなかに、エバリー・ブラザーズの「キャシーズ・クラウン」があり、それがミリオン・セラーを記録し好調な滑り出しとなる。

六〇年代に入って間もなくワーナー・ブラザーズ・レコードは、映画俳優兼歌手の大スターのフランク・シナトラがキャピトル・レコードを辞めて設立したレコード会社、リプリーズを買収する。ここでワーナー・ブラザーズはリプリーズに所属するシナトラ一家ともいわれる人気歌手たちを手中にする。さらにワーナー・ブラザーズは五〇年代末から六〇年代前半の時代に、ベトナム反戦や公民権運動の盛り上がりを背景に生まれた、プロテスト・ソングであるフォークソングのムーブメントを積極的取り込み実績を挙げていく。そのなかでは六一年デビューした、ピーター・ポール＆

マリーがドル箱スターとなり、同社を支えていく存在となる。六〇年代後半からはサンフランシスコを中心に生まれたフラワー・ムーブメントにもうまく乗り、ヴァン・モリソンを育成、その後のシンガーソング・ライターの時代には、リプリーズからジョニー・ミッチェル、ニール・ヤングを成功させ市場をリードする。

しかし一九六七年になると異変が起こる。当時のワーナー・ブラザーズの経営トップのジャック・ワーナーは、リプリーズを含むレコード会社のみならず、映画会社も含むワーナー・ブラザーズ全体をそっくり、映画配給会社のセブンアーツに売却してしまう。ところが二年後の六九年には、今度はそのセブンアーツがワーナー・ブラザーズ全体を、キニー・ナショナル・サービスに売り渡してしまった。このキニー・ナショナル・サービスは、葬儀業や自動車のレンタルを本業としていたが、社長のスティーブ・ロス(12)はエンタテイメントの分野に多大な興味と情熱を持ち、ワーナー・ブラザーズはこのスティーブ・ロスの指揮のもとに新たな発展を遂げることになる。

スティーブ・ロスは、外部の有力なレーベルの買収を積極的に行う。その結果WEAという複数の優良なレコード会社が集まったグループが形成され、それぞれの会社には有能な経営者・プロデューサーが集結し、グループ全体の業容が拡大されていった。WEAとはこのグループの主要レーベルとなっていった三つのレーベル、ワーナー・ブラザーズ（Warner Brothers）のW、エレクトラ（Electra）のE、アトランティック（Atlantic）のA、を組み合わせたものである。このことからも分かるようにスティーブ・ロスは、買収したレーベルのプロデューサーやアーティストを、すべてワーナー・ブラザーズのレーベルに吸収してしまうのではなく、それぞれに主体性があり個性があるレーベルとして存続させ、その集合体としてのワーナー・ミュージック・グループ＝ＷＥＡを形成したのである。

(2)アトランティック＝Ａの誕生

一九六七年にスティーブ・ロスは、のちにワーナー・ミュージックの顔ともいわれるようになったアーメット・アーティガン[13]が率いるアトランティック・レコードを買収する。アトランティック・レコード[14]はアーメット・アーティガンが一九四七年に、ハーブ・エイブラムソンとともにニューヨークに作ったレコード会社で、初期にはアメリカの下層社会に生きる黒人の音楽であるＲ＆Ｂやジャズを中心に扱い、ドリフターズ、ジョー・ターナーらを育成した。さらにアーメットの兄でありジャズ・レコードのコレクターでもあった、ネスヒ・アーティガンが加わってからは、ネスヒがジャズの制作にとりかかり、ハービー・マン、ジョン・コルトレーン、オーネット・コールマン、アート・ファーマーなど、アトランティック・ジャズの名盤として後世に残るアルバムをプロデュースした。

五〇年代の終盤ころからは、白人のポップス歌手も扱うようになり、一九五八年にはボビー・ダーリンの「マック・ザ・ナイフ」が全米チャートのトップを六週間続けるという成功を収める。さらにこの時期にアトランティックで傑出する存在となったのが、レイ・チャールズである。もともとゴスペル・R&Bシンガー兼ピアニストだった彼を起用して、アトランティックは後世にも残る「ホワット・アイ・セイ」の大ヒットを生み出した。ただし六〇年にはレイ・チャールズはABCに移籍してしまう。

この頃のアトランティックにはアーメット・アーティガンのもとに、非常に優秀なスタッフが集まっていたこともしばしば言及される。プロデューサーのジェリー・ウェクスラー、フィル・スペクター（まだ若い時の）、名エンジニアのトム・ダウド、などの面々であり、彼らがアトランティックの成功の土台を支えていた。

六〇年代後半から七〇年代にかけてのアトランティックは、メンフィス・サウンドなど黒人音楽、ヨーロッパやアメリカのロックなど扱う音楽の幅を広げ、黒人音楽の専門レーベルから脱皮して、メジャーにも匹敵するビッグ・レーベルに成長していく。そこからはエリック・クラプトン、レッド・ツェッペリン、クロスビー・スティルス・ナッシュ&ヤング、イエス、AC/DC、エマーソン・レイク&パーマー、などビッグ・スターが輩出した。

(3) エレクトラ＝Eの誕生

一九七〇年になるとワーナー・ブラザーズは、エレクトラ・レコードを買収する。エレクトラは一九五〇年に、当時まだニューヨークのセント・ジョンズ・カレッジの学生だった、ジャック・ホルツマンがわずか六〇〇ドルの資本でスタートした、文字通りのインディーズ・レーベルだった。アイビーリーグなどの学生を対象に、フォーク・ミュージック中心に地道に進んできたが、六〇年代前半のフォーク・ブームの波に乗り、ジュディ・コリンズというスターが出現しビジネスが軌道に乗る。六〇年代の後半にはロックの分野にも幅を広げ、六六年にはドアーズを成功させる。さらに七〇年代に入りワーナーの傘下となった時期に、本拠をニューヨークからロサンゼルスに移し、その時期にカーリー・サイモンというスターが生まれる。さらにイギリスのクイーンと契約するが、クイーンは七〇年代のスーパー・ロックグループに成長する。

一九七五年になるとエレクトラは七三年に生まれたばかりの新興レーベル・アサイラムを吸収合併する。アサイラムはのちにゲフィン・レコードを興すデビッド・ゲフィンが、アトランティックの資本を仰いで設立したレコード会社だが、ゲフィンは設立のわずか二年後にアサイラムをエレクトラと合併させる。合併後もゲフィンはアサイラムに留まるが、この前後のアサイラムからは、イーグルス、ジャクソン・ブラウン、ジョニー・ミッチェル、J・D・サウザー、リンダ・ロンシュタットなどのスター・アーティストを続々と輩出する。そしてエレクトラ／アサイラム・レーベルの実権はジャック・ホルツマンからデビッド・ゲフィンに移行するが、ゲフィンも七五年にはレーベルを離れ、実権はボブ・クラスノーに引き継がれる。数年間の雌伏の後にゲフィンがワーナーの出資により、ゲフィン・レコードを興すのは、五年後の一九八〇年である。八〇年以降のエレクトラもボブ・クラスノーの指揮のもと着実に実績を挙げていく。

ところで一九六九年にそれまで保有していたセブンアーツから、ワーナー・ブラザーズ全体を買い取った、社長のスティーブ・ロス率いるキニー・ナショナル・サービスは、その時点でキニー・ワーナー・コミュニケーションズ（ＷＣＩ）と名乗り、映画・レコード・音楽出版を中核とする、総合エンタテイメント企業としての歩みを始めたのだが、特にレコードの部門ではその拡大・発展が著しかった。そして前述のように七〇年代になるとそのレコード部門は、ＷＥＡグループと名乗るようになった。その後ＷＥＡは順調に発展の道を歩み、世界のメジャーのひとつに成長していく。それはリーダーのスティーブ・ロスの人間性の魅力と巧みな手綱さばきのもと、アトランティックのアーメット・アーティガンらの個性的で有能な傘下レーベルの経営者＝ミュージックマンたちが、互いに競争しながらも充分に力を発揮する環境が整っていたということであろう。

2．ポリグラム誕生の経緯

二一世紀に入った時点では世界のレコード市場は、ソニーミュージック、ＢＭＧ、ＥＭＩ、ワーナー・ミュージック・グループ、ユニバーサル・ミュージック・グループの五つの会社で争われるようになり、この五社で世界市場の売上の四分の三を占めるに至り、五大メジャーの時代ともいわれるようになった。しかしそれ以前の時代、つまり一九七〇年代から九〇年代のまでの二〇世紀終盤の世界のレコード会社の地図は、六つのメジャー・カンパニーの時代だった。それはまだユニバーサル・ミュージックが統一されておらず、ポリグラムとＭＣＡがお互いに独立していて、それぞれメジャーの一角を占めていたからである。そこで前節のワーナーに続いて、ここでポリグラム、ＭＣＡの誕生と九〇年代までの発展の経緯を確認しておく。

まずポリグラムからみていく。そもそもポリグラムは一九七二年ドイツ・グラモフォンとオランダのフォノグラムが合体して誕生したレコード会社である。そこでまずドイツ・グラモフォンとフォノグラム両社のそれぞれの歩みをたどってみる。

(1)ドイツ・グラモフォン＝ポリドールの誕生

初めにドイツ・グラモフォンについて。一九一四年第一次世界大戦が始まると、ドイツ政府は敵国となったイギリスの企業であるベルリーナ・グラモフォン社のドイツ支社とハノーバーのレコードのプレス工場を没収してしまう。没収されたベルリーナ・グラモフォンのドイツの支社と工場は、ドイツ政府による競売にかけられ、当時ドイツでオルゴールや自動演奏ピアノのメーカーとして隆盛していたライプツィヒのポリュフォン社が買い取った。ここにイギリスのベルリーナ・グラモフォン社（後のＥＭＩ）と袂を分かったドイツ資本のドイツ・グラモフォン社が誕生し、ドイツを中心とするクラシック、ポピュラーの両分野の音楽制作で独自の道を歩み始め発展していく。同社は一九二四年にはポピュラー音楽と海外向けクラシックのレーベルとして、ポリドールを設立する。(15)

その後一九四〇年からはドイツ・グラモフォン社はドイツの電気メーカー、ジーメンスがオーナーとなって発展していく。

ドイツ・グラモフォンは何と言っても本場ドイツのクラシックが強みだった。なかでもヘルベルト・フォン・カラヤン(16)指揮のベルリン・フィルのレコードが最大の看板である。カラヤンがEMIを離れドイツ・グラモフォンと契約したのは一九六一年で、その後彼は終生グラモフォンを離れなかった。スター・アーティストはカラヤンだけではない。六〇年代から七〇年代にかけて、ドイツ・グラモフォンには指揮者ではクラウディオ・アバド、ジュゼッペ・シノーポリ、レナード・バーンスタイン、ピアニストではマルタ・アルゲリッチ、マウリツィオ・ポリーニ、クリスティアン・ツィマーマンなど、世界的プレーヤーがまさに目白押しであった。

いっぽうポピュラー音楽のほうはこの時期はクラシックに比べると寂しさが否めない。ポリドールのアーティストで国際的に活躍したのは、アルフレッド・ハウゼ、リカルド・サントス、ベルト・ケンプフェルトなどのコンチネンタル・タンゴやイージーリスニング音楽などをレパートリーとする、ポップス・オーケストラが多かったが、カテリーナ・ヴァレンテ(17)、ビージーズなどのボーカルも健闘した。

同社はドイツのアーティストによるポピュラー・ソングも多く扱っていたが、ドイツ語による歌唱はやはりドイツ語圏外では受け容れられにくく、国際的なスターやヒットソングは生まれにくかった。ポリドールのポピュラー音楽のアーティストで国際的に活躍したのが、上記のようにオーケストラが多かったのは、器楽の演奏では言語の問題がなかったからということができる。これは日本語が国際的には受け入れられにくかった日本のポピュラー音楽にも当てはまることでもある。

(2) フォノグラムの誕生と発展

次にフォノグラムの足取りをみよう。オランダのアイントホーヘンには大規模な電機メーカーであるフィリップスの本社がある。そのフィリップスを親会社とするレコード会社として、一九五〇年に設立されたのがフォノグラムである。電機メーカーとしてのフィリップスは、一九六四年にはそれまでのオープンリール磁気テープに代わる密閉型のカセット・テープ（音声と音楽の記録・再生）の開発、一九七二年にはＭＣＡとの共同で、ビデオテープと並ぶ動画の記録再生メディアのレーザーディスクの開発、という実績を挙げているが、一九八一年にはソニーと共同でＣＤ（コンパクト・ディスク）を開発し、音楽の記録・再生・聴取に革命的な変革をもたらした。

このようにオーディオ、ビデオの両分野でメディア開発の先頭に立ってきたフィリップスは、子会社のレコード会社における音楽制作においても音質の追求にこだわりを持っていた。そのせいもあってフォノグラムは立ち上がりの当初から、クラシック音楽に積極的であり、プロデューサー、エンジニアもその分野の人材が徐々に集まり、アーティストもヨーロッパの一流どころが競って参加するようになった。

しかしスタート当初の五〇年代～六〇年代は、イギリスやドイツの会社に比べるとオランダという地域的なハンディキャップもあって、アーティスト獲得に苦労もあった。そのなかでもオーケストラではお膝元オランダのアムステルダム・コンセルトヘボウ管弦楽団、ドイツのゲバントハウス管弦楽団、オーストリアのウィーン交響楽団、室内楽ではヴィヴァルディの「四季」で人気の出たイタリアのイ・ムジチ合奏団、バイオリンのアルトゥール・グリュミオーなどを獲得して善戦した。

この時期のフォノグラムのクラシックは、アメリカではコロムビアからエピックというレーベルで発売された。それは一九五三年にイギリスのEMIとアメリカ・コロムビアとの契約が切れ、アメリカ・コロムビアのクラシック音源、特にヨーロッパ系の音源が不足することになったため、アメリカ・コロムビアがそのような措置をとったためである。その後七〇年代以降は、フィリップスのクラシックのレパートリーは順調に拡充されていく。そのなかには国際的に活躍を始めた日本人のアーティスト、指揮の小沢征爾、ピアノの内田光子、バイオリンの五嶋みどりも含まれる。

フォノグラムのポピュラー音楽部門の特徴は、他のメジャー・カンパニーにもみられるように既存のレーベルを買収などの手段で手中に収めて、シェアを拡大していくという方策が採られたという点である。それは国際的に通用するアーティストが少なく市場も小さいという、オランダという立地条件からしても当然のことといえる。フォノグラムは創立して間もない時期に早くも、フランスのポリドールを買収する。これによりシャンソンを中心とするフランスのポピュラー音楽を手中にする。これを足がかりにその後フランス・フィリップスも設立して、世界のマーケットに通用するフランスのシャンソンの分野を固める。そこではイヴ・モンタン、ジュリエット・グレコ、ジョニー・アリデイ等をものにすることになった。コーラスのスイングル・シンガーズ、オーケストラのポール・モーリアも世界的なアーティストに育成された。

さらにアメリカのポップスへの進出を狙ったフォノグラムは、五〇年代にはジャズのリバーサイド・レーベルを獲得、そして五〇年代の半ばから少しずつ株を取得し始めていた中堅レーベル、マーキュリーを六一年には完全に取得する。特にマーキュリーはロックをはじめとするアメリカのポピュラー音楽全般から、クラシックにまでまたがるレパートリーを擁していただけに、その獲得はフォノグラムにとって有効だった。マーキュリー・レーベルは一九四七年にシカゴに生まれた。シカゴということから当初のポピュラー音楽はR&B色が強かったが、六〇年代に入るとジャズの分野も手がけるようになり、ディジー・ガレスピー、オスカー・ピーターソン、アート・ブレーキーとジャズ・メッセンジャーズ、ソニー・ロリンズ、それにサラ・ヴォーンなど錚々たるアーティストの名盤を連発した。さらにこの時代には黒人のコーラス・グループのプラターズが、数々のヒットを飛ばした。またこの頃マーキュリーは、ジャズプレーヤーでもあったクインシー・ジョーンズを副社長兼プロデューサーに起用した。アメリカのレコード産業で白人系のレーベルに初めて黒人の役員が起用されたケースといわれる。その後同社は初期のロッド・スチュワートをはじめ、ティアーズ・フォア・ティアーズ、ボン・ジョビなど、ロックの分野でもスターを輩出する。

このようにして誕生し発展したドイツ・グラモフォンとフォノグラムは、一九七二年に合併してポリグラムが設立される。当初の親会社はドイツ・グラモフォン側のジーメンスと、フォノグラム側のフィリップスだった。ここに生まれた新会社のポリグラムはさらに業容の拡大を狙い、世界のメジャーに向けて着々と歩を進めていった。特に目立った同社の施策は中堅レーベルをつぎつぎに買収することよって、業容を拡大するというものである。すなわち発足と同じ七二年にはアメリカのジャズの名門ヴァーヴを買収、一九八〇年には五〇年の歴史を誇るクラシックの名門、ロンドン・デッカのクラシック部門を買収した。さらに一九八九年にはイギリスのアイランド、一九九〇年にはアメリカのA&M、一九九三年にはモータウンをそれぞれ買収し、着々と歩を進めていった。なお一九八七年には旧グラモフォン時代からの親会社だったジーメンスが、音楽事業からの撤退を打ち出し、ポリグラムの資本を手放してそれをフリップスが受継いだので、ポリグラムはフィリップスの完全子会社となった。

3. MCAの誕生と発展

つぎにアメリカの新興メジャーだったMCA（Music Corporation of America）の足取りをたどってみる。同社の誕生は一九二四年である。設立時はアーティストのエージェントでありレコード会社ではなかった。その後映画、テレビ番組制作、遊園地経営と業種業容を拡大して、総合エンターテインメント企業に成長していく。MCAがレコード事業を手掛けるようになるのは、実質的には一九六二年にアメリカ・デッカの買収からである。ただしMCAレコードというレーベル名称をスタートさせたのは一九七三年でありその一一年後のことだった。まずMCAの基盤となったアメリカ・デッカとはどのようなレーベルだったのかを確認してみよう。

アメリカ・デッカの誕生は一九三四年、イギリス・デッカがアメリカに進出したことに始まる。しかしまもなくアメリカ・デッカはイギリス・デッカから独立する。扱う音楽のジャンルは次第に幅広くなり、カントリー・ウエスタン、ジャズ、ボーカル、R&B、ブルースから映画音楽、イージーリスニングにまで及ぶようになった。そのなかから同社はアメリカのポピュラー音楽史を飾る数多くのヒット曲、そしてスター歌手を生み出す。第二次世界大戦中の一九四二年にはビング・クロスビーの「ホワイト・クリスマス」が生まれる。この曲のレコードは二〇世紀末までに世界中で二〇〇〇万枚を超える売上を示したといわれ、世界中の歌のなかで最も売れた歌ということになった。この記録は簡単に破られることはないだろう。さらに一九五四年には、ビル・ヘイリーと彼のコメッツの「ロック・アラウンド・ザ・クロック」が生まれる。映画「暴力教室」の主題曲として作られた曲だったが、ロックンロールの元祖と称される記念碑的なヒット曲として音楽史上に輝く曲となった。五〇年代から六〇年代にかけてアメリカ・デッカはますます発展し、この時代のアメリカン・ポップの多くのヒットが同社から生まれる。アーティストとしてはビング・クロスビーのほかに、バディ・ホリー、ブレンダ・リー、ルイ・アームストロング、ミルス・ブラザーズ、ビリー・ホリデイ、アンドリュー・シスターズ、ペギー・リー、ローズマリー・クルーニー、カーメン・マクレイ、エラ・フィッツジェラルド、サミー・デイビスJr.、など、枚挙にいとまがない。またこのレーベルからは親会社ユニバーサル映画のサウンド・トラック・レコードの発売も多い。

このようなアメリカ・デッカの成功で、ＭＣＡ社のレコード事業は順調に推移していく。そして一九六七年にはアメリカのキャップ・レコードを買収する。デッカは傘下のレーベルとして、ブランズウィックとコーラルも保有していたが、一九七三年にはいよいよこれらのレーベルを集結させて、ＭＣＡレコードが誕生する。この時点でレコードのレーベルとしてのＭＣＡのロゴも生まれた。

さらにＭＣＡは一九七九年にはアメリカのＡＢＣレコードも買収しその規模を拡大させた。ＡＢＣレコードは一九五五年にＡＢＣパラマウント映画会社の傘下のレコード会社として、ＡＢＣパラマウント・レコードの名称で設立された。親会社のパラマウント映画のサウンド・トラック・レコードの発売はもちろんのことだがポピュラー音楽全般に進出し、設立まもなくポール・アンカがヒット曲を連発して看板スターが生まれる。六〇年にはジャズのレーベルのインパルスをスタートさせ、アトランティックから移籍したジョン・コルトレーンを筆頭に多くのジャズの名盤を発売した。六六年にはＡＢＣレコードに改称し七〇年代に入るとスリー・ドッグ・ナイト、スティーリー・ダンが活躍する。

このようにして戦後派のＷＥＡ、ポリグラム、ＭＣＡの三社のメジャーは発展してきた。七〇年代に入ってからの欧米のレコード会社は、戦前派メジャーの三社と合わせて六つのメジャーが勢ぞろいすることになり、これら六社が世界のレコード産業をリードするようになった。そしてメジャー各社は欧米はもとより、アジア、オセアニア、南米、アフリカ諸国など世界各国の市場に向けて進攻を開始する。それは各国のレコード産業に少なからぬ変革をもたらすことになった。もちろん日本のレコード産業もその例外ではなかった。

第3節　相次いだ欧米メジャーと日本の大手企業との合弁誕生

（七〇～八〇年代）——外資が見逃さなかった和製ポピュラーの興隆

前節で確認したように七〇年代に入ってからは、欧米のレコード会社が六つのメジャーに集約されていった。その時期の前後からそれらメジャー各社の日本への攻勢は従来とは大きく異なる方向に向かっていった。それはそれまでのライセンス契約によるビジネスに終止符を打って、日本での合弁会社設立へ移行するというものであり、日本の市場に資本を投入するという戦略の大転換であった。それは六〇年代の終盤にＣＢＳコロムビアの攻勢によって火ぶたが切られ、ＥＭＩ、ポリドールが続き、七〇年代に入るとＲＣＡビクター、フィリップス、ワーナーが続いた。ここで欧米メジャー各社から合弁のパートナーとして誘いを受けそれに合意したのは、日本の大手レコード会社であったが、一部の例外を除いてそのほとんどは、すでにこれまでにライセンサーとライセンシーの関係にあったもの同士の結びつきであった。この節ではこのような合弁会社の設立が促進されることになった当時の日本の社会経済的背景と、それぞれの会社の設立経緯をみていくことにする。

1．資本の自由化と合弁会社設立の連鎖

一九七〇年大阪の千里丘で開催された世界万国博覧会は、戦後の日本経済の復興を強く世界にアピールすることをその大きな目的とするものだった。しかしこれに先立つこと六年の一九六四年の東京オリンピックの開催と、東海道新幹線の開通に象徴されるように、日本経済の復興はすでに世界的に確認されるところとなっていた。そのことはそれらのイベントの開催やその成功をみるまでもなく、日本経済の立ち直りは当時の種々の国際的な経済指標や社会の諸指標からも明らかだった。そのため、このころには戦後日本政府が打ち出していた国内産業の手厚い保護政策は、諸外国から批判を浴びるようになり、修正を求められるようになっていた。これを受けて日本政府は、一九六二年には貿易自由化、六三年には為替自由化を敢行し、六七年からは資本自由化[18]に踏み切ることになり、規制緩和の施策が相次いで施行された。

一九六七年の六月、外資審議会から政府に答申が出され日本の産業の一七業種についてはいきなり一〇〇％の資本自由化、三三業種についてはまず五〇％の自由化が規定された。その三三業種のなかにレコード製造業＝レコード産業が含まれていた（日本レコード協会 1993：181）。これにより翌月の七月からはレコード産業においても、外国資本が五〇％までの合弁会社が日本国内で作れるようになり、その時点では明確には規定されてはいなかったが、近い将来にはレコード産業も資本

一〇〇％自由化が訪れることは明白であった。それはその時になれば全額外資のレコード会社が日本に設立される可能性を意味するものだった。

レコード産業における五〇％の資本自由化というお膳立てが整うと、それを待ちかねたように日本のレコード産業には、つぎつぎと欧米の外資と日本企業の出資による合弁レコード会社設立の誘いが持ち込まれ、それが相次いで実現されていった。トップを切ったのは一九六八年、すなわち資本自由化の翌年のＣＢＳソニー（資本金七億円）の設立である。それはアメリカＣＢＳレコードと日本の電子機器メーカー、ソニーとの五〇％ずつの出資によるものだった。翌年六九年には東芝音楽工業と英国ＥＭＩとアメリカ・キャピトルとの合弁会社東芝ＥＭＩが生まれる。東芝のレコード事業は、一九五四年東芝のなかにレコード事業部が置かれてスタートし、六〇年には東芝音楽工業として別会社となる。その翌年六一年には東芝音楽工業にキャピトルが資本参加するので、厳密にいうと東芝音楽工業はこの時点で合弁会社となった。しかし六九年に外資と日本資本が折半の正真正銘の合弁会社となる。また同じ六九年には、日本グラモフォンがドイツ・グラモフォンとの五〇％の合弁会社に生まれ変わった（日刊レコード特信 2000：15）。

一九七〇年代に入ると日本側が松下電器と日本ビクター、外資はオランダのフィリップスとの間に、日本フォノグラム（資本金一億円）が設立される。さらに翌年の七一年には日本側がパイオニア、渡辺プロダクションの二社、アメリカ側がワーナー・グループという顔ぶれで、ワーナー・パイオニア（資本金一億円）が設立された。このワーナー・パイオニアのケースは、日本側に既存のレコード会社が入っていないことが注目された。さらに四年後の七五年には日本ビクターとアメリカ・ＲＣＡの折半出資によるアール・ブイ・シー（ＲＶＣ・資本金三億円）が設立された。ここまでで一九六八年ＣＢＳソニーによって口火が切られた、外資と日本資本の合弁の動きは小休止したが、アール・ブイ・シー設立の一五年後の一九九〇年に、六つのメジャーのなかで唯一ライセンス契約を継続していたＭＣＡ社が、ライセンシーのビクターエンタテインメントとその親会社の日本ビクターを相手に合弁会社の設立に踏み切り、ＭＣＡビクターが誕生した。これによってＣＢＳ、ワーナー・グループ、ポリドール、フィリップス、ＲＣＡ、ＭＣＡの六つの世界のメジャーは、そのすべてが日本において合弁会社を持つことになった。

アメリカＣＢＳコロムビアによるＣＢＳソニーの設立に始まったこのような動きは、資本自由化を待って連鎖的に起こった現象であり、世界第二位の市場に膨らみつつあった戦後の日本のレコード市場へ、欧米のメジャー各社が本格的な攻勢をかけてきたことを意味するものである。このうちのいくつかのケースについて、これらの合弁設立の外国側の意図や、それを受け入れた日本側の事情などについて検証してみることにしたい。

２．劇的なＣＢＳソニーの誕生
――世界のコロムビアと決別した日本コロムビア

前述のように日本での欧米メジャーの合弁設立のトップを切ったのは、一九六八年のＣＢＳソニーの設立である。この合弁会社の誕生は二つの驚きをもって日本のレコード産業の内外の話題を呼んだ。一つは資本自由化の翌年にレコード産業に早くも合弁会社が登場したことである。それは資本自由化を見据えて水面下の交渉が事前に進められていたことを思わせるような、おおかたの想像を上回る素早いタイミングでの登場だった。二つ目はアメリカ側のCBSコロムビアが選んだ日本側の合弁の相手が、直前までライセンス契約関係にあった日本コロムビアではなく、これまではレコード事業に参入していなかったソニーだったことである。ここに来て、昭和初期の日本蓄音器商会への英米コロムビアの資本参加以来、第二次世界大戦中の中断はあったものの、ほぼ半世紀にわたって続いた世界のメジャー、コロムビアと日本コロムビアのパートナーシップにピリオドが打たれたのである。それは日本コロムビアが世界コロムビアと決別することであり、コロムビアの洋楽を失うことであった。

CBSソニーが設立された一九六八年前後の時期は、アメリカのCBSレコードの経営が軌道に乗り始め、アメリカ市場でのシェアも順調に高まっていた時期である。一九五六年に社長に就任したゴダート・リーバーソンが、有能な人材を集結させて発展への道を歩み始めていた。なかでも目覚ましい成果を挙げたのは、ボブ・ディランを手掛けたことでも有名な、伝説的プロデューサーのジョン・ハモンドや、自らが率いるミッチ・ミラー合唱団やアンディ・ウィリアムスなどのMOR（ミドル・オブ・ザ・ロード）(19)路線を進めたミッチ・ミラーなどの、優秀なプロデューサーであった。さらに一九六六年からはリーバーソンに右腕として信頼されていたクライブ・デイビス（後にアリスタ・レコードを設立し成功を収める）に社長が引き継がれたが、彼はジャニス・ジョップリン、ジミ・ヘンドリックス、ドノヴァンなど、ロック系の若手アーティストをつぎつぎに発掘し、従来ＣＢＳの弱点だったロック路線を打ち出してさらに実績を挙げた。この時期には同社の欧米市場占有率は一七％前後にまで伸び、リーディング・カンパニーの地位を固めつつあった（Original Confidence 6月17日号 2002：15–18）。

このようにアメリカ国内市場での実績を高めつつあったＣＢＳレコードにとって、日本は重要な市場とみなされていた。一九六八年といえば日本は高度経済成長の真っ只中であり、二年後の七〇年には日本の戦後復興を象徴する大阪万国博が開催された。当時のアメリカＣＢＳレコードでは海外のビジネスを取り仕切る国際部（ＣＢＳレコード・インターナショナル）は本社機構のなかの一部門に過ぎなかったが、一九六八年にはＣＢＳレコード・インターナショナルの名称の会社を設立し国際部をそのまま独立させた。社長には国際部長だったハービー・シャインが就任した。日本での合弁会社ＣＢＳソニーの設立の年に国際部を独立させるということは、ＣＢＳレコードの日本への注目度、進攻への意欲の高さを物語っているとみることもできる。

このような日本への攻勢強化の方向のなかで、ＣＢＳコロムビアが選んだ日本側の合弁の相手が、直前までライセンス関係にあった日本コロムビアではなく、ソニーだったことは前述のように世間を驚かせた。しかしこれは必ずしもＣＢＳレコードの当初からの意図ではなかったとされる。ＣＢ

Sコロムビアはまず日本コロムビアに合弁を持ちかけた。だがそれは日本コロムビアのレコード事業部全体を合弁会社に組み入れるという提案だった。それは日本コロムビアのレコード事業部が携わる洋楽のビジネスのみを新合弁会社に移行させるだけではなく、邦楽のビジネスをも包含する提案だった。日本コロムビアはこの条件を受け入れなかった。[20]このためCBSレコードはソニーに打診を始めたという。

この時までレコード・ビジネスには参画していなかったが、それを模索していたというソニーは、邦楽・洋楽を含めた合弁会社への参入を直ちに受け入れた。そこで合意はすぐに成立したという。レコード会社をゼロから立ち上げるつもりのソニーにとっては、洋楽の豊富なカタログとアーティストを持つCBSコロムビアとの提携は、願ってもない話だったからだろう。この合弁会社の設立とその後運営の経過のなかで、CBSコロムビアのVIPたちとの人脈を作り上げたソニー側の大賀典雄、盛田昭夫らの幹部は、後述のように一九八八年には合弁相手のアメリカのCBSコロムビアを買収する。そこに至る買収交渉の過程では、この合弁事業を通して作り上げたアメリカのCBSコロムビア社内や関係者との人間関係も大いに役立ったといわれる（大賀2003：112-118）。

3．東芝EMIの誕生
——洋楽が一気に充実した新興レコード会社の東芝

CBSソニーの誕生のあとを追って、六〇年代の終盤から七〇年代初頭には世界のメジャーと日本のレコード会社との合弁が、つぎつぎに誕生した。しかしそれらはCBSソニーの登場のときのように、大きな話題を呼ぶことはなかった。それは二番手、三番手ということもあったが、そのほとんどが従来までのライセンス契約相手との縁組であり、CBSとソニーのように新しい相手との〝結婚〟ではなかったからともいえる。だがそれぞれの提携には当事者の会社の持つそれぞれの事情があったことも事実である。そのいくつかを確認してみよう。

まず一九六九年には東芝音楽工業が英国EMIとアメリカ・キャピトルとの合弁会社となり、東芝EMIと名前が変わる。イギリス唯一のメジャーであるEMIは、ベルリーナのグラモフォンの流れを汲む世界で最も古い歴史を持つレコード会社だが、アメリカではなくイギリスに本拠を置くということでのハンディを背負っているとの自覚があった。それはアメリカが圧倒的に大きな音楽市場であるために、アメリカのメジャーに比べて制作から流通にいたるまで、アメリカ市場でのビジネス展開に遅れをとりがちとの負い目を常に持っていたということだ。そのためにアメリカを含む海外戦略には熱心だった。一九五五年アメリカのキャピトルを三〇〇万ドルで買収したのもその現れである。これによりEMIはアメリカでのレコード・ビジネスの拠点を買収して傘下に収めたキャピトルに置くことになったが、それはレコード会社としてのEMIにとってとても有効な施策であったといわれている（Original Confidence 7月22日号 2002：15–17）。

前述のように東芝は一九五四年にレコード・ビジネスに参入し、一九五五年にはそのレコード事業を分離独立させ東芝音楽工業を設立した。EMIは日本でのビジネス・パートナーとしてそのような新興レコード会社をスタートさせた東芝を選んだ。一九六一年に両者は事業提携を結んで、HMVと英国コロムビアの音源の日本での発売を開始する。そしてそれを起点にして一九六九年にはいよいよ合弁会社に発展した（日刊レコード特信 2000：15）。

ここに生まれた東芝とEMIの合弁会社は東芝音楽工業の洋楽部門だけを対象とする合弁ではなく、邦楽部門をも含む合弁であり、つまり東芝音楽工業全体を組み入れた合弁であった。これは前出のCBSレコードとの合弁劇では日本コロムビアが拒否し、ソニーが受け入れた方式である。東芝もソニーよりは一歩早かったものの、レコード・ビジネスでは第二次大戦後スタートの新参者である。それだけに東芝にとってEMIとの合弁は先行の各社に追いつくためには願ってもない展開だった。特にEMIやキャピトルから洋楽音源の提供がより確実になり、より継続的になることは魅力的だったであろう。いっぽうのEMIは自社が持つ音源を日本という成長期のマーケットで、的確に流通させることができる拠点を持ったことになる。このようにEMIと東芝の双方にメリットがもたらされるという判断があって、この合弁は実現した。一九七三年には社名も東芝音楽工業から東芝EMIと改められたが、このEMIと東芝の合弁は二〇〇七年まで継続した。

4. 日本ビクターが確保したメジャー三社とのつながり
――フィリップス、RCA、MCAのとの合弁誕生

一九七〇年代に入ると、日本ビクターやその親会社の松下電器が絡む合弁会社が日本に二社誕生

する。まず七〇年には、日本側が松下電器と日本ビクター、外資はオランダのフィリップスという顔合わせで、日本フォノグラムが設立された。続いて五年後の七五年には日本ビクターとアメリカ・RCAの折半出資によるアール・ブイ・シーが設立された。さらに九〇年には日本ビクターと同社の子会社であるビクター音楽産業、そしてアメリカ側がMCAという構成メンバーで、MCAビクターが設立される。

いずれも日本ビクターが絡むこれら三社の合弁事業は、六〇年代のCBSソニーの設立や、東芝EMIの合弁化とはいささか性格が異なっている。日本ビクターは一九二七（昭和二）年の会社創業から、レコード事業に携わってきた老舗レコード会社である。まずその点でレコード事業へ新規参入したばかりのソニーや東芝とは事情が違っている。当時（六〇年代終盤から七〇年代初頭のころ）の日本ビクターのレコード・ビジネスは音楽事業本部という組織で運営されていた。その音楽事業本部は、邦楽部、洋楽部（ビクター・ワールドグループ）、RCAレコード事業部、フィリップス・レコード事業部、MCAレコード部（名称は時期によって多少変更されたが）という下部組織で構成されていた。その名称からも分かるように当時ライセンス契約の関係にあった、RCA、フィリップス、MCAの音源を使うレコード・ビジネスが、それぞれのレーベルの名称を冠した事業部によって運営されていた。

このように世界のメジャーの三社をパートナーに持つ日本ビクターのレコード・ビジネスは戦後もかなり優位にあり、時期的な山や谷はあったものの市場シェアもトップに位置することも多かった。この時期のビクターの好調は単に保有するメジャー・レーベルの数の多さだけではなく、その経営手法にもあったともいえる。それはこの時期に日本の産業界で多く採用されていた事業部制をうまく取り入れていたことである。事業部制は日本では日本ビクターの親会社であった松下電器が初めて採用したといわれる。前述のビクターの各部門の組織名をみてもわかるように、そこでは事業部制を意識した、独立採算、自立経営を音楽事業本部内の各部門に課していた。[21] 事業部制は大規模な企業において採られる経営向上のための手法で、通常は製品別あるいは担当地域別に組織を区分する方策であり（Chandler,Jr. 1962=2004：52-53）、松下電器の事業部も製品別の事業部だったが、レコード会社であるビクターが採ったこの時の事業部制は、製品（レコード）も地域（日本）も同じ事業部であった。その目的は、アーティスト育成、ヒット曲作り、それらの結果としての売上と利益増、さらにはシェア向上など、社内の部門間の競争を煽って会社全体として好結果を期待するためのものだった。このようなやり方でビクターはレコード事業を軌道に乗せていたといえるだろう。

このような状態のなかで、七〇年代に入る前後のころ、提携先のオランダ・フィリップスから、日本ビクターに合弁会社設立の誘いが持ちかけられた（日刊レコード特信 2000：18）。このときビクターに持ちかけられた合弁の提案は、六〇年代にあったＣＢＳからの日本コロムビアへの提案のように、その会社のレコード事業部を丸抱えでの合弁ではなかった。フィリップスからの提案は、ビクターの音楽事業本部内の組織の一つであるフィリップス・レコード事業部をオランダ・フィリップスとビクターの合弁会社として独立させようという提案だった。これにはライセンス契約によるビジネスの脆弱さを不安視していた日本ビクターの経営者も、事業部のマネジャーとして独立採算経営に当たってきた幹部社員も、反対する根拠はなかった。もし日本ビクターが拒否すれば、合弁の提案は他社へ持ち込まれるのは明らかである。日本ビクターにとって、それは避けなければならなかった。

このようにして一九七〇年に日本フォノグラム株式会社が誕生した。この合弁誕生に際しては、それまでのライセンス契約のもとで、オランダ・フィリップスから提供されてきた、フィリップス、マーキュリーなどの洋楽音源はもちろん新合弁会社に移行したが、当時フィリップス・レコード事業部がスタートさせていた、フィリップス・レーベルの邦楽も、そのアーティストや原盤が新会社に移行した。この当時のフィリップス・レーベルの邦楽は、いわゆる和製ポップスと呼ばれた洋楽の要素の強い日本の流行歌の新しい流れのなかでもグループ・サウンドを開拓して成功しつつあった。またこの合弁には松下電器も出資しているが、それは松下電器がこの時点で五〇％以上の日本ビクターの株式を保有していたことと、一九五三年に松下電器はフィリップス社との共同出資で、松下電子工業を興しているという間柄にあったという、経営的つながりも作用していたといわれる。[22]

つぎに一九七五年には、日本ビクターにはアメリカ・ＲＣＡから折半出資による合弁会社設立の話が持ちかけられた。この場合もビクターはそれを拒否することはなかった。その結果合弁会社アール・ブイ・シーが設立されたのである（日刊レコード特信 2000：15）。日本フォノグラムの場合には、日本ビクターのフィリップス・レコード事業部が切り離されて合弁の日本側の母体となったが、アール・ブイ・シーの場合は、同じ日本ビクターのRCAレコード事業部が切り離されてその母体となった。ここでもその際にはアメリカRCAのアーティストや音源がそのまま合弁会社に移行したが、当時ビクターのRCAレコード事業部が手掛けていたRCAレーベルを利用した邦楽についても、そこに専属するアーティストやその原盤が新会社アール・ブイ・シーに移行した。

さらに日本ビクターはもう一つの合弁事業に参画する。アール・ブイ・シー設立の一五年後＝一九九〇年の一二月、日本ビクターとビクター音楽産業からなるビクター・グループと、アメリカMCAレコードが五〇％ずつの出資による、MCAビクターの設立が発表され、翌九一年の四月同社が発足した（日本レコード協会 1993：307）。おりしもこの発表からわずか一ヶ月前の九〇年一一月には、日本ビクターの親会社ともいえる松下電器が、MCAレコードのみならず、ユニバーサル映画、ユニバーサル・スタジオをも包括する、アメリカの総合エンタテインメント・コングロマリットであるMCA本体を、六一億ドル（当時の為替レートで約七八〇〇億円）で買収することが発表されていた。MCAレコードと日本ビクターの合弁の交渉は、そのような親会社同士の買収交渉と平行して行われていたことになる。MCAビクターの設立によって日本ビクターは、フィリップス、RCA、MCAという当時の世界のメジャー六社のうち三社と、合弁事業に参加することになった。これらはいずれもそれまでのライセンス契約による関係が、合弁のレコード会社のパートナーとしての関係に切り替わったものである。

5．ワーナー・パイオニアの発足
——アーティスト事務所が参加した合弁誕生

日本側がパイオニア、渡辺プロダクションの二社、アメリカ側がワーナー・グループという顔ぶれで、ワーナー・パイオニア（資本金一億円）が設立されたのは一九七一年のことだった。この合弁は他社の合弁のケースとは性格が多少異なり注目された。それは日本側にレコード会社が参入していないことだった。この時期のアメリカのワーナーは、前述のとおり六七年にはその後ワーナーの中心人物となるアーメッド・アーティガンが率いるアトランティックを買収、七〇年にはジャック・ホルツマンのエレクトラを、七五年にはデビッド・ゲフィンのアサイラムを、というように買収を重ねていた。このことからも分かるように、めざましい発展期にあり、世界のメジャーの仲間入りを果たしつつあって、七〇年に入るころにはグループの中枢となる組織ＷＥＡを作りあげていた。

彼らは世界戦略にも手をつけ始めていた。ヨーロッパの主要国などではいちはやく現地のレコード会社を買収するなど、拠点作りをスタートさせた。おりしもこの時期に五〇％の資本自由化が打ち出された日本にも、拠点を作ろうとしたのは当然のことだった。しかし日本での合弁の相手探しは簡単ではなかった。新興で寄り合い所帯のメジャーであるワーナーには、他のメジャーのように長期間ライセンス契約を続けた日本のパートナーのレコード会社がなかった。そのためワーナーが選んだのはレコード会社ではなく、アーティスト・マネージメントを本業とする渡辺プロダクションと、音響家電メーカーであるパイオニアだった。直接ワーナーからの誘いを受けたのは渡辺プロダクションのほうだった。自社のアーティストの海外進出を狙って、欧米の音楽業界にも関係を持つようになっていた渡辺プロダクションの副社長の渡辺美佐に、ワーナー側のアーメット・アーティガンがコンタクトし合弁の話が進んだという(23)。

渡辺プロダクションは確かにレコード会社ではなかったが、この時期にはレコードの制作も手がける、いわゆる原盤制作会社の看板も掲げていた。原盤制作会社は音楽の制作機能を持ちレコードの音源としての楽曲を作るが、レコードの発売・宣伝・販売は既存のレコード会社に委託する。東芝音楽工業が一九六一年八月に発売し大きくヒットした、植木等の歌う「スーダラ節」は渡辺プロダクションが原盤を制作したものだが、これは日本のレコード産業のなかでは、レコード会社以外のプロダクションという業種の会社が初めてレコード音源＝原盤を制作したという、レコード産業の歴史のなかでも重要な出来事として知られる(24)。

渡辺プロダクションはワーナーとの合弁の設立に合意し、その際日本側の出資社としてパイオニアも参加することになった。渡辺プロダクションとパイオニアは、一九六七年のアポロン音楽工業（音楽テープの制作・販売会社）設立の際にもパートナーとなっている。制作や宣伝のスタッフは業界からスカウトした。特にワーナーやアトランティックなど洋楽のレーベル・マネジャーは、それまで担当していたスタッフを、日本コロムビアや日本グラモフォンから引き抜いた。邦楽のアーティストについては、多くのレコード会社に所属している渡辺プロダクション所属のアーティストを呼び戻すことは最小限に押さえ、新人アーティストを相次いでデビューさせた。そのなかからは一年目から辺見マリ「めまい」、小柳ルミ子「わたしの城下町」のヒットが出て、後者はその年（七一年）のレコード大賞最優秀新人賞を獲得するという幸運なスタートを切った。[25]

☆

これまでみてきたように、いわゆるメジャーと呼ばれるグローバルなレコード会社を中心とする欧米のレコード会社と日本のレコード会社の関係、すなわち日本のレコード会社の戦後の洋楽ビジネスの展開は、ライセンス契約のみを基本とする六〇年代後半までとは状況が変わり、合弁会社を設立してそれを運営するというように、共同事業として展開されることになった。しかしそれは単に日本のレコード会社の洋楽ビジネスの変化ということに止まらなかった。新しく生まれた合弁会社は洋楽だけではなく、日本のポピュラー音楽＝邦楽をも扱う会社だったからである。またこれらの合弁会社は、時間の経過とともにそのほとんどが制作と宣伝の機能だけではなく、販売機能を持つようになっていった。

これらのことは重大な意味を持つことである。それは彼らが単なる原盤制作会社ではなく、総合レコード会社、つまりレコード・メーカーであるということである。それは既存の日本のレコード会社にとっては、競争会社＝ライバルの出現を意味していた。このことは合弁のパートナー同士が共同経営に当たる合弁会社であるうちは、まだ身内の姉妹会社というイメージで捉えられており、はっきりと認識されることはなかった。しかし一九九〇年代になってレコード産業も一〇〇％の資本自由化の対象業種になり、これらの合弁会社がそれまでの日本側のパートナーと袂を分かち、外資一〇〇％の会社に変身するに至って紛れもない事実として認識されることになった。これによって国内資本の既存の日本のレコード会社は、これまで共同経営者だった合弁会社のパートナーが、強力なライバルであることに改めて気がつくことになった。[26]

第4節　合弁の解消と一〇〇％外資の日本法人の誕生（八〇〜九〇年代）
——メジャー同士の統合が進むなかで

外資メジャーと日本の大手レコード会社のあいだに、合弁のレコード会社が相次いで誕生したのは、前節にみたように一九七〇年代を中心とする時代であった。しかし誕生した合弁会社の寿命もそれほど長くは続かなかった。八〇年代の終盤から九〇年代にかけてはまた新しい展開が待っていた。それぞれの会社によって時期や経過は異なるが、合弁会社に資本を五〇％出資していたメジャーたちが合弁を解消し、自己資本一〇〇％の独立日本法人を順次設立していった。それは合弁のパートナーだった日本側のレコード会社にとって多く場合は不本意な成り行きだった。「ミュージック・レポート」[27]と Original Confidence（通称オリコン）[28]に代表されるレコード産業の業界ジャーナルが、当時毎年の年末に特集していた〝今年の業界一〇大ニュース〟をみると、この一〇年余の時期は合弁会社の解消とそれに伴って進んだ、外資による日本での独立会社の設立に関連するニュースが、毎年上位にランクされることが多かった。そこからはこの時期に急速に、しかし着々と進んでいった日本のレコード産業における外国資本の比率の上昇と、それに伴う業態の変化をはっきりと読み取ることができる[29]。

この章ではそれらの記事を参考にしながら、この時期に生まれたメジャーの日本法人四社の誕生のいきさつとその背景を検証する。最初に九〇年代の初頭から中盤にかけて進められた、ワーナー・ミュージック及びＢＭＧについてそれぞれの日本法人設立の経緯をみる。つぎに九〇年代の終盤に起こったユニバーサル・ミュージックの日本法人設立の経過をみる。それは世界規模のレーベル買収・統合の結果が、ほとんど時間を置かずに日本にも波及した事例でもあり、ワーナー・ミュージックやＢＭＧの日本法人設立のケースとは事情が違う点も多い。最後には日本の企業であるソニーがアメリカのメジャーＣＢＳを買収するという、劇的な展開で生まれたソニー・ミュージックの事例をみる。このケースは日本国籍の企業であるソニーが、世界のメジャーのオーナーになったという点で、ワーナー・ミュージックとＢＭＧの日本法人ともユニバーサル・ミュージックの日本法人とも、まったく性格を異にする事例である。

このように多くのメジャーの日本における合弁会社の解消と独立会社の設立は、そのほとんどが九〇年代に達成されているのだが、唯一の例外は東芝とＥＭＩによる合弁の東芝ＥＭＩの場合である。東芝ＥＭＩは二一世紀に入ってもしばらく合弁は解消されず二〇〇七年まで継続した(30)。他の合弁に比べてもかなり長期間維持されたことになる。それはＥＭＩが日本に一〇〇％の自己資本のレコード会社を持つことに、それほどの執着がなかったからとも思えるが、じつは一九九四年に東芝ＥＭＩの資本構成がそれまでの折半からＥＭＩの五五％、東芝の四五％保有に変更されたため、ＥＭＩが経営の実質的な主導権を持つようになったことと関係があるのではないかとも思われる。二〇〇七年の合弁解消によってＥＭＩの一〇〇％出資によるＥＭＩミュージック・ジャパンが誕生したが、その五年後の二〇一二年一〇月にはＥＭＩがそっくりユニバーサル・ミュージック・グループに買収されたため、ＥＭＩミュージック・ジャパンはユニバーサル・ミュージック・ジャパンに吸収され、同社の組織のひとつとしてＥＭＩの名前が残るのみとなった。このような経過をたどったＥＭＩを除くメジャー四社について、日本での一〇〇％独立法人の設立経過についてみていくことにする。なおここでは当該各社のホームページにある会社概要・沿革、及び一般の新聞・雑誌・レコード業界紙の報道などを情報源とする。

1. ワーナー・ミュージック・ジャパンの誕生

まずワーナー・ミュージック・ジャパンの誕生の経緯を確認する。日本側が音響機器メーカーのパイオニア、アーティスト事務所の渡辺プロダクション、アメリカ側が総合エンタテイメント企業のワーナー・ブラザーズ・グループのレコード会社＝ワーナー・ブラザーズ・レコード社という顔ぶれで、日本に合弁会社ワーナー・ブラザーズ・パイオニアが設立されたのは前節でみたように一九七〇年のことだった。それは日本のレコード産業に生まれた外資メジャーとの合弁会社としては、一九六八年のCBSソニー、六九年の東芝EMIに続いて三番目に生まれた会社であった。ただし一九七八年に渡辺プロダクションはこの合弁から脱退する。そして一九八九年にはワーナーと残ったパイオニアとの合弁も解消される時が訪れた。この年はアメリカのワーナー・ブラザーズ・グループが名門タイム社と合併し、アメリカではワーナーはタイム・ワーナーと社名が変わった年である。パイオニアとの合弁解消は、新生タイム・ワーナーがレコードのビジネスでも世界戦略を強化しようとするなかで、ヨーロッパや南北アメリカなど世界の主要な国々と同様に、日本にも一〇〇％自前のレコード会社を持とうという意志が働いたことによるものである。パイオニアとの合弁解消で実質的にはアメリカのワーナーの資本となっていた同社も、二年後の一九九一年には社名もワーナー・パイオニアからワーナー・ミュージック・ジャパンと改名された（日本レコード協会1993：306）。

ワーナー・ミュージック・ジャパン誕生の経緯をもう少し詳しくみていこう。一九九〇年アメリカのワーナーは日本のMMGレコード社を傘下に加えた。MMGレコードはどのような会社だったのか。一九八二年日本にアルファ・レコードの関連会社としてアルファ・ムーンというレコード会社が誕生したが、これがＭＭＧレコードの前身である。その後一九九〇年にアルファ・ムーンは、マザーアンドチルドレン（Mother & Children）と合併、さらにガーランド（Garland）という新たなレーベルも加えて、これら三つのレーベル＝Moon, Mother & Children, Garland の頭文字を組合わせて、ＭＭＧレコードという名称の会社が誕生した。この時にＭＭＧレコードはアメリカのワーナー・ミュージック・グループの傘下に入り、同時にアトランティック・レコードの日本の発売権を得て、邦楽・洋楽の双方を扱うレコード会社のかたちが整った。三年後の一九九三年には社名をイースト・ウェスト・ジャパンに変更するが、その結果日本のワーナーグループは、ワーナー・ミュージック・ジャパンとイースト・ウェスト・ジャパンの二つの会社として運営されるようになった。そして二〇〇三年にイースト・ウェスト・ジャパンはワーナー・ミュージック・ジャパンに吸収され、日本のワーナーグループは一本化される。このような経緯でワーナー・ミュージック・ジャパンが成立したのである。

２．ＢＭＧジャパンの誕生

つぎにＢＭＧジャパン誕生の経過をたどってみる。日本ビクターにアメリカのＲＣＡから、お互いの折半出資による合弁会社設立の話が持ちかけられたのは一九七五年のことだった。交渉はすぐに成立しその年のうちに、日米五〇％ずつの出資の合弁会社＝アール・ブイ・シー株式会社が設立された。ところが一一年後の一九八六年ＲＣＡレコードが、ドイツの出版会社ベルテルスマン＝Ｂ

ＭＧ（Bertelsman Music Group）傘下のベルテルスマン・ミュージックに買収されたため、アール・ブイ・シー（ＲＣＡ Victor Corporation）の社名はＢＭＧビクターに変更される。日本ビクターの共同経営の相手もＲＣＡからベルテルスマンに移ることになった。これを契機にこの合弁会社の経営には、徐々にベルテルスマンの意向が強く反映されるようになる（Original Confidence 8月26日号 2002：14-17)。そして前出のワーナー・ミュージックもそうであったように、また他の外資のすべてのメジャー・レコード会社がそうであったように、ＢＭＧも日本での自前の現地法人設立の機会を伺うようになっていた。

それが現実となったのは一九九六年のことだった。この年の九月に日本ビクターとＢＭＧは合弁契約を解消し、ＢＭＧビクターはドイツのベルテルスマン社が一〇〇％資本を保有する会社に移行する。そして翌年の一九九七年一月には、社名もＢＭＧジャパンに変更された。外からみる限りでは会社としては名前は変わったものの、社長も社員もアーティストも交代や変化はなく大きな変化にはみえなかったのだが、資本にも経営にも日本ビクターの関与がなくなるという大きな出来事だった。この変化によってこの会社の経営はＢＭＧエンタテインメント・インターナショナルの全面指揮下に入ることになった。

このように社名がＢＭＧジャパンに変更され、この会社の名称からビクターの文字が消えた。一九二七（昭和二）年アメリカのＲＣＡビクターが、日本に乗り込んできて日本ビクターを設立した時点からの流れをたどれば、ＢＭＧジャパンはＲＣＡビクターの洋楽のカタログを受け継ぐ本家筋にあたる（ビクターの邦楽のカタログを受け継いでいるのはビクターエンタテインメントだが）。その意味でこの会社の名前からビクターの文字が消えたことは、日本の音楽ファン、特に洋楽の関係者やファンにとっては寂しさを禁じえない出来事だったといえるだろう。

その後この会社は一九九九年にもう一度社名を変更する。その時の新社名はＢＭＧファンハウスであった。一九九六年ＢＭＧビクターは当時経営の不振にあえぐ日本の中堅レーベルのファンハウスを買収し、社長・社員の移籍と営業の譲渡を受け完全な子会社としている。その後経営がベルテルスマンに移ってからもしばらくはファンハウスは、ＢＭＧの各部門と同列の扱いで推移していたが、一九九九年にＢＭＧとファンハウスは合併し、そこで社名がＢＭＧファンハウスとなった。一旦はＢＭＧジャパンという外資の名称を名乗りながら、再びファンハウスという日本のレーベル名を社名に入れるということは奇異に思われる。それはファンハウスへの期待がそれだけ大きかったことを意味するのかもしれない。またこのことからは経営権がドイツの会社であるＢＭＧに移ったとはいえ、日本の市場をよく知り実質的会社を運営する日本人の責任者やスタッフの判断や意向が尊重されていることも垣間見ることができる（佐藤 2015：190-191）。なおその後二〇〇五年には同社の社名はＢＭＧ ＪＡＰＡＮとなり、日本語の文字も消えることになった。[31]

3．ユニバーサル・ミュージック・ジャパンの誕生

九〇年代の初頭から中盤にかけて進められた、ワーナー・ミュージックとＢＭＧの日本法人設立

に続いて、二〇〇〇年に設立されたユニバーサル・ミュージックの日本法人ユニバーサル・ミュージック・ジャパン設立の経緯をみていこう。それは世界規模のレーベル買収・統合によって、アメリカに本部を置くユニバーサル・ミュージックが生まれた直後に、ほとんど時間を置かず日本にも関連会社の統合による新会社設立が波及した事例であり、設立の際に公表された新会社の経営指針は、ワーナー・ミュージックやBMGの日本法人のそれとは異なっていた。まずアメリカでのユニバーサル・ミュージック誕生の経緯からみていこう。一九九八年五月にカナダのシーグラムは、ハリウッドのメジャー映画会社ユニバーサルとMCAレコードを中核とする、アメリカの総合娯楽コングロマリット、ユニバーサル・グループを買収した。さらに九九年にはオランダの名門エレクトロニクス・カンパニー、フィリップスからその音楽部門のポリグラムも獲得した。これにより世界の六大メジャー・レコード会社のうちのMCAとポリグラムの二社は、ユニバーサル・ミュージックとして統合されることになった。これにより世界のレコード産業は、ワーナー、BMG、ソニー、EMIそしてユニバーサルという五大メジャーの時代になった。これに呼応して日本でも、一九九〇年にアメリカのMCAと日本のビクターの合弁会社として運営されていたMCAビクターは解消され、新たにユニバーサル・ミュージック・ジャパンが誕生した。

このユニバーサル・ミュージック・ジャパン誕生の背景とその経営の方向性は、ワーナー・ミュージック・ジャパンとBMGビクター誕生の際のそれとは明らかに異なる点がある。それは時間の経過に伴う、レコード産業の事業環境の変化によって生まれた差異ということができる。ワーナー・ミュージック・ジャパン誕生が一九八九年、BMGビクター誕生が一九九六年であり、両社の誕生はまだ世界のレコード市場も、日本のレコード市場も毎年右上がりの順調な発展を続けていた時期であった。それに対してユニバーサル・ミュージック・ジャパンが誕生した二〇〇〇年は、すでにその発展は頭を打ち市場が急激に収縮の方向に向かい始めた時期である。

その原因のうちでも最も大きなものとされるは、この時期になって加速した情報産業全般に波及した情報のデジタル化の進展である。これにより二〇世紀を通して発展し維持されてきた情報産業の秩序は崩れはじめ、先行き判断の難しい混沌とした状況が生まれた。それは変革そのものに要する費用やその投資効果の判断といった、従来の経営改革の範疇を超えて、企業あるいは産業そのものの存続にもかかわる次元の問題を提起するようになった。このような変革の大きな渦にレコード産業も巻き込まれる。そのなかでも欧米や日本や韓国などのレコード産業の経営に大きな影響を与えるようになったのが、デジタル配信による音楽の流通である。そのため八〇年代の初頭からCDという安定したメディアの進展によって、順調に拡大してきた音楽市場は、この時期になって急激に混乱の様相を呈してきた。

一九九八年のMCA獲得の折りにも、九九年のポリグラム獲得の折りにも、カナダのシーグラムは、その買収・統合について、「二一世紀に向かって、多量のコンテンツの保有とその一元的・有機的な管理こそ肝要」と公言しており、音楽配信という新たな事業への取組みが、レーベル統合の大きな目的とされていた。また二〇〇〇年のユニバーサル・ミュージック・ジャパン誕生の折には、同社は営業体制すなわちディストリビューション機能の放棄を宣言したが、レコード会社にとってCDを中心とするパッケージ商品の流通になくてはならない営業機能を放棄したことは、ユニバーサル・ミュージックが、早くも音楽配信時代の到来に一足早くシフトしているようにも映った。(32) それは先行したワーナー・ミュージックやBMGが、拡大しつつあったCD市場に向けて合弁や統合によってカタログやレパートリーを拡充し、ひたすら市場シェアを高めることを日本法人設立の目的に掲げていたこととは、明らかに異なっていた。

この時期にはこのようなメジャーの動きに対して、アメリカの音楽配信サイト、アトミックポップ・ドット・コム社のCEO、アル・テラー（Al Teller）のように、「既存レコード会社の合弁による巨大化は彼らの危機感の現われであり、方向は時代に逆行している。（中略）再編で巨大化したメジャーなレコード会社は、リストラの方向にある。」という見方も出るようになったが、それは決して的外れの指摘ではなかった。事実二〇〇〇年のユニバーサル・ミュージック・ジャパン誕生の折の、レコード産業の業界ジャーナルの報道によれば、日本ポリグラムとMCAジャパンの統合によって生まれた同社では、放棄した営業部門に携わっていた社員や機能が重複する管理部門の社員を中心とする人員の削減は当然だが、それに加えて制作や宣伝部門の統合とディレクターやプロモーターの減員、それに伴う専属アーティストの削減、さらには録音スタジオの廃業など、種々のリストラ策が打たれている。

4. ソニー・ミュージックの誕生

日本でのレコード会社の合弁会社の設立のトップを切ったのは、すでに確認したとおり一九六八年のアメリカのＣＢＳレコードと日本のソニーによる、ＣＢＳソニーの設立であった。そしてその二〇年後の一九八八年、他の合弁会社に先駆けて最初にその合弁を解消したのもＣＢＳソニーである。しかもその解消劇は合弁会社ＣＢＳソニー設立の時にも増してドラマティックであり内外の注目を集めた。それは日本国籍のソニーという企業がアメリカのレコード会社ＣＢＳを買収するという、これまで日本のレコード産業にもアメリカのレコード産業にも、前例のない衝撃的な出来事だったからである。これまでみたようにその後続いた他社の合弁の解消の後には、ワーナー・ミュージック・ジャパン、ＢＭＧジャパン、ユニバーサル・ミュージック・ジャパンなど、すべて外資メジャーによる一〇〇％出資の日本法人が出現したのに対して、合弁会社ＣＢＳソニーの解消の後には日本の企業であるソニーによる一〇〇％出資のレコード会社＝ソニー・ミュージックエンタテインメントが誕生することになった。そして同時にアメリカやヨーロッパの主要国のＣＢＳレコードはすべてソニーの資本となったのである。またこの買収の三年後の一九九一年には日本・アメリカを含めて、同社の社名は世界的にソニー・ミュージックエンタテインメントに変更された。これによりＣＢＳを名乗るレコード会社は消えた。このような経緯で進んだ日本の企業＝ソニーによるアメリカの企業＝ＣＢＳレコード買収は、アメリカや日本はもとより世界中のレコード産業に衝撃を与えたといっても言い過ぎではない。

当時ソニーの社長だった大賀典雄は、二〇〇三年日本経済新聞に連載された「私の履歴書」のなかで、ソニーがアメリカＣＢＳレコードを買収することになった直接の原因として、その数年前あたりからアメリカＣＢＳレコードから日本のＣＢＳソニーへの収益配分の要求が法外に高まったことを挙げている。当時日本のＣＢＳソニーは業績も好調で、世界中のＣＢＳレコードの利益の約三割を占めていたというが、これに対してアメリカのＣＢＳは株主の期待に充分には応えるだけの業績を挙げられず、日本から利益を吸い上げる算段に走っていたという。これに対する不満がソニー側には膨らみ始めた。ここにソニーがＣＢＳレコードの買収を模索するきっかけが生まれたという。一九八六年のことである。ここでソニー側はＣＢＳ側に条件によっては売却の意志があることを知り、一年余りの粘り強い交渉の結果、一九八七年一〇月のいわゆるブラック・マンデーと呼ばれる歴史的なニューヨーク株式市場の暴落に乗じて、弱気になったＣＢＳ側を一気に説得し、二〇億ドル（約二七〇〇億円）でついに買収に成功する（大賀 2003：178-180）。

この成功の陰にはソニーの買収を歓迎した当時のＣＢＳレコード社長、イエトニコフを筆頭とする親ソニー派の外国人たちが、強硬な親会社ＣＢＳ社長ティッシュを相手とするソニーの交渉を後押しした事実もあった（大賀 2003：182）。イエトニコフは買収後もアメリカのソニー・ミュージック・エンタテインメントの社長となった。買収の結果ソニーはアメリカＣＢＳレコードの全株式と経営権、世界の五〇カ国以上に同社が保有する八〇社以上のレコード会社と合弁会社、一四カ国に存在する製造工場を手中に収めた。従来までの合弁会社の日本のＣＢＳソニーも一〇〇％ソニーの所有になったことはいうまでもない。

このような経緯で現実のものとなったソニーのＣＢＳレコード買収という戦略的な行為の根源にあったものについては、前出の大賀典雄も盛田昭夫も異口同音に「我々ソニーはハードウェアだけでなくソフトウェアを持つことが夢だった。ハードとソフトは車の両輪のようなもの。ＣＢＳとの合弁のレコード会社を持ったのは夢の実現の第一歩。今回のＣＢＳレコードの買収によって、オーディオの分野ではその夢を達成した。」（大賀 2003：184）という趣旨の発言をしている。考えてみるまでもなく、蠟管レコードという音楽を記録するメディアとそれを再生する蓄音器を発明したエジソンを祖とするコロムビアも、円盤レコードとそのプレーヤーを開発したベルリーナが興したグラモフォンも、そしてベルリーナの協力者だったエルドリッジ・ジョンソンが興したビクターも、蓄音器の製造販売と音楽の録音とレコードの製造販売という、ハードとソフトを同時に事業とすることでスタートし、その後世界のメジャー・レコード会社に成長した。このことを考えるとソニーはこの時点でソフトを扱うことになり、やっと先行のメジャーに並んだといえる。第二次世界大戦直後の一九四六年テープレコーダーの製造でスタートし（創立時の社名は東京通信工業株式会社）、ＡＶ電子機器メーカーとして発展の道を歩んできたソニーにとっては、レコード部門を持つことは悲願であり、その実現はむしろ遅すぎたといえるかもしれない。

このような巨額な資金を投入する経営的決断をソニーにさせたのは、これまでの電子機器事業で確立した資金力に裏づけされた自信であったことはいうまでもないことだろう。さらにこの時期のソニーの背中を押したのは、一九八二年ソニーがオランダのフィリップスと共同開発したＣＤの成功であろう（岡 1986：232–242）。ＣＤは発売後六年目の一九八八年には、日本の市場では従来のＬＰレコードの生産を上回り、世界的にも順調にその普及のスピードをあげていた。ソニーには世界中のレコード会社からＣＤの特許使用料が支払われるようになり、その額も増加の一途をたどりつつあった。ＣＤの成功は大賀も述べているように、ソニー自らが電子機器メーカーとして各種のＣＤの再生装置を製造・販売していたこと、ＣＤディスクの製造工場を保有したこと、さらには一九六八年にＣＢＳと組んでスタートさせたＣＢＳソニーという音楽ソフトの制作会社を持ったことが大きな要因となったといえるだろう。ハードの普及に豊富なソフトのレパートリーが不可欠であることは、磁気テープの規格争いで松下・ビクター・グループのＶＨＳに敗れたベータの敗因として、ソニーは身に沁みて体験したことであり、ＣＤではその失敗を教訓にしたともいえよう。

注

（1）ライセンスとはある企業が保有する商標や特許などの知的財産権について、その権利の使用許諾を別の会社がほしい場合、契約を締結してそれを使用する権利のことである。日本のレコード会社が欧米のレコード会社と結ぶライセンス契約は、それぞれの欧米の会社が持つ音源の日本地域における商品化権を得るものである。そこでは期間、使用印税率、前払い印税額などの使用条件が規定される（飯田浩司「レコード・ビジネスにおけるライセンス契約」『パテント』二〇一一・一〇月号　日本弁理士会)。
(2)　一九二七(昭和二)年、日本蓄音機商会がアメリカのコロムビアの資本となってからも、傘下の販売会社にはコロムビアの名称を冠したが、本体の社名は日本蓄音器商会のままで、コロムビアに変更することはなかった。コロムビアという通称で呼ばれるようになったのは、その折にレーベル商標だけは欧米のコロムビアが使用する八分音符のデザインに変わったからである。日本蓄音器商会の社名が変更されたのは第二次世界大戦後のこの時が初めてであった(コロムビア五〇年史編集委員会編、一九六一『コロムビア五〇年史』)。
(3)　原題はSmoke Gets in Your Eyes. ジェローム・カーン作曲による一九三三年の作品。ミュージカル『Roberta』に使われた曲で、最初ラジオ番組のテーマ曲として書かれたが、このミュージカルで使うことで成功した。その年にポール・ホワイトマン楽団とバニー・ベリガンのトランペットが共演したものがヒットチャートで一位となり六週間続き、それがきっかけで多くの楽団が取り上げた。しかしこの曲がさらに有名になったのは、一九五八～五九年にプラターズが歌ったものが世界的に大ヒットしたことによる。その時の邦題は「煙が目にしみる」だが、最初の邦題「目に入った煙」がいつからそのように変わったかは不明(小藤 1982)。
(4)　M盤、L盤、S盤などの名称の根拠は、『日本レコード協会五〇年史』の記述による。
(5)　ドイツのテレフンケンは一九〇三年、ジーメンスとAEGの合弁会社としてベルリンで設立された無線とテレビの会社である。レコード会社としては一九二八年に設立されたウルトラフォンが一九三二年にテレフンケンに発展。翌年発足したナチ政権の支援を受け国策レーベルとなり、第二次世界大戦中は、ドイツ・グラモフォンの業績の下降もあって、ドイツを代表するレコード会社となる。一九五〇年にはデッカとテルデックの二つのレーベルを立ち上げる(歌崎 1998)。
(6)　第二次世界大戦後、戦勝国のアメリカは世界各地の基地に駐留することになったが、駐留先の基地に派遣された米軍の軍人やその家族向けの放送局(ラジオ部門、テレビ部門ニュース制作部門の三つから成る)をAFN(エイエフエヌ American Forces Network、米軍放送網)と呼んだが、日本でのラジオ放送は、ＦＥＮ（エフイーエヌ、Far East Network、極東放送網）と呼ばれ一九九七年まで継続した。放送はアメリカのニュースや流行している音楽が中心だった。日本のポピュラー音楽ファンの情報源となった。キャッチフレーズはWe Bring You Homeだった。http://www.uhchronicle.com/a00000108/a00000108jt.html

（7）エピックは日本ではＣＢＳコロムビアとの合弁で誕生したＣＢＳソニーでも、セカンド・レーベルの位置づけであった。エピック・レーベルは、エピック原盤の洋楽だけではなく、八〇年代のニューミュージックを中心とする邦楽を制作・発売し、同社のシェア拡大に貢献した。この成功により同社では、社内に多くのレーベルを新設したが、それは多様化するポピュラー音楽の流れにうまく呼応して好結果をもたらした。他社もこれに倣う動きが生まれたが、このように大手レコード会社が小さなレーベルをたくさん持つというやりかたは、欧米でも日本でも早い時期からレコード会社経営に取り入れられている手法といえる。http://www.sonymusic.co.jp/Music/Info/epic-jp/jp/

（8）これらはあくまでも当時交わされていた契約内容の最も一般的なものであり、実際はそれぞれの契約によって内容は異なることも多かったと思われる。

（9）このように一九七〇年代前半は、日本のレコード市場で洋楽の売上比率が邦楽に比べて最も高かった時期であるが、最高値を記録したのは一九六八年の洋楽四五％（邦楽は五五％）である。とはいうもののこのことからは、少なくとも戦後の一九五〇年代以降の年次統計においては、日本の市場で洋楽が邦楽を上回ったことはないということもわかる（日刊レコード特信編、二〇〇〇『平成十二年夏 総決算特集』～「業界三八年の足取り」）。

（10）この時期の洋楽ビジネスにあった日本側のレコード会社の欧米レコード会社に対する無抵抗な接し方が、その後の欧米メジャーの日本での合弁会社の設立の促進につながるひとつの要因といえるだろう。

（11）ヨーロッパでは一九七二年に、フィリプスはポリグラムに統合されるが、日本ではそうではなく、ポリドールとフィリップスは個別の会社で運営され、ポリグラムという会社は生まれず、九〇年代の終盤になって両社はユニバーサルに統合された。その間日本ではメジャーは七社の時代が長く続いた（簑島

1991)。

(12)　スティーブ・ロス（Steve Ross）は、ニューヨーク州のブルックリン生まれ。一九五四年、ニュージャージー州の葬儀屋のキニー・ナショナル・カンパニー（Kinney National Company）の社長の娘と結婚し、駐車場経営、オフィス清掃、建設業、俳優事務所と手を広げ、同社を大きな企業グループへと拡大させて社長に就任する。一九六七年に資金難にあったワーナー・ブラザーズをセブンアーツから買収しレコード産業にも参入。それを機に巨大複合企業ワーナー・コミュニケーションズを名乗りＣＥＯとなった。ロスは、サッカー不毛の地と呼ばれたアメリカで、サッカーをメジャーリーグ級の人気スポーツに発展させることにも情熱を注ぎ、買収したアトランティック・レコードのアーティガン兄弟とともに「ニューヨーク・コスモス」というチームを作り、ブラジルの英雄ペレを招聘したが、この経緯は「ペレを買った男」という映画にもなった。このようにロスは、音楽だけではなく映画・ゲーム・スポーツなど総合娯楽事業に広く興味を持ち、メディア王と呼ばれるようにもなった。http://d.hatena.ne.jp/johnfante/20080509

(13)　アーメット・アーティガン（Ahmet Ertegun）は、トルコ出身でアトランティック・レコードの創設者であり会長も務めた。ジャズ・ファンでありレコード店を経営していた兄ネスヒ・アーティガンもジャズのプロデューサーとして弟を助けた。父はトルコの米国駐在大使だった。アーメットはＲ＆Ｂの熱心な愛好家であり、初期のアトランティックにはＲ＆Ｂのアーティスト、レパートリーが多かった。アトランティック・レコードの成功は、アーティガン兄弟が真に音楽を愛しており、アーティストたちや音楽の分かる協力者が彼らの周囲に集まってきたということに起因するといわれる。

(14)　アトランティック・レコードとアーティガンについては、以下の二冊の文献がある。いずれも日本語訳が出版されている。これらからも彼は単なるレコード会社の経営者ではなく、クリエーターとしてもポピュラー音楽の歴史のなかで重要な役割を演じたことが注目されていることがわかる。

①『アトランティック・レコード物語』ドロシー・ウェイド、ジャスティン・ピカーディー（共著）林田ひめじ（訳）早川書房、一九九二。

②『アトランティック・レコードを創った男～アーメット・アーティガン伝』ロバート・グリーンフィー

ルド（著）野田恵子（訳）折田育造（監修）SPACE SHOWER BOOKS, 二〇一三。

(15) ジーメンス社は一八四七年、ヴェルナー・ジーメンスがベルリンに創業した電信機製造会社ジーメンス・ウント・ハルスケに始まる。後にジーメンス・ハルスケ電車会社と名乗り世界で最初の電車を製造する。現在では情報通信、電力関連、交通・運輸、医療、防衛、生産設備、家電製品等の分野での製造およびシステム・ソリューション事業を得意とし、鉄道車両やMRI装置、補聴器などで市場占有率が高い。日本との交流は古く幕末期の一八六一年、ドイツ外交使節が徳川将軍家へジーメンス製電信機を献上し、初めてジーメンス製品が日本に持ち込まれた。一八八七年にはジーメンス東京事務所が開設され、以降、ジーメンス社の製品は広く日本に浸透することになる。

(16) カラヤンは、一九五五年から一九八九年までベルリン・フィルハーモニー管弦楽団の指揮者・芸術監督を務め、一時期それと同時にウィーン国立歌劇場の総監督やザルツブルク音楽祭の芸術監督などのクラシック音楽界の主要ポストを独占し、ヨーロッパ楽壇のトップに立ち「楽壇の帝王」と称された。多くの指揮者がレコード録音よりもコンサートを重視するなかで、カラヤンは新しいメディアに敏感で録音技術や映像技術への関心が高かった。その意味でドイツ・グラモフォンがカラヤンを擁していたことは、同社の発展にとって有利に働いたといえる（森 1997）。

(17) カテリーナ・ヴァレンテは、一九三一年イタリア人の両親のもとパリで生まれた女性歌手。一九五四年独ポリドールと契約し一挙に六枚のシングル盤を発表し、「マラゲーニャ」などがドイツ国内、及びアメリカでヒットした。一九五九年世界に活動の場を拡げることを目指して、レコード会社をドイツ・デッカに移籍、同年約九〇曲をドイツ語はもとより、英語、フランス語、イタリー語、など様々な言語で録音した。このため彼女は類をみないマルチ・リンガルの〝歌う通訳〟との異名を得るようになる。これはドイツのレコード会社とアーティストが共同作戦で世界の市場に挑戦した事例といえる。日本でヒットした「情熱の花」はフランス語で歌ったバージョンであり、ドイツ・デッカ録音で日本ではキングレコードが発売した。（CD-BOX「カテリーナ・ヴァレンテのすべて」一〇一曲収録。ワーナーミュジック発売、二〇〇六、解説書より）https://www.sonymusicshop.jp/m/item/itemShw.php?cd=DYCX00070187

(18)　資本自由化。国際資本取引に対する制限を緩和・撤廃すること。具体的には外国資本の日本への流入と日本資本の海外への流出の制限をなくすことをいう。ここで日本の産業が影響を受けるのは外国資本の日本への流入である。資本の自由化は一九六七年七月一日の第一次資本自由化を皮切りに、七三年五月一日の第五次自由化まで段階的に進められた。これは日本の産業にとって打撃の少ない業種から徐々に開放するという方式が取られたことによる。
http://www.mofa.go.jp/mofaj/gaiko/bluebook/1969/s43-13-2-2.htm

(19)　MOR（ミドル・オブ・ザ・ロード）は、ポピュラー音楽のジャンルのひとつ。激しくもなく静かでもなく耳触りのよい中庸的な音楽、という意味でアメリカでは使われていたが、日本ではそのまま使われることは少なく、この種の音楽はイージーリスニング・ミュージックのほうが定着した。ただしイージーリスニング・ミュージックもインストルメンタルの曲に対して使われることが多く、ソフトなボーカル曲はそのものずばりボーカルというジャンル名が使われることが多かった。https://kotobank.jp/word/MOR-162317

(20)　家電部門を持つ日本コロムビアは、この時期家電事業の不振が続いており、順調な業績を上げ利益を稼いでいたレコード事業を切り離すことができない状況にあったことが、合弁の拒否の主たる理由だったとされる（飯島恒雄著『カナリア戦史』愛育社）。しかしその後の資本自由化一〇〇％の時代には、合弁会社がそのまま外資一〇〇％の会社に移行する可能性が高いことを先読みし、日本コロムビアは合弁に参加することがレコード事業を手放すことになることを危惧したのではないかという見方もできる。

(21)　事業部制。ビクターのレコード部門が、親会社の松下電器の事業部制を導入したといってもレコード会社の事業部制と家電会社のそれとは本質的に異なる点がある。松下電器の事業部は、テレビ受像機、オーディオ機器、厨房機器など製造・販売する商品別に事業部が構成され、それぞれの分野で市場拡大や競合他社との競争を展開するものだったが、レコード会社のビクターの事業部は、それぞれが音楽を制作・製造・販売しており、他社との競争だけではなく、同じ社内での競争もあった点である。その点ではこの場合のレコード会社の事業部は、大手のレコード会社にはいつの時代にもあった、同一社内の別レーベルと同じ性格のものということができる。その意味でこの時期のビクターのレコード部門の組織を事業部制と呼ぶのは適切ではないともいえる。http://allabout.co.jp/gm/gc/455685/

(22)　そもそもフィリップスと日本ビクターがライセンス契約を結んだのも、この松下電器とフィリップスの合弁事業が契機となったといわれる。ここにもレコードの事業が電機事業の傘下にあり、その影響下にあったことをみることができる。

(23)　当時渡辺プロダクションは副社長の渡辺美佐の陣頭指揮のもとで、所属するアーティストの海外への売り込みに力を入れていた。そのため渡辺美佐は欧米の音楽ビジネスの業界人との接触の機会も多く、この時点でワーナーのアーメット・アーティガンとは、日本の音楽ビジネスマンのなかでも最も近い間柄にあったといわれる。どの分野のビジネスでも最後にものをいうのは人と人のつながりというが、とくに音楽の世界はその傾向が顕著であることがこのケースにもみられる（渡辺プログループ四十年史編纂委員会、一九九九『抱えきれない夢～渡辺プログループ四十年史』）。

(24)　これの事情は、生明俊雄『ポピュラー音楽は誰が作るのか――音楽産業の政治学』（勁草書房刊）第3章に詳しい。

(25)　ワーナー・パイオニア社は、設立一年目（一九七一年度）に二七億円の売上を達成し、外資との合弁会社でありながら、邦楽の売上比率が四六％（洋楽は五四％）と高かった。ヒット曲に恵まれるという幸運もあったが、渡辺プロダクションの力量を内外に印象づける結果となった（渡辺プログループ四十年史編纂委員会、一九九九『抱えきれない夢～渡辺プログループ四十年史』）。

(26)　通常〝メーカー〟とは文字通り〝製造業〟をいうが、ここでのメーカーとは、商品の企画、製造、宣伝、販売までを行う企業という意味で使っている。この節で挙げた合弁レコード会社のうち、販売機能を持たなかったのは、ワーナー・パイオニアとMCAビクターのみである。

(27)　一九六一（昭和三六）年に設立されたレコード特信出版社は、日本で唯一のレコード業界専門の日刊業界紙「日刊レコード特信」と、タブロイド版の週刊新聞「ミュージック・リポート」を発行している。速報性の高い日刊紙と解説性の高い週刊誌によって、レコード会社、アーティスト・プロダクション、流通までを含む音楽業界の企業の、組織改正・人事異動、決算情報をはじめ、シングル、アルバム、ＤＶＤ、配信のチャートなどの情報を掲載している。http://www.tokushin.com/

(28)　一九六七（昭和四二）年に株式会社オリジナルコンフィデンスの社名で創業。日本初の業界向けレコード売り上げランキング誌として『総合芸能市場調査』誌を創刊（その後 Original Confidence 誌に名称変更）。その後、社名も株式会社「オリコン」と改名して、一般向けの音楽チャート誌刊行、音楽関連誌出版、データサービス事業、音楽配信、ポータルサイト運営なども手掛けるようになった。http://www.oricon.jp/index2.html

(29)　レコード産業における資本の一〇〇%自由化は一九七五年にされたが、実際に日本において、外資一〇〇%のレコード会社が誕生するのは、一九九〇年に入ってからのことになった。それは、①一九七〇年代に設立された日本のレコード会社と米英メジャーとのあいだの合弁会社が存続していたこと、②米英メジャー側が直ちに一〇〇%法人を誕生させる体制ができていなかったこと、③日本のレコード会社側が合弁解消に抵抗したこと、などが理由として考えられる。

(30)　二〇〇六年東芝は半導体部門など主力事業への経営資源投入強化による関連事業見直しの一環として、保有全株をＥＭＩ Group Limited に売却し、音楽ソフト事業から撤退すると発表した。これによって東芝は一九五五（昭和三〇）年に参入して五〇余年継続したレコード事業に終止符を打つことになった。http://www.sankei.co.jp/enak/2006/dec/kiji/14musictoshiba.html

(31)　ファンハウスは一九八四年、東芝ＥＭＩ株式会社の制作ディレクターをしていた新田和長が独立して、東芝ＥＭＩの一〇〇%出資により設立された。その際には東芝ＥＭＩのアーティストで新田和長との関わりがあった数名がファンハウスに移籍した。販売は東芝ＥＭＩに委託する形態でスタートした。その後新田は東芝ＥＭＩから全株を取得したのでファンハウスはインディペンデントのレコードレーベルとなっていたが、一九九六年にＢＭＧジャパンの傘下となった。http://job.japantimes.com/cl_f_19.php

(32)　この時に新生ユニバーサル・ミュージック・ジャパンの販売を請け負ったのは、ビクターエンタテインメントだった。この時期ＣＤの売上の減少に悩むビクターは、ユニバーサルの販売を受託することで、自社商品の売上の低下をカバーすることができた。ユニバーサルも営業部門を持たないことで身軽になった。しかしこの数年後にはユニバーサル社は、一度は放棄した販売機能を復活させ、自前の営業体制を作り直した。自前の販売機能を放棄して売上や占有率が低下した経験は、ビクターエンタテインメントもかつて販売をＡＶＣ社という販売専門会社に委託した際に体験している（「再編進むレコードメーカー」『ミュージック・リポート』二〇〇〇・五・一五号、レコード特信出版社）。

第3章　米英メジャーの日本への進攻はなぜ進んだのか
──歴史事実の検証から読み取れること

本書ではこれまでに、二〇世紀の日本の市場における欧米メジャーの進出の過程を歴史的にたどりながら、それぞれの時期の日本の社会・経済そして音楽文化の発展段階で展開された、欧米と日本の双方の企業のせめぎ合いをみてきた。それはメジャーの側の世界戦略の一環としての日本という市場に対しての働きかけの経過をたどることでもあり、それを受けて立つ立場に置かれた日本側のレコード産業の対応をみることでもあった。それは欧米のメジャー・レコード会社が、日本のレコード産業の発展にいかなるかかわりを持ち、いかなる役割を果たし、いかなる影響を与えてきたかを時系列的にみることでもあった。

まず第1章では明治時代の後期、すなわち二〇世紀に入る前後に蓄音機とレコードが海外から初めて移入された時から、大正時代を経て昭和時代に入り第二次世界大戦の突入するまでの、日本のレコード産業の揺籃期ともいえる時代の経緯について考察した。続く第2章では昭和の中期から後期にかけて、すなわち第二次世界大戦の終了から二〇世紀の終盤までの五〇年余りの期間に（その時期は日本レコード産業が発展の一途をたどり、二〇世紀の終盤に至ってそのピークを迎える時期だったが）、欧米メジャーと日本のレコード会社の緊密度が次第に深まるとともに、メジャーの日本への進攻がほぼ彼らの目論見通りに完了するまでの経緯を詳細に考察してきた。

これらの考察においても、本書では単に事実の発生とその経緯の検証のみに止まらず、それぞれの事実の発生せしめた要因についての考察もできる限り加えてきた。この章ではそれらの事実やその要因の考察のなかから、本書が解明するべき最重要課題である〝日本のレコード産業への欧米メジャーの進攻はなぜ進んだのか〟について、それを明らかにするための拠り所となる事実とその要因を抜き出し、それらを確認しながらさらなる掘り下げを試みることにする。それはそのような歴史的事実が生まれるに至った産業内のメカニズムとその変化を明らかにすることである。具体的にはつぎの三つの観点からテーマを設定し考察を行うことにする。

一つ目は、メジャーと呼ばれる世界規模の大型企業に成長したいくつかのレコード企業には共通する特性があるのではないか、それはどういうものかということである。それはレコード産業そのものの産業的特性であるかも知れない。なぜならばそこにみられるレコード産業の産業特性が他の文化産業にはみられないような、レコード産業独自のかたちの世界的な大型企業を生む要因となった可能性が高いからである。二つ目は、欧米メジャーの進出を有利に導いた第二次世界大戦後の日本のレコード産業のメカニズムにおけるいくつかの制度的変化に注目する。それらは欧米メジャーの日本への進出を容易にするために意図的に用意されたものではなく、あくまでも日本のレコード産業が自らの発展のための対応策、合理化への施策として断行したものなのだが、それらが結果的には産業外からのレコード事業への参入を促すことになり、さらには欧米メジャーの日本への進出を容易にするという結果を生んだのではないかと思われるからである。三つ目には、そのような外資の進攻に抗しきれなかった日本のレコード産業には、産業力学の働き方の面でのいくつかの弱点があったのではないかということである。そのなかでも特に確認してみる必要があるのは、日本のレコード会社には外資の参入を阻止しようとする意志はあったのか、それに向けての対抗策は講じられたのか、という点である。以下これらについてみていくことにする。

第1節　世界の市場を手中に収めた米英メジャー企業の産業的特質
——想定した五つの特性の検証

序章でも述べたように、本書において欧米メジャーと日本のレコード会社の関係を詳細にみてきたのは、欧米メジャーが世界的市場おける寡占状態に至った要因を知ろうという目的のためである。しかしレコード産業のように限られた数の企業による市場の占有度が著しく高い産業は、序章の第3節でもみたように、レコード産業に近い娯楽産業、メディア産業のなかでもその例は少ない。ハリウッドを中心に数社のメジャーが集結する映画産業はそれに近い業態を持つが、それらアメリカのメジャーにしても他の主要国に置かれているのは主として配給会社であり、現地国での製作会社を持つことは稀であり(1)、日本もその例外ではない。このことからはレコード産業には他の娯楽コンテンツ産業が持たない独自の性格、つまり産業のあり方としての特徴があるのではないかということが考えられる。そしてそのような特性を持つレコード産業のなかにあるメジャーと呼ばれる大型企業にも、他の産業の大型企業にはない独自の性格がみられるのではないかということが想定される。そのために本書では序章の第5節において、レコード産業のなかにあって巨大化していったメジャー企業が持つ、五つの特徴的な性格に着目し、それらが欧米メジャーの世界制覇へのダイナミズムを生み、二〇世紀の世界のレコード産業への影響力を決定づける要因となったのではないか、という推論をたてた。

この第3章では序章で提示したそれら五つの想定要因をもう一度確認したうえで、それらが世界のメジャーのあり様に影響したものであることを裏付ける具体的な事実を、これまで第1章と第2章でみてきた日本のレコード産業の歴史事象のなかから拾い出し、それらが二〇世紀の世界のレコード産業を形つくる要因として、確かに働いていたのかどうかを確認してみることにしたい。序章で提示した想定要因とはつぎの通りである。すなわち、①産業形態の特殊性、②資本力とM&A能力の卓越性、③大規模企業の優位性、④米英音楽を生産する優位性、⑤技術開発力の卓越性、の五つである。以下それぞれについて検証していく。

1．産業の成り立ちの特殊性――〈想定要因①〉

〈想定〉 レコード会社は音楽を制作するというクリエイティブな活動をすると同時に、それを複製して商品として販売するという活動も行う。またレコードは蓄音機＝プレーヤーで再生して聴くものであり、当初からレコード会社はレコードと蓄音機の両方を製造していた。しかしある時期からは蓄音機は家電製品のなかの主力商品となり、大きな規模を持つ総合エレクトロニクス企業が蓄音機を製造販売するようになった。そのためレコード産業も総合エレクトロニクス企業の傘下に組み込まれることになった。このような構図が生まれたことによって、レコード産業にも大資本のメジャー企業が生まれたのではないか。

〈検証〉　一九世紀末から二〇世紀に入って相次いで開発され、二〇世紀を通してのマスメディアに発展した機械・電子メディアのなかでも、レコードには他の媒体にはないユニークな特徴がある。それはレコードが音楽というコンテンツが記録されているディスクと、それを再生して聴く蓄音機を、ユーザーがモノ＝商品として購入するという点である。印刷媒体である書籍、雑誌、新聞は、ユーザーはコンテンツが文字や写真として印刷された紙を商品として購入するが、それをそのまま読むことができるので再生装置は不要である。電波媒体であるラジオとテレビは、再生装置に相当する受信機・受像機を商品として購入することが必要だが、コンテンツである番組は電波で送られてくるのでその聴取料は支払うがモノとして買う必要はない。映画は歴史的には映画館に出かけて楽しむものなので、映写機も、フィルムもユーザーがモノとして買うことはなかった。もちろん七〇年代に家庭用のＶＨＳビデオが開発されて状況は変わったのだが。要するにレコードだけが、コンテンツもハードも誕生してから少なくとも二〇世紀のあいだは、消費財＝モノの状態であり続け

たいうことである。(2)

このことからレコード産業は、他のメディア産業とは異なる産業構造を持つことになった。それはレコードを再生して音楽を聴くための再生装置を製造・販売する蓄音機会社と、レコードの中身である音楽を制作してそれをレコードという商品にして販売するレコード会社とが存在することである。そしてその二つの種類の会社は同一の企業であったり、一方が他方の資本や経営を握るというような親子関係にあった。そしてそのほとんどの場合が、レコード会社は子会社であり蓄音機会社が親会社であった。このような状況はエジソンやベルリーナが自らが発明したレコードを事業化した時点から始まっていた。彼らは蓄音機を製造・販売し、同時に音楽を録音してレコードも製造・販売したのである。

ところでエジソンやベルリーナが興したレコード・蓄音機会社が徐々に発展し、日本を含む世界各地にその活動を広げ始めた一九世紀の初頭という時期は、ヨーロッパに芽生えた自由競争時代の資本主義が拡大し、それがアメリカを含む世界の主要国による競争的発展の時代に突入し、過剰化した生産と資本の輸出先をめぐる、植民地の獲得と支配への競争の時代になりつつあった時期である。このような進展の結果、資本主義は独占を目指す時代へと推移し、帝国主義の時代の到来と呼ばれる新たな段階を迎えることになった。そして時代の経過とともに資本主義経済の主役は、イギリスを中心とするヨーロッパからアメリカへと移っていった。そこで鉄鋼、自動車と並んでアメリカ経済の発展を象徴する産業となったのが電気産業である。自動車の普及によって大都市の郊外に生まれた新興住宅地では、電化され家事労働の負担が軽減化され、電気製品によってもたらされた娯楽を享受する快適な生活が広がった。その先駆けとなったのが一九世紀末のエジソンの発明によるレコード・蓄音器（開発当時からしばらくの間はその動力は電気ではなかったが）であり、続いて二〇世紀に入りラジオ、掃除機、洗濯機が生まれ、第二次世界大戦後になって、テレビ、冷蔵庫など魅力ある製品が次々に誕生した。(3) ウラジミール・レーニンが指摘するように、「電気産業は技術の最新の成果によって、一九世紀末と二〇世紀はじめの資本主義にとって、もっとも典型的な産業である。それは新しい資本主義国のうち最も先進的な二つの国、アメリカとドイツでどこよりも大きく発展した。有力な電機産業は銀行と手を組んで世界市場での独占を強めた」ということになる。

このような流れのなかでレコード・蓄音機の産業では、エジソン、ベルリーナの事業は英米コロムビア、英国ＥＭＩ、ドイツのジーメンスに受け継がれ、ベルリーナから独立したジョンソンのビクターはアメリカのＲＣＡに受け継がれて、それぞれ世界のメジャーなレコード・蓄音機会社として発展していく。その経緯は本書の第２章でみた通りである。しかし見逃してはならないことは、コロムビアは放送事業にも、またＲＣＡはラジオ事業にもシフトしており、レコード・蓄音機だけを扱う企業ではなかったことだ。さらに重要な点は、両社ともレコードではなく蓄音機に事業のウエイトを置いていたことである。それは少なくとも二つの点からそう考えられる。第一にはレコードに比べて再生機器のほうが高額商品であり、市場規模も大きかったことである。再生機器が売れることによって、レコードの需要もそれなりに伸びてはいたが、当時のＳＰレコードは単価も低く売上も少なく市場はまだ小さかった。このように企業にとっては売上高も利益額も蓄音機のほうがはるかに大きく、事業としてよりウエイトを置くことが当然の成り行きだった。

第二には再生機器に比べてレコードは事業としての安定度が低かった。それはレコードには売上予測の難しさという問題がつきまとうからである。いつの時代にもレコードの九割以上を占めているポピュラー音楽は、損益分岐点を超える売上をあげるのは一〇曲に一曲ともいわれるほど、売れる商品が少なく〝はずれ〟の商品が多い。高い販売計画を立てたものが計算通り売れなかったり、逆に予想外のものが大量に売れたりすることもあり、そのためにレコードは〝水もの〟ともいわれ、事業計画が立てにくいということがあった。ヒットを狙う新曲が必ずしもヒットするとは限らないし、特に新人歌手の場合にはそれが当てはまる。だからレコード会社は新曲の売上が確実に予測できるスター歌手、スターグループの育成に全力を挙げるのだが、そのようなアーティストでも新曲が必ずヒット曲になる保証はない。

このような二つの主たる理由から、レコードのビジネスは再生機器のビジネスに付随する副事業的な存在に甘んじることになったのではないかと考えられる。特に第二次世界大戦以前の時期はそのような傾向が強かった。コロムビアでもＲＣＡでもグラモフォンでもレコードのビジネスはこのような位置にあったとみるべきである。

このような視点でみると、ヨーロッパに興った資本主義経済の主役が、イギリスからアメリカに移りはじめた時期に始まった、コロムビア及びビクターによる日本をはじめとする世界各国への資本投下は、じつはレコード産業の発展過程で起こったというよりも、むしろ電機産業の発展過程で生じたもので、それがレコード産業にも波及したものという見方ができる。言い換えれば電機産業のメジャー企業化に牽引されて、その傘下にあったレコード企業のメジャー企業化も進んだということだ。本書の第2章でみたように、日本のレコード産業にコロムビアとビクターという二社の一〇〇％外資レコード会社が誕生したのは一九二七（昭和二）年だったが、四年後の一九三一年の統計では当時日本に経営拠点を置いていた外資製造企業は八八社で、業種別では機械器具二三社、電気機器一五社、繊維衣料七社が上位にあった。このなかでコロムビアとビクターは、電気機器産業として（レコード産業としてではなく）カウントされている。

このような状況にあった二〇世紀の前半、すなわち第二次世界大戦までのレコード・蓄音器産業の経過に対して、第二次世界大戦後の状況は変化した。そこではます目覚ましい技術革新が起こったことに注目する必要がある。それは一九五〇年代に開発されたＬＰレコードとＥＰレコードが皮切りとなった。ＬＰの登場はアルバム作りという音楽制作の可能性を高め、ＥＰの登場はヒット曲の多発を生んだことによりレコードの価値を高めた。それらはレコードの市場に未曽有の活気をもたらした。さらに八〇年代に入って開発されたＣＤは、この傾向をさらに勢いづかせた。こうなると電気機器産業の世界戦略の副次的存在だったレコード産業も、それ自体が世界戦略のターゲット産業として浮上した。第３章でその誕生経緯を確認した、ユニバーサルとワーナーという二つの新生のメジャー・レコード会社はそのような状況のなかで生まれた。それは映画やゲームなどと並んで、デジタル時代の娯楽コンテンツとしての価値が高まったレコード事業に、総合エンタテインメント企業としてのユニバーサル・グループとワーナー・グループが興味を持つようになった結果生まれたものである。

このようなことから、レコード産業にメジャー企業が生まれたのは、売上の安定度が低く資金的な不安がつきまとうレコード産業が、経営が安定している大型のエレクトロニクス企業や総合エンタテインメント企業の傘下に抱合されたことによって、売上の波が大きいことによる経営的不安、資金的不安などの弱点が問題視される度合いが低くなり、積極的な経営が可能になって事業の規模も拡大したからとみることができる。あくまでも一般論としてだが、音楽の制作費用への投資額やその売上額が映画やゲームなどに比べて低額であることもそこでの要因となっていただろう。

しかしここで見逃してならないことは、エレクトロニクス企業のなかでの副次的事業だったレコード企業が、この時代の総合エンタテインメント企業体のなかでも、決してその脇役的な立場が変わったわけではないことだ。レコード産業はあくまでもその産業グループの一員になっただけであり、決してグループのなかの主役になったわけではない。グループ内に音楽を扱う企業があることをメリットとみなすグループとしての判断によってその一員となったにすぎない[(4)]。それはレコード産業がエレクトロニクス産業傘下にあった時代に、オーディオ機器の事業がレコードを必要としたことに相通じるものということができる。そして二〇世紀のレコードのメジャー企業は、親企業ともいうべきコングロマリットの翼下にあったからこそ、レコード産業における確固たる立場を維持し発展してきたということも事実といえるだろう。

2．資本力とM&A能力の卓越性――〈想定要因②〉

〈想定〉レコード産業はマイナーな会社が生まれ、そこが成功するとより大きな規模の会社がアーティストやスタッフごと買収するという歴史が繰り返されてきたといえる。欧米のメジャー・レコード会社もその資本力にものを言わせてイギリスやアメリカという自国内で、中小規模のレコード会社を買収・吸収しながらその規模を拡大してきた。だが国外での勢力拡大においても同様の手法を使っているのではないか。その買収・吸収の対象は中小規模のレコード会社にかぎらず、現地の大手レコード会社にも及んでいるのではないか。日本でのメジャーの勢力拡大もその例外ではないのではないか。

〈検証〉レコード産業はその発展過程で、資金力があり規模も大きいレコード会社が、周囲のレコード会社を吸収・合併して、その勢力を拡大していくことが多い産業ということは、ポピュラー音楽の歴史書などをひも解くとその事例が多く指摘されている。それはこれまでの音楽産業研究のテーマとしてもしばしば取り上げられ、事例の紹介とともにその要因やそれがアーティストやユーザーや音楽産業全体に与えた影響などが、分析・考察されている。そこでこの想定要因を検証するに当たっては、この問題をそれらの音楽産業研究のいくつかの視点を通して考えてみることにする。

二〇世紀前半に欧米に端を発した音楽産業研究は、企業対アーティスト、あるいは企業対大衆を互いに対立するものとして、レコード会社の営みを捉え、資本主義がポピュラー音楽を商品に変えていくさまを分析し、それを批判していくものが特にその初期には主流であった。それはテオドル・アドルノにはじまり、スティーブ・チャプル&リービー・ガロファロ、そしてデイブ・ハーカーらの研究に受け継がれた。ここでの対立は両者の対等な立場での対立を意味するものではなく、強者対弱者の対立があって、弱者が強者への服従を強いられるという構図を用いながら、産業のありようを分析しようとするものであった。そこには音楽産業が商品として生産する音楽が、受け手としての大衆に音楽への嗜好や文化的な価値を、押しつけようとしているものであるとし、それがアーティストや大衆の側からの文化創造の可能性を阻害するものとして批判している。

そしてこの延長線上に大きな資本によって運営されるメジャー・レコード会社と、小規模なマイナー会社の対立に着目した、ネルソン・ジョージ（George, N. 1988）やピーター・マニュエル

(Manuel, P. 1991) らの分析が現れた。それらは小さな個々のアーティストやプロデューサーが運営するインデペンデント会社のほうが、新しい音楽に対しては敏感であるのだが、このような小さな会社が新たな種類の音楽を市場に送り出し、それが人気を得て新しい聴衆を産み出すと、メジャーが享受する市場の独占と、音楽制作のコントロールを脅かすものになってくる。これによって両者のあいだに緊張関係が生じるが、この緊張関係はメジャーによるインデペンデントの吸収によって解消される。つまりインデペンデントは合弁、合併、買収などのプロセスを通じて、メジャーに抱え込まれることになる。その結果メジャーはシェアを回復、あるいは拡大し、逆にインデペンデントはその自律性を失い、メジャーの力学のなかに取り込まれていくというものである。もちろんこのような「対立モデル」とも呼ぶべき音楽産業研究は、あくまでも音楽産業のメカニズムの一面を説明するものであり、その後音楽産業研究の方向は様々に変化して進展していく。しかしこのような研究の視点は、音楽産業のあり方の解明には、今もなお有効なよりどころとなりうるものである(Negus 1996：43)。

そこで本書の第1章、第2章でみてきた、欧米のメジャー企業の発展経過をこのよう音楽産業のメカニズムの見方を念頭におきつつ考えてみよう。ここでまず気が付くことは、第二次世界大戦以前に生まれていた、ビクター、コロムビア、グラモフォンの三社の発展経過と、戦後に生まれたワーナー、フォノグラム、ＭＣＡの三社の発展経過は、いささか異なることである。戦前派の三社がレパートリーやアーティストの拡大を狙う場合は、プロデューサーやアーティストを個々に引き抜いて、社内に取り込むやり方だった。それはたとえば弱小のサンレコードからエルヴィス・プレスリーを引き抜いたRCAレコードなどにみられることである。それに対して戦後派の三社は、周囲のマイナーやインデペンデント会社を会社ごと買い取ってしまうやり方を採るようになった。生成期のワーナーの方策はその典型といえる。そのワーナーをはじめとする戦後派メジャー各社の拡大の足取りは第2章で詳しくみたが、彼らはこの時期に成長し資産価値を高めていた多くのインデペンデント会社を、つぎつぎに吸収していった。また、戦前派のメジャー三社も戦後のこの時期には有力レーベルの獲得に積極的になる。なかでもイギリスのEMI（旧グラモフォン）は、一九五〇年にはアメリカの準メジャーキャピトルを買収してアメリカでの足場を固め、その後もUA、リバティそしてジャズの名門ブルーノートとアメリカの有力レーベルを吸収し、地元イギリスでもクリサリス、ヴァージン(5)を獲得する。このように二〇世紀末までには、欧米のほとんどの有力レーベルは、世界の六つのメジャーのどこかの傘下に入るといっても過言ではない状況となった（蓑島1991）。

それでは欧米以外の国々へのメジャーの進出はどのように行われたのか。特に世界の第二位の市場となっていた日本への攻勢はどうだったのか。それはあからさまではなかったが、実質的にはアメリカやイギリスで行われていた吸収・合併と同然の手法が使われたといえる。しかもその対象となったのは、日本を代表する大手の会社だった。第2章の第3節、第4節で詳しく見たが、その手順を要約すればつぎのようなことになるだろう。すなわち一九六七年の日本における五〇％の資本自由化を皮切りに、メジャー各社はあいついで日本の有力企業との合弁レコード会社を設立した。コロムビアはソニーと、ＥＭＩは東芝と、フォノグラム・ＲＣＡ・ＭＣＡは日本ビクターと、ワーナーはパイオニア・渡辺プロダクションとの、それぞれ合弁である。この合弁の多くは資本を半分ずつ持ちあう共同事業であった。しかしやがて九〇年代になって一〇〇％の資本自由化が実現するやいなや、それらの合弁事業は解消され、欧米メジャーは日本にそれぞれ一〇〇％自己資本＝外資のレコード会社を立ち上げた。それはそれまで続いていた合弁会社の日本側が保有していた資本を買い取って引き継いだものである。

このことは実質的には外資メジャーが、その時点までに日本の有力レコード会社に成長していた合弁会社を買収したことに他ならなかった。それはアメリカにおいてワーナーがアトランティックやエレクトラを買収したような、メジャーによる有力なインディーズの買収と同様の性格を持つものであった。買収された側では資本の保有状況が変わったり、代表者が変わることはあっても、主要なスタッフや、所属するアーティストの顔触れは変らないところなど、欧米メジャーが自国内や近隣国のレコード会社の買収の際に採った手法そのものである。このようなことが二〇世紀末から二一世紀初頭に日本のレコード産業に相次いで起こった。日本の諺に「庇（ひさし）を貸して母屋を盗られる」[6]があるが、自社の貴重なアーカイブ、人材、技術などの財産を、合弁会社設立の折に提供した日本資本の有力レコード会社は、気がついてみるとそれらの資産をすべてメジャーの日本法人に手渡してしまったのである。このように二〇世紀の終盤に進められた外資メジャーの日本進出は、〝段階的な現地有力企業の吸収〟ともいえるものであり、メジャーの資本力と巧みな戦略が際立つものであった。第2章の第4節でみように、そこに生まれた米英メジャーの日本法人は、英米で作られたポピュラー洋楽を売るだけではなく、日本のポピュラー音楽の生産・販売も行う、まさに日本のレコード会社だった。

3．大規模企業の優位性――〈想定要因③〉

〈想定〉 レコードの制作というものは一枚のアルバムを作るにしても、たとえば映画会社が一本の映画作品を製作することに比べると、はるかに低いコストで賄える場合が多いといえる。そのため小さな資本の企業が数多く生まれ、トータルとしてはそこで作られる楽曲数は多く、活動するアーティストの数も多い。しかしそれでも大きな規模の企業には小規模の企業で作られる楽曲やアーティストに比べて、より市場性を高めることができるような仕組みやメカニズムがあるのではないか。

〈検証〉 レコード産業におけるメジャー企業（メジャー・レーベルとも称される）の定義は何かといえば、はっきりしたものがあるわけではない。ただレコード産業の構造を説明するときに、この産業にはメジャーとマイナー、あるいはメジャーとインデペンデント（インディーズとも呼ばれる）があり、この二種の規模の異なる企業群によって構成されていると説明されることが多い。そこには相対的な規模の基準による区分がある。ではその規模とは何か。これも曖昧なものだが、資本、売上、市場占有率、組織のあり方、レーベル数、アーティスト数、従業員数、関連会社数、などを包括したものといえるだろう。つまりメジャーとはいろいろな側面で、マイナーやインデペンデントよりも大きなスケールを保持する企業であるということができる。そしてレコード産業におけるメジャーとインディーズのあり方をみると、これまでにみてきたとおり、そもそもレコード会社は生まれた当初はそのほとんどが小規模なインディーズであり、そのほとんどがインディーズのまま消滅したり、他社に吸収されたりして消えていくけれども、そのなかのごく少数が競合するインディーズを吸収したり、有力な親会社の資本の援助を得たりして成長していく。それがメジャーであるといえる。戦前生まれのメジャー三社、戦後生まれのメジャー三社とも、それぞれ紆余曲折はあったにせよ、このように成長して二〇世紀を通じて発展への道を歩み続け、さらに相互の合弁や統合を経て二一世紀に入ってもなお世界の市場に勢力を保っている。

メジャー化した企業はインディーズ時代とは異なる体質を持つようになる。メジャーとインディーズを比べてみると、新しい音楽に対してはインディーズのほうが敏感であるといわれる。また音楽制作は映像制作などとくらべてもその費用も安価とされ、小資本のインディーズでも立ち行くはずである。これらの要因が相まって多くのインディーズが生まれ、そのなかには一時的には成功するインディーズも多い。しかしそれが長続きすることは少ないのではないか。そのいっぽうでメジャーのほうは多くのアーティストをデビューさせ、そのなかから多くのミリオンセラーを出し、息の長いスターアーティストの育成に成功するという事実がある。それは何故なのか。

レコード会社の機能やその働きをみていくにあたっては、これまでの音楽産業研究のなかで何人かの研究者が、音楽という形の無いものがいかにして商品化されるのか、という点に着目して論考がされているのでそれを参照しながら考えてみたい。そのなかでもここでの問題のようにレコード産業のなかでの商品としての音楽の作られ方を検討するうえで有効と思われるのは、ポール・ヒルシュ（Hirsch, P.）の提唱に代表される「伝達モデル」といわれる視点である。「伝達モデル」という見方は、音楽がアーティストからレコード産業のスタッフたちの手を経由して、聴衆に届けられる伝達のプロセスをつぎのようにとらえている。すなわち、初めにプロデューサーなどの制作担当者によって集められた「原材料」（アーティストやその作品）は商品化対象の候補として俎上にあがる。それらは社内の宣伝担当者、営業担当者、スタッフ部門の担当者などの判断が加えられて、それぞれの過程でふるいにかけられる。このような流れ＝Flowを通して選別されたものが、商品となるという（Hirsch 1972）。このような商品の選定という、レコード会社として最も重要な意思決定にかかわる社内の機能が正しく働けば働くほど、売れる商品が生まれ、会社の業績があがることになる。ではメジャーというところはそのような機能が働きやすいところだろうか。規模の大きい企業であるメジャーは、一般的には制作・宣伝・営業の基幹機能はきっちり分業化されており、そこにはそれぞれの熟練したノウハウを持つスタッフが配置されていると考えられる。言い換えれば組織も確立されて分業化も進んでおり、スタッフも選抜されて訓練された人材が揃っていることが多いと考えられよう。このように考えるとメジャーは売れる商品を生む確率が高いということになる。これは相対的にメジャーとインディーズと比べた場合に、このようなことがいえるのではないかということである。

このようなメジャーのシステムが特に有効に働いて効果を上げたのは、八〇年代から九〇年代にかけて、世界のレコード産業が飛躍的な伸長を続けていた時期であろう。レコードはそれぞれ趣向の異なる多くの音楽ファンのために多品種少量販売が本来であるべきところが、この時期は少品種多量販売に強く傾いていた時期である(7)。そこでは一枚でも多くのミリオンセラーを作り、一人でも多くのスーパー・スターを作り出すことに、すべてのレコード会社が必死で取り組んだ。そこでの基本戦術は、商品の絞り込み（選別）と、その商品の集中販売である。このような状況では、メジャーが社内に持つ「伝達モデル」の機能、なかでも選別 Flow の機能の働きが功を奏し、メジャーの売上増進と占有率拡大に効果を発揮したといえる。

さらに付け加えればメジャーという大型のレコード会社は、複数のレーベルを所有しておりそれぞれのレーベルには、それぞれの制作・宣伝・販売のスタッフがいる。このような構造から一つの Flow の機能が不振に陥っても、正常に機能する別の Flow がそれをカバーすることになるので、会社全体が不振に陥るということが少なくなり、レコード企業に起こりがちな不安定な経営を避けることができる。流行や趣好の変化が速くしかも多様なのでこのように複数のFlowを持つことは重要である。一つの音楽の流れとそこにいる少数のアーティストしか持たないインディーズは、そのような変化への対応は不得手であり、その音楽やアーティストの人気と商品性の下降とともに会社自体も消えてしまうことも少なくない。それに比べると構えの大きいメジャーは、インディーズが持ち得ない利点を持っているということになる。そこに大規模企業の優位性をみることができる。

4. 米英の音楽を生産・配給する優位性――〈想定要因④〉

〈想定〉 そもそもアメリカ、イギリス以外の西欧諸国及び非西欧諸国にとって、レコード・蓄音機はアメリカあるいはイギリスからもたらされたものである。そのためその過程ではレコードに録音されたアメリカやイギリスの音楽が、それらの国々に持ち込まれることも必然的に多くなったと考えられる。一九世紀後半から二〇世紀にかけて多くの米英文化を非西欧諸国が近代化の名のもとに導入し、それらの国の人々に受け入れられていったが、音楽もその例外ではなかった。またその過程では各国の独自のローカルな音楽が、米英の音楽の影響を受けて変質し、新しい音楽に生まれ変わることも多かった。日本でもそのようなことが起こった。そこで主たる役割を担ったのが欧米のメジャー・レコード会社だったのではないか。そしてそのような経過のなかでメジャーは企業としての能力あるいは影響力を強めていったのではないか。

〈検証〉これまでみてきたように、世界のメジャー・レコード会社は、それぞれの国に資本を投下した分身の企業を持つ多国籍企業として発展してきた。それぞれの会社には全世界の事業を統括するヘッドクォータのオフィスがあり、その多くはその企業が起業した生まれ故郷の国に置かれていた。その国とはコロムビア、ビクター、ワーナー、ＭＣＡの場合はアメリカ合衆国であり、ＥＭＩ、ポリグラムはイギリスであり、フォノグラムはオランダであったが、そのいずれもが欧米に位置していた。なかでも四社が本拠を置くアメリカは、レコード産業発祥の地であると同時に、近代ポピュラー音楽文化が発祥し成熟した地でもある。特に二〇世紀のポピュラー音楽はその多くがアメリカに生まれ発展してきた。そして第二次大戦後のある時期からはイギリスにも活発な動きが始まった。このためアメリカとイギリスに本拠を置くメジャーは、世界の主要国に置く自社の現地企業を通じて自国の音楽を持ち込み、それぞれの国々で利益を得ると同時に現地の音楽文化へ多大な影響を及ぼしてきた。影響を受けたという点では日本もその例外ではなかった。ここではポピュラー音楽に視点を置いて、第2章で確認したその状況を分析してみる。

ここまでに検証したように、アメリカでは第二次大戦の前後からポピュラー音楽の流れに大きな変化が現れた。まず黒人音楽のR&Bが白人の若者にも受け入れられ、それがきっかけとなって白人の音楽であるロックが生まれた。その初期のスターとしてテネシー州メンフィスのサンレコード⑻というマイナー・レーベルからエルヴィス・プレスリーが登場し、まもなくイギリスではＥＭＩのパーロフォン・レーベルからビートルズがレコード・デビュー[9]からボブ・ディランもデビューした。続いてフォーク、モダンジャズ、ポップスなどさらに新しい音楽も生まれ、スターミュージシャンが続々と生まれた。これらは互いに影響を与えながら世界に広がっていった。このような社会的・文化的な大きな流れが音楽の世界では起こったが、産業としてその中心にいたのはレコード会社だったといえるだろう。そしてそのなかでも主役を務めたのは、その時期に企業としての力を他社に先駆けて持ち始めていたメジャー各社であった。プレスリーはRCA、ビートルズはEMI、ディランはコロムビアというメジャーから登場した。このあとポピュラー音楽がさらに発展し、ロック、ジャズ、フォーク、ソウルなどにも広がっていくと、メジャーだけではなく新しく生まれた多くの小規模のレコード会社＝インディーズもその担い手となったが、それらのインディーズも、時間が経過するなかでより大きな会社に吸収・集約されていった。そのような流のなかで事業を拡大した結果生まれたのが、第２章でみたような戦後派のメジャー企業三社である。

日本の状況をみると、五〇～六〇年代にかけてのこのような米英のポピュラー音楽の隆盛期には、日本にはまだメジャーの現地法人は設立されておらず、メジャーの音源は原盤ライセンス契約を結んだ日本の大手のレコード会社が販売していたが、日本のレコード市場も米英からつぎつぎに流入してくる新しいポピュラー音楽に湧き、まずは洋楽の市場が急速に膨らんでいった。このような状態のなかでは欧米メジャーは日本の市場ではまだ商品売上としての収入を直接手にすることは出来なかったが、ライセンス契約先の日本のレコード会社や、メジャーと日本の有力レコード会社との合弁会社から、売上に比例する巨額の原盤使用印税の収入を受取るようになった。この状況は九〇年代以降になって一〇〇％メジャー資本の会社が生まれ、そこが直接の売上と利益を手中にするようになる直前まで続いた。

この時期に起こった現象として重要なことは、このように米英のメジャーがもたらしたポピュラー音楽が、日本の市場からの利益を生んで米英メジャーやその代行の役を担っていた日本の大手企業の財政を潤すようになったということだけではなく、日本のポピュラー音楽のあり方そのものにも少なからぬ影響をもたらしたということである。六〇年代～七〇年代の時期に限ってみれば、たとえばイギリスのビートルズや同時期に生まれた新しいバンドが日本のグループサウンズの隆盛を促したこと、アメリカのロックンロールが日本のロカビリー・ブームを生んだこと、同じくアメリカのフォークが和製フォークを生んだことなどは、広く認識されているところである。そしてこのように米英の音楽を受け止め、日本の音楽の生産につなぐ役割を担ったのが、米英のメジャーのライセンスを持ち、米英ポピュラー音楽を編成・販売し、それと同時に日本のポピュラー音楽を制作・販売する日本の有力レコード会社であり、そこに働く人々だった。レコード会社の洋楽部、邦楽部とよばれる制作部門は、欧米のレコード会社からの新しい音楽や、それに関する情報が最も早く入ってくる場所で、特にメジャーとの契約のある会社の洋楽部はそれが顕著であった。A&Rあ(11)

るいはレーベル・マネジャーと呼ばれる洋楽部の編成担当者の周囲には、ミュージシャン、プロデューサー、コンポーザー、音楽ジャーナリストなど、さまざまな立場で先端の音楽作りに関心をもちそれに関与する人々のチームが作られていった。そこで生まれた新しい感覚の日本のポピュラー音楽は、多くの場合伝統的な日本の歌謡曲とは異なる音楽であり、新しい日本製のポップスとして、若者を中心とする日本の音楽ファンの間に広く受け入れられていくようになった。

5．卓越した技術開発力を持つ優位性――〈想定要因⑤〉

〈想定〉レコード産業は頻繁な技術革新があって発展してきた。それをリードしてきたのはそのほとんどが英米のレコード会社だった。そしてその主役もメジャー・レコード会社あるいはその前身の会社だった。ディスク型レコードはグラモフォン、電気録音と電気蓄音機はＲＣＡとコロムビア、ＬＰレコードはコロムビア、ＥＰレコードはＲＣＡ、ミュージック・カセットはフィリップス、ＣＤはソニーとフリップス、がそれぞれ開発に取り組み成功したものだ。これらの技術開発力とその成功がメジャーの世界攻勢を有利に導いてきたのではないか。また彼らが機能的な組織と優秀な人材を擁していることが、それらの技術開発力を生むことにもなったのではないか。

〈検証〉レコードという音楽メディアはこれまでの一世紀余りの歴史のなかで、数多くの技術革新がされている。もちろんどのような産業においても常に技術の開発は進められており、それが産業の発展を支えてきた。そしてそれらの開発を成功させて魅力的な新商品を競争他社に先がけて市場に送り出した企業が、市場の信頼を得て大きな売上と利益を得て生き残り、産業内での確固たる位置を確保してきた。レコード産業でもそれが当てはまる。そしてこれも多くの産業にみられてきたことだが、レコード産業の技術革新もそれまでの技術を改良したものという次元のものではなく、むしろ別個の新しい発明にも匹敵するような技術革新が何度もみられた。そこでは発明された時点での既存のシステムや製品との互換性[12]もほとんどないほどに革新的なものが多かったといえる。そしてそれらの開発はいずれも、英米のメジャーレコード会社やあるいはその関連の会社が開発に成功し、その普及に全力を挙げたものである。このことからはメジャー企業が技術開発という面でも、抜きんでた力を保有していたことがわかる。

そしてそこでのもう一つの注目点は、それらの技術を開発したメジャーが多くの場合その技術を独占せず、競争他社にも開放してその普及に全力を傾注したことである。これらの技術の開発や普及への努力の結果は、それを実践したメジャーにとって有利な状況をもたらした。それぞれの技術開発のケースについて、本書でこれまでみてきたメジャー発展の経緯と照らしてそれを確認してみることにする。

歴史的な順番でみていくと、まずはエジソンが発明したシリンダー式レコードに対して、最初の技術進化と位置づけられるのが、ディスク方式のレコードの発明といえる。ベルリーナの開発したディスク方式のレコードは、一〇年前に誕生したエジソンのシリンダー方式のレコードに戦いを挑むかたちで登場したが、多少の年月はかかったもののディスク方式はシリンダー式を凌駕することになった。ディスク方式のベルリーナが立ち上げたグラモフォン社は音楽愛好者の支持を得て、世界のメジャーへと発展していった。またベルリーナに協力してディスク方式レコードの技術開発に力を貸したエルドリッジ・ジョンソンが、ベルリーナの合意を得て起業したビクター・トーキング・マシーン社もメジャーへの道を歩むことになった。

彼らがレコード会社としてメジャーへ発展することになったのは、再生装置としての蓄音機を製造販売する会社を起業すると同時に、レコードも製造販売することになったからである。つまり蓄音機のビジネスを拡大するために、レコードのビジネスも拡大することになったためといえる。メディアの開発の場合ハード、すなわちシステムを開発した企業は同時にソフトも開発し、そのレパートリーを増やさなければならなかったが、これはその最も古いケースといえるだろう。この場合ベルリーナのグラモフォンではフレッド・ガイスバーグのようなプロデューサーを得て、本拠地イギリスだけではなくヨーロッパ各地や日本を含むアジアへも録音に出向き、ソフトのレパートリーの充実に力を入れた。アメリカのビクターでも同様のことが行われるようになった。このようにして両社とも蓄音機の会社としてだけではなく、レコード会社としてもメジャーに成長していった。技術の保有をはじめとする開発者としての強みを生かしてのことといえる。このことは本書の第３章で詳しくみた通りである。

続いて起こったアコースティック録音から電気録音への改変も、レコードというメディアの画期的な前進となった。音の空気振動を電気信号に変えたベルの電話の技術と、その微弱な音声の電気振動を増幅する真空管の発明は、まずは無線電信やラジオの開発に活用された。そしてその過程で生まれた、マイクロフォンやスピーカーの開発は、レコードに応用されてそれまでの機械的な録音・再生から、電気的な録音・再生が導入された。それを最初に実用化したのは、ベル電話研究所の系列下にあったアメリカのウェスタン・エレクトリック＝ＷＥ社であった。一九二四年にＷＥ社はアメリカのビクターとコロムビアの二社に、この電気録音技術を売り込んだ。両社とも独自にも電気録音の研究に取組んできて、その重要性を認識していたところで、ビクターは直ちにＷＥ社と契約したが、資金的に困窮していたコロムビアは一歩遅れて、英コロムビアのルイス・スターリングの努力でなんとか契約に漕ぎつけた。このように電気録音技術は、レコード会社のビクターもコロムビアも開発に取り組んではいたが、その成功はＷＥ社に先を越された。しかしこのように両社ともこの技術のレコードへの独占的な使用権はいち早くＷＥ社から得ている（岡 1986：82-84）。

大声で一本調子のオペラ歌手の歌声や、ラッパなど音の大きな楽器演奏が中心だったこれまでの機械録音とは違って、電気録音は小声で語りかけるような歌声や、多くの楽器のアンサンブルによる管弦楽など緻密な演奏の録音・再生が可能となり、ここにきてレコードの存在意義はアーティストにとっても音楽愛好家にとっても格段に重要なものとなった。電気録音技術の利用権を得たビクター、コロムビアの両社は、合唱やオーケストラなどクラシックの録音に力を注ぎ、これがきっかけとなって一流のオーケストラやその指揮者、ピアニストやバイオリニストなどのアーティストと契約して、その録音を精力的行うことを開始した。それはクラシック音楽の愛好者の拡大に結びつき、それがレコードの市場を拡大にもつながった。この時期の録音はビクター、コロムビアにとって後世に残る音質の優れた名演奏も多く、ＬＰやＣＤへとメディアが進んでも再商品化されることにもなり、両社をメジャーたらしめる貴重なアーカイブとなった。この電気録音の利用権を当時すでにメジャーへの道歩んでいた、ビクターとコロムビアだけに持ち込んだＷＥ社の思惑は、資本力のあるメジャーだからこそこの新技術の普及が進むとの目算があってのことだったろうが、それはまさに的を射ていたといえる。

第二次大戦後のＬＰとＥＰ盤の開発はレコード史上さらに大きな意義を持つ出来事だった。一枚のレコードで長時間の録音・再生することへの研究は、それまでも多くの企業や機関が取組んできたことだったが、第二次世界大戦後の一九四〇年代の終盤になってついに実用化の段階に到達した。一分間に三三１／３回転、両面でほぼ一時間の音楽の収録が可能という、ＬＰの開発に最初に成功したのはアメリカ・コロムビアである。四八年にコロムビアは他のレコード会社に自社が開発したＬＰへの参入を呼びかけたが、ほとんどの会社がそれに応じた。

しかし大手の会社ではＲＣＡビクターだけがコロムビアの呼びかけに応じなかった。それは同社が一分間四五回転で両面一〇分までの収録可能のＥＰレコードの開発に成功しつつあり、ＥＰこそ次世代レコードのフォーマットと考えていたからである。しかし長時間録音が基本のクラシック音楽はもちろんのこと、ポピュラー音楽でもビートルズに始まったコンセプト・アルバムを基本とする音楽の録音には、ＬＰに大きなアドバンテージがあり勝負は明白だった。しかしＥＰも生き残ることになった。片面が数分のＥＰはポピュラー音楽のヒット曲を一曲（両面で二曲）ずつ収録するには格好のものであり、ＥＰ盤というよりもシングル盤という名称で、戦後に始まったポピュラー・ヒット曲の時代を、ＳＰ盤からのバトンタッチを受けるかたちで支えることになった。ＥＰの技術もビクターが各社に開放したので、その結果ＬＰとＥＰは新しい音楽複製メディアとして、二〇世紀の後半のレコード市場の伸長を促す役割を演じることになった（岡 1986：121-122）。

ＬＰとＥＰを得てコロンビアもビクターも、ポピュラー、クラシック双方の分野でアーティストを充実し、レパートリーを拡大して世界のメジャーとしてますます業容を発展させていった。たとえばＬＰの長時間録音はクラシックの録音の充実と、それによるファンの増加をもたらした。特に演奏時間の長いオペラではこれまで録音に踏み切れなかった長時間のオペラがつぎつぎと録音されるようになった。ここに力を注いだのもコロムビア、ビクター、英デッカなどのメジャーだった。またヨーロッパのクラシック界に君臨することになるカラヤンの台頭も、カラヤン自身の新しいメディアへの関心の高さもあって、ＥＭＩとドイツ・グラモフォンというメジャーが、カラヤンとべルリン・フィルのＬＰ録音を意欲的に行うようになって実現したといえる。前述のようにコロンビアもビクターも、開発会社としてこの新しいレコードのフォーマットを独占使用することはなく、競争相手の英米のメジャー、マイナーはもとより世界中のレコード会社に開放した。

日本を含む海外のライセンシーのレコード会社もその対象となった。開発会社だけが市場での売上を独占しても、フォーマットの普及は進まない。それは新旧のフォーマットの商品が混在して市場は混乱して、ユーザーの戸惑いを助長してしまう。それよりもフォーマットの開放のほうが、普及の速度をあげユーザーの説得もしやすい。そうすることで開発会社は特許使用料の権利収入を得て、さらなる研究や投資に充てることができる。これはこのあともオーディオやビデオの電子新技術を開発した企業のほとんどが採るようになった戦略である(13)。

時代は進んで一九八〇年代の初頭にはＣＤ＝コンパクト・ディスクが登場した。七〇年代から欧米や日本のいくつかの会社が、ビデオ・ディスクの開発を進めてきたが、その技術を応用したデジタルのオーディオ・ディスクの開発も進んでいた。そして一九七九年オランダのフィリップスが自社方式のコンパクト・ディスクを発表し、これに日本のソニーが全面的な技術協力を行いフォーマットが完成する。一九八一年四月イースター音楽祭が開催されていたオーストリアのザルツブルグで、フィリップス、ポリグラム、ソニーの三社が、このフォーマットをデジタル・オーディオ・ディスクの最終規格＝ＣＤとして発表して、普及への道を歩み始めた。この発表の席にはベルリン・

フィルハーモニーの指揮者で音楽監督の立場にいたヘルベルト・フォン・カラヤンが出席し、そこでこの日のためにＣＤで録音されていた「展覧会の絵」が演奏された。それは当時クラシック界の帝王と呼ばれて、世界のクラシック・ファンに人気の高いカラヤンもＣＤを支持しているというアピールであり、フォーマットを提唱するメジャー三社の見事な演出だった。このＣＤの収録時間は七四分とされたが、それはカラヤン指揮のベートーヴェン交響曲第九番「合唱つき」の演奏時間である、とのエピソードも伝えられた（森 1997：174-176）。

カラヤンはこのＣＤフォーマットを提唱したメジャー三社の一角を占める、ポリグラム社のクラシック・レーベルであるグラモフォンの専属であったが、このことはこれらのメジャー会社たちが専属アーティストであるカラヤンの人気・名声を利用して、ＣＤという新しい技術を世界中の音楽ファンにアピールしたということである。このことからは、ソニー、ポリグラム、フィリップスの各社が新技術を普及させ、さらに彼らのメジャーとしての業容を拡大させようとの企てもみられるが、すでに確立した段階にあるメジャーとしての力にものを言わせて、自らが開発した新技術を普及させようという意図もみられる。それはクラシック音楽ではカラヤンを表に立てた使ったことからもわかることであり、ポピュラー音楽では折しもＣＤの初発売の八二年に「スリラー」を大ヒットさせていたマイケル・ジャクソン（エピック・ソニー）や、七〇年代後半から人気のビリー・ジョエル（ソニー）のアルバムなど当時のベストセラー・アルバムのＣＤ化によって、多くのファンにＣＤの魅力をアピールしたことからもいえることである。これはＬＰ・ＥＰの折にみられた、新しい技術をみせて有力なアーティストや有望な新人アーティストを呼び寄せて陣営を拡大することに比重がおかれた、当時のＲＣＡビクターやコロムビアの戦略とは異なるものである。

共同開発した日本のソニーとオランダのフィリップスも、ＣＤの普及に当たっては、商品化権を独占せず開放するというＬＰ・ＥＰの開発の折の、コロムビアやビクターと同様の戦略を選んでいる。そこには多くのオーディオ機器メーカーやレコード会社にＣＤのライセンスを貸与することで、ＣＤを普及させることが開発会社にとって、より大きいメリットとなるとの判断があったからである。当時ＣＤの競合する可能性のあったＡＨＤというデジタルディスクの開発にこだわっていた松下電器と日本ビクターのチームをＣＤ陣営へ参入させるための説得にも時間とエネルギーを使ったという（森 1997：174–176）。

このように歴史的にみても、レコードの新技術はいずれも世界のメジャーがその開発、普及の中核となっており、彼らはレコード産業の発展を支えながら自らも発展してきたことが分かる。このような「高い技術開発力を持つ優位性」のというメジャーの持つ特性は、これまでにこの章でみてきたいくつかのレコード産業の特性のなかの「産業形態の特殊性」にも関連している。レコードにおける技術とは、じつは音楽の録音技術とその再生技術にかかわるものがほとんどである。言い換えればレコードにおける技術開発あるいは技術改良とは、音楽の作り方や演奏の技術を直接対象とするものではなく、録音機材やや再生システムの技術を対象とするものである。そのためこれらの研究は音楽を作り録音する立場のレコード会社だけの問題ではなく、再生システムの全体の開発や製造・販売にかかわるエレクトロニクス会社との連携のなかで進められてきた研究課題である。従ってこの章の冒頭でみたように、メジャーなレコード会社がエレクトロニクス会社と同一の企業体のなかで運営されること、あるいは資本的はつながりを持つことが、レコードの技術の研究・開発には都合のよいことであった。たとえばアメリカ・コロムビアでＬＰレコードが開発されたケースでは、実質的な開発者は親会社であるＣＢＳの技術研究所のピーター・ゴールドマークという若い電子工学者だったが、彼の研究に注目し研究継続のゴーサインを出したのは、当時のコロムビア・レコード社長のウォーラーステインだったという。このような産業内の協働が成立する場があるということに、研究開発におけるメジャーの強味がある（岡 1986：116–118）。それは世界中の音楽ファンがいろいろな意味でより良い状態で音楽を聴ける環境をつくることの能力を、メジャーが持ち合わせているということを意味するものであり、メジャーのこのような力量は音楽ファンはもとより、多くのアーティストを惹きつけてきたが、そこにメジャーの発展の大きな要因のひとつをみることができる。

第2節　欧米メジャーの進攻を促した日本のレコード産業の制度的変化

情報化時代の到来といわれた一九七〇年代、ニューメディアの時代といわれた八〇年代、そして前半はマルチメディアの時代、後半はＩＴ時代と喧伝された九〇年代、それぞれの時代を総称する名称は変わっていったが、この二〇世紀後半の三〇年間はすべての産業が、情報のデジタル化の進行という大きな変革への対応を迫られるようになった。特にメディア産業は否応なしにその矢面に立たされることになったが、レコード産業もその例外ではなかった。このような社会環境の変革が進むなかで、日本のレコード産業はこの時期には本書の第2章にもみたように、欧米のメジャーとの関連が深まった時期でもあった。特に大きな動きとしては、この時期に政府が採った資本の自由化の政策がきっかけとなって、欧米メジャーがいよいよ資本の投下というかたちで、日本の市場への進出に本腰を入れる動きが始まった。この時期には日本のレコード市場は右上がりの伸長を続けるようになり、そのなかで各社が売上と利益を追求することに血眼となって、企業間の市場シェア争いは従来にも増して過熱した。そこでは邦楽市場での競争はもとより、市場の三割、多いときには四割近くを占める洋楽市場での各社の競争も熾烈になった。

このような業容の拡大や市場の変動に伴って、この時期には日本のレコード産業内の機構が変化したり新たな仕組みが生まれたりすることが、それ以前の時代とくらべても格段に多くみられるようになった。それらはこれまでのレコード会社と音楽の作り手とのあいだにおける閉鎖的な関係を打ち破ろうとするものであったり、新しい音楽作りの場や新しいアーティストを見つけるためのものであったり、作られた音楽を音楽ファンのもとに届ける仕組みの改善するものであったりと、いずれも日本のレコード産業が自ら発展しようとするために生まれたもので、あくまでもこの時期の日本のレコード産業の発展に伴う必然がもたらした変化であったのだが、それが結果的には皮肉なことに外資メジャーの日本でのビジネスへの参入やその後の展開にとって、追い風となったものが少なくなかった。この節ではこの時期に現れたそのようなレコード産業内の機構や制度の変化のなかから、外資の動きを促す作用したもの四つに着目し、それらがどのようなものであったかということや、それぞれがもたらした影響・効果について検証してみることにしたい。

その四つとは、一つ目は日本のレコード産業の特徴だったアーティスト、そのなかでも特に作曲家と作詞家のレコード会社専属制度が消滅に向かうことになったことであり、二つ目は原盤制作会社という新しい業態の企業の出現と、それに並行して起こったレコード会社の洋楽部の機能の変化であり、三つ目はレコーディング・スタジオのあり方の変化である。ここまでの三つは、レコード産業の持つ機能のなかでも音楽の制作にかかわるところの変化である。そして四つ目はレコードの流通や物流におけるいくつかの体制の変革である。以下順を追ってこれらをみていくことにする

1. 効力を失う作詞家・作曲家のレコード会社専属制

日本のレコード会社にはアーティストの専属制という制度があった。それは明治時代の末期に日本に初めてのレコード会社である、日米蓄音器が誕生した当初から存在したといわれる。そのころ

には既に天賞堂や三光堂など、欧米からの輸入盤や蓄音器を販売していた代理店が、浪曲や端唄・小唄などのレコードの録音・製造をはじめており、当時の人気アーティストは引っ張りだこだった。そのためそれらのレコード制作にかかわる企業がアーティストを独占することを考えはじめた。それはレコード会社がこのアーティストは他社で録音されては困ると考えた人気アーティストに、他社で録音をしないことを約束させるものであった。日米蓄音器の場合は当時人気のあった芸妓歌手の吉原〆治と浄瑠璃語りの竹本昇太夫の二名とその約束を結んだという（山口 1935：140–141）。このような約束ごとはある時期から「専属契約を結ぶ」と呼ばれるようになり、レコード会社からアーティストに一定の専属料が支払われるようになった[14]。

昭和の初期になるとそれは演奏家や歌手だけでなく、作詞家や作曲家にも適用されるようになる。一九二七（昭和二）年には日本ビクターがアメリカのビクターの資本によって設立されたが、ビクターはその時に作曲家の中山晋平を自社の作曲家として契約を結び、専属アーティスト第一号とした[15]。それはビクターが中山晋平の作曲家としての才能を高く評価し、それを独占するための方策であった。このような契約はその直後からビクターでは他の作曲家や作詞家にも適用されるようになる。そしてこれに倣ってライバル会社のコロムビアもこの制度を取り入れる。さらにまもなくこの専属制は、録音する歌手や、その伴奏をするオーケストラのミュージシャン[16]も対象とするようになり、アーティストの専属制として、日本のレコード産業に広く定着していった。その結果レコード会社の専属という立場をアーティストに与えることによって、たとえば〝ビクター・レコードの専属歌手〃とか〃コロムビア・レコードの専属作曲家〃というように、アーティストに大手レコード会社専属というある種のステイタスを与えることにもなった[17]。このような制度が生まれると、新たにレコード会社を誕生させるためには、新たなアーティストを発掘し育成しなければならず、既得権を持つ会社の有利性が保護されるようにもなった。第二次世界大戦前の昭和初期の時代には大手とみなされるレコード会社は数社にとどまり、新しいレコード会社が誕生してもなかなか成長することがなく、大手に吸収されるなどして消滅してしまうことが多かったが、そこにはこの専属制の存在が影響していたことも否定できないだろう。

このようなアーティストの専属制は、第二次世界大戦後の日本のレコード産業にも受け継がれたが、やがて崩れる時がやってきた。それはポピュラー音楽の制作という機能がそれまではレコード会社の手に握られていたのだが、戦後のある時期からはレコード会社の外でも作られるようになったことが主たる原因だった。そのような状態が生まれたのはテレビという新しいメディアの登場と関係があった。一九五〇年代後半に入ると日本でもテレビ放送が開始されたが、六〇年代に入る頃からテレビ番組の制作のために音楽が作られることが少しずつ始まった。それまでレコード会社がほぼ独占していた流行歌の制作がレコード会社の以外でもされることが増えていった。もちろんテレビに先行したラジオの時代にも、ＮＨＫが番組作りの一環としてレコード会社に対抗する意味で歌謡曲を作ることもあったが[18]、新しい音楽がレコードの発売ためではなく放送局の番組のために作られるということが、テレビの時代になって少しずつ増えていった。

たとえば一九六一年日本テレビに登場した「シャボン玉ホリデー」という音楽バラエティ番組では、レギュラーのザ・ピーナッツをはじめ、藤木孝、伊東ゆかり、中尾ミエ、園まり、といった渡辺プロダクションのスター歌手や新人歌手たちが、日本製ポップスの自分の持ち歌を歌うことが中心で、彼らの新曲が番組のなかで毎週紹介された。そこではまだレコード化される前の楽曲もいち早くテレビに登場した。[19] 同じ一九六一年に始まった、NHKの音楽バラエティ番組「夢で逢いましょう」の〝今月の歌〟のコーナーでは、毎月新感覚のポピュラー・ソングが発表され、「上を向いて歩こう」(歌・坂本九)、「こんにちわ赤ちゃん」(歌・梓みちよ)、「遠くへ行きたい」(歌・ジェリー藤尾)などのヒット曲を輩出するようになった。ここでもレコード発売以前、あるいは直前に新しい曲が登場した。これらの番組で歌われた楽曲は放送直後にレコード化もされたが、まずはテレビ番組のために作られた曲である。またこの時期の民間放送のテレビ局の誕生とともに、テレビ・コマーシャルが作られるようになったが、テレビ・コマーシャルにも音楽は不可欠となり、CMソングと称される音楽が作られるようになった。さらには徐々に制作される本数が多くなっていったテレビドラマ番組でも、主題歌やBGMが作られるようになった。このようにテレビの誕生と発展とともに、そこではいろいろな種類の新しい音楽が作られるようになった。

このようなテレビ番組のための音楽が生まれるには、当然のことながら作曲家・作詞家などそれぞれの楽曲の作家が存在した。しかし彼らの多くはレコード会社の専属作家ではなかった。日本テレビの「シャボン玉ホリデー」の番組のために曲を書いた、作曲家の宮川泰や萩原哲晶も、作詞家の青島幸男もどこのレコード会社にも属さないフリーの作家だった。ＮＨＫの「夢で逢いましょう」のために「上を向いて歩こう」、「こんにちわ赤ちゃん」、「遠くへ行きたい」などを作った、作曲家の中村八大、作詞家の永六輔のコンビもフリーのアーティストだった。そして彼らにはレコード会社の専属になる意思はなく、自分の音楽の方向に合致する仕事を文字通り自由に選んで活動の場を広げていった。

しかしこのような状況が生まれたことはテレビの登場だけがきっかけだったのではない。この時期に日本のポピュラー音楽の分野に、海外のポピュラー音楽＝洋楽の要素が流れ込んだことも関連している。「シャボン玉ホリデー」のなかで作られた音楽も、「夢で逢いましょう」のなかで作られた音楽も、それまでの日本の流行歌にはなかった、アメリカやヨーロッパのポピュラー音楽の影響がみられるようになった。またこのあと一九六〇年代後半から七〇年代に生まれた、カレッジフォークやグループサウンズなどの和製ポップスと呼ばれた音楽も、日本で作られた音楽という意味では邦楽だが、その音楽の中身は多分にアメリカを中心とするポップスやフォークの影響を受けたものだった。これは邦楽と洋楽の融合と捉えることができる現象である。このような流れのなかで作詞家や作曲家も従来の流行歌の作家たちとは違うテイストを持った作家が相次いで登場した。そして彼らはレコード会社の専属になることはなかった。フリーという立場でいても、いやフリーの立場でいるほうが活動の場が広くなるからである。

このような新しい感覚を持った作家たちが、日本のポピュラー音楽のメインストリームに登場してきたことによって、従来までの演歌や流行歌を作っていたレコード会社専属の作家の活躍の場は少しずつ狭まっていった。その結果としてレコード会社の作家専属制という制度は、その存在の意味を失う方向に向った。レコード会社にとっても、従来からのアーティスト専属制、なかでも作家の専属制は、この時期の新しい音楽の流れを摑むためには、それに縛られていては好ましくないものになりつつあった。アーティストを縛るためにレコード会社が考え出したシステムが、今度はレコード会社自身を縛るものになりつつあった。

このように古い時代からのレコード会社のアーティスト専属制、特に日本のレコード産業のなかで長らく遵守されてきた作家の専属制に風穴が開けられたことは、レコード産業の音楽制作の歴史のなかでも特筆すべき出来事である。これがきっかけとなっていろいろな変革が生まれることになった。新たなレコード会社設立の増加がこの時期になって目立つようになったこともそのひとつである。フリーの作家を起用することによって、誰もが新しい楽曲を手に入れて新しいアーティストに歌わせることができるようになり、それが新しいレコード会社の誕生を促進する要因のひとつとして働いたのである。具体的には一九七〇年代から八〇年代にかけては、テレビ局、出版社、映画会社などメディア産業に属する企業が、レコード会社の経営に参入するようになった。フジサンケイ・グループ[20]がポニーキャニオンを、日本テレビがバップを、東京放送が東京レコードをそれぞれ設立し、出版社の徳間書店が徳間レコードを、映画会社の東宝が東宝レコードを立ち上げた。さらにはオーディオ機器メーカーのトリオがトリオレコードを、住宅産業の太平がミノルフォンを、それぞれ立ち上げるなど、新しいレコード会社の誕生が続いた。

そしてこのような流れが生まれた時期に、日本の大手レコード会社と海外メジャーの合弁会社の誕生も相次いだ。ここで見逃してはならないことは、これらの国内の資本で生まれた新しいレコード会社と同様に、日本の大手と海外メジャーとの合弁会社も旧来の制度に縛られることなく、フリーの作曲家、作詞家を必要に応じて自由に起用して音楽を作ることができるようになったことである。このようにちょうど海外メジャー各社が相次いで合弁会社を設立しようとした時期は、日本のレコード産業では作家やアーティストの産業内でのあり方のルールが変わりつつあった時期であり、海外メジャーにとっては願ってもない状況が生まれる時期であったということができる。

2．レコード会社の洋楽部の機能の変化と原盤制作会社の出現

この時期には相次いで生まれた新しいレコード会社によって、時流に乗った洋楽のテイストを持つ新しい和製のポピュラー音楽を市場に送り出すことが始まったが、当然のことながら既存のレコ

ード会社もそれに対抗する必要に迫られていた。彼らがそのために選んだ方法は、従来までは邦楽部門のディレクターに全面的に任せていた邦楽のポピュラー音楽の制作を、洋楽部門のディレクターにも委ねることだった。洋楽の情報やセンスを持ち合わせている洋楽部門のディレクターならば、市場の新しいニーズに合った邦楽のヒット曲を制作することが期待される。そこでは邦楽部門のディレクターは専属作家とのしがらみもあり動きづらい面もあり、洋楽部門のディレクターならばフリーの作家を使うことも抵抗がなかったという背景もあった。このようなことがきっかけとなってレコード会社の洋楽部門のあり方にも少しずつ変化が起こり始めた。そしてそれはレコード会社全体のあり方の変化につながるものでもあった。

そもそもレコード会社の洋楽のディレクター（A&Rとも呼ばれた）は、海外のレコード会社で制作された音楽のなかから、日本の市場に受け入れられる可能性のある音楽を見つけ出して、商品として発売することが主たる仕事だった。従って洋楽のディレクターはアーティストを発掘し新曲を準備しそれを録音するという、いわゆる音楽の制作＝レコードの原盤制作の仕事の経験はなく、そのノウハウはほとんど持っていなかった。彼らがそれを学ぶことは時間を要することであった。そこで洋楽部でレコード音源を準備するための窮余の一策としてこの時期に採用されはじめたのは、レコード会社の周辺の関連企業に新たな原盤の制作を委嘱する方策だった。

なぜそういうことが可能となったのか。それはその頃レコード会社の外にレコードの音源となりうる音楽を制作する機能が生まれつつあったからである。一九六一年八月、日本テレビの「シャボン玉ホリデー」の番組で、植木等が歌う「スーダラ節」という歌が放送された。この歌は放送されるやいなや大反響を呼び、スタートしたばかりの「シャボン玉ホリデー」の視聴率を上げ、植木等をスターに押し上げた。この曲はこれまでのケースと異なる特徴を持っていた。この曲がテレビという媒体で露出された時点で、レコード会社ではない、渡辺プロダクションというアーティスト・マネージメントを本業とする会社によって、すでにレコードの原盤が作られていたことである（五歩一 1995：67–69）。

この場合の実質的な音楽プロデューサーは渡辺プロダクションの社長の渡辺晋[21]だった。渡辺は同年六月に開始された「シャボン玉ホリデー」への出演によって、一気に人気の出た植木等のキャラクターを、そのまま生かした曲を作れば必ずヒットするという確信を持った。そしてそれを直ちに行動に移し、自分の作りたい歌のイメージを作曲家の萩原哲晶と、作詞家の青島幸男に説明し、両者に作曲と作詞を依頼した。それは従来まで行われていたように、テレビ番組のなかで歌われる歌としてのみ作られたものではなかった。レコードとして発売することを視野に入れたものであり、その歌の録音はレコードの原盤としてのクォリティを持つものであった。録音の場での指揮を取ったのも渡辺晋だった。それは従来ならばレコード会社の側にいるハウス・ディレクター（＝レコード会社の社員であるディレクター）が取り仕切る仕事の範疇であり、紛れもないレコード音楽の制作行為そのものであった。

渡辺プロダクションから「スーダラ節」の原盤契約を持ちかけられた東芝レコードでは、当然のことながら、邦楽の分野に従来までは洋楽のビジネスのみで行われている原盤契約制を持ち込むことについての可否が問題になった。しかし結局は東芝レコードはこの契約を受け入れた。海外で制作された音源を日本でレコード化して市場に送り込む洋楽のビジネスでは、原盤契約は当たり前のことだった。東芝のこの選択の背景には同社では洋楽の比率が高く、洋楽的なビジネス・マインド持つ社員が多かったことがあり、また設立後間もない若いレコード会社では、業界の商習慣にこだわりが少なかったこともあったとされる。このケースは日本のレコード産業の邦楽分野で初めてレコード会社の外（そと）で制作された音源がレコード化されたものであり、邦楽の分野に洋楽と同様の原盤ライセンス契約が、もたらされたということで特筆される。

この時期にあったこれに類する事例としては、ビクターが新興楽譜出版とあいだに結んだ原盤の制作とその利用にかかわる契約の事例がある。この時期にビクターの洋楽部門の一角を占めていたフィリップス・レコード部は、新興楽譜出版にレコード音源となる音楽を制作することを委託する(22)ことを始めた。これは業界の老舗であるビクターがやはり新しい時代の日本のポップスを市場に送り込むのに際して、フィリップス・レコード部という洋楽部門にそれを担当させるべく、グループサウンズやカレッジフォークなどの和製ポップスの音源を制作する新興楽譜出版と原盤使用契約を結び、その発売を開始したものである。そこからはマイク真木の「バラが咲いた」、森山良子の「この広い野原いっぱい」などのヒット曲が生まれた。

このように邦楽の分野にも原盤契約というものが持ち込まれ、時代が進むにつれてそれが増えていくことになった。このような状況の進行でレコード会社の外で原盤を制作する音楽出版社やアーティスト・マネージメント会社の音楽制作の部門を総称して、原盤制作会社と呼ぶようになった。ここにレコード会社にとっては、必ずしも自前で邦楽の音源を制作する必要がなくなるという状況が生まれ、レコード会社というもののあり方が大きく変わることになった。たとえば音楽を制作する能力を持たなくても、原盤制作会社とのライセンス契約によってレコードの音源を持つことができるようになり、音楽制作のノウハウを持つ音楽ディレクターを社内に持たなくても、レコード会社の看板をあげることが可能になった。これにより新しいレコード会社を立ち上げることが従来に比べて容易になり、その数は増加することになった。そのなかには外資メジャーが日本において立ち上げた日本法人も含まれることはいうまでもない。

3. レコード会社の外に音楽録音スタジオの出現

レコード会社が音楽を「制作する」ということは具体的にはどういうことか。まず有能なアーティストを発見することから始まり、そのアーティストにレコーディングのための曲を用意すること、そのために作曲家・作詞家を決めることなどが続く。もちろんアーティスト自身がソングライターでる場合もありその比率は時代を追うごとに高まっていった。ここまでを制作の第一ステップとすると、そのあとにスタジオにおいてレコーディングをするという第二ステップがある。前述のアーティストの専属制の崩壊という状況変化は、ここでいう制作の第一ステップで起こった変化である。しかし第二ステップであるスタジオでのレコーディング、すなわち「録音」についても、この章で検証している一九六〇年代から八〇年代にかけての時代には、様々な変化が相次いで生じており、それがアーティストたちが作ろうとした音楽、そして作られた音楽の変化に、大きくつながっていったことも見逃せない。

レコード会社というものが初めて誕生したときから、レコード会社はオフィス・スペース、商品倉庫、製造工場などに加えて、レコーディングのためのスタジオを持つことが必須だった。明治の末期に生まれた日本のレコード会社の第一号、日米蓄音器製造株式会社でも、会社設立と同時に常設録音スタジオが東京の本郷の弓町に置かれた。二階建ての洋館で内部は二階に録音機械室と演奏室、一階に原盤貯蔵室と原盤液槽室が配置され、外国人技師がとり仕切っていたという（山口1935：134）。

その後大正年間に東京や大阪を中心に誕生したレコード会社も、それぞれ録音スタジオを持っていた。場所についてははっきりとした記録が残っているところは少ないが、たとえば東洋蓄音器が一九一四（大正三）年五月、京都公演中の松井須磨子を、同じ京都にあった自社のスタジオに呼んで、日本最初の流行歌とされる「カチューシャの唄」（録音当初の曲名は「復活唱歌」）を録音したといわれる。また翌年大正四年二月には、総選挙の遊説で京都を訪れた当時の司法相、尾崎行雄が総選挙の真意についての三〇分の民衆向けの演説を録音している。この録音も状況から判断して、京都の東洋蓄音器のスタジオで録音されたと思われる。また日本蓄音器商会のアーティストであった大阪の演歌師、秋山楓谷については「はるばる上京して川崎の会社で録音した」（森垣 1960：42）という記述があることから、神奈川県川崎の日本蓄音器商会の本社・工場のなか、あるいはその付近に録音スタジオがあったことが推測される。

昭和時代に入るとレコードの録音は、それまでの機械吹込みから進歩して電気吹込みの時代となる。従来の機械吹込み時代に使われた大きなラッパ状の集音機に代えてマイクロフォンを使い、歌や演奏などの音楽を空気の振動のままではなく電子の流れに変え、さらにそれを電気的に増幅するアンプも使うなど、音楽録音は飛躍的に進展し、音の強弱や高低、そして音質までもが、従来では望めなかったほどに原音に近くなっていった。このような状況となってレコード会社も、それのような設備を持つレコーディング・スタジオを保有する必要が高まった。第二次世界大戦が始まる一九四〇年前後のころまでに、日本ビクターは築地、日本コロムビアは新橋、キングレコードは音羽などいずれも東京の都心に近い交通の便利な場所に録音スタジオが開設された(23)。

この時期には音楽を録音できるスタジオは、レコード会社のなかにのみ存在していた。それは録音という音楽制作の第二ステップにおいても、その機能がレコード会社の手中にあり、第一ステップと合わせて音楽制作の機能のすべてが、レコード会社に集約していたことを物語るものであった。

それは日本のポピュラー音楽産業のこの時期のありようを象徴していたともいえる。

しかしこのように録音スタジオがレコード会社のなかにだけ存在するという状況に、ある時期から変化が起こりはじめた。一九六二（昭和三七）年八月、東京・新橋に「飛行館スタジオ」と呼ばれる音響・映像スタジオが業務を開始した。そのスタジオは、当初はテレビ放送や映画に使用するフィルムのダビング（複製）を業務としたが、同年一〇月にレコーディング・スタジオのスペースが完成し、音楽録音が業務内容に加わった。このとき完成した同社の第一レコーディング・スタジオは、面積が二〇〇㎡以上もあり天井も高く、フルオーケストラのレコーディングも可能というもので、当時のレコード会社にもないほどの大きな規模のスタジオであった。この「飛行館スタジオ」（その後名称が変更され「サウンドシティ」スタジオとなる）は、テレビや映画のための音楽録音や、ラジオ番組の録音制作などの機能が主体で、レコード音源制作の専用スタジオではなかった。しかし最も早い時期にレコード会社の外に生まれた音楽録音スタジオである。

やがて一九六〇年代の後半から七〇年代にかけて、レコード会社の外にレコード音源の録音を主たる機能とするスタジオがつぎつぎに誕生する。開業した年代順にその主なものを挙げてみる。東京を例にとれば、モウリスタジオ（一九七〇年目黒で開業）、サンライズ・スタジオ（七二年池袋）、ヤマハ・エピキュラス・スタジオ（七五年目黒）、音響ハウス（七四年銀座）、一口坂スタジオ（七八年九段）、サウンドイン（七九年麹町）、日音スタジオ（七九年芝）、ウエストサイド（七九年世田谷）

などである。これらのレコーディング・スタジオの母体となって出資しているのは、サウンドシティの渡辺プロダクションがそうであるように、エピキュラスのヤマハ、一口坂のニッポン放送、サウンドインの日本テレビ、日音の東京放送など、レコードの原盤制作や楽曲の権利保有に意欲を持ち始めていた、音楽産業周辺のメディア関連の企業であった。このことは先にも述べたように、レコード会社の外でも音楽が作られるようになったことと深く関連していることはいうまでもない。

このように日本に音響の録音を専業とするスタジオが出現しはじめた一九六〇年代は、レコード産業に劇的ともいえるテクノロジーの変化の波が押し寄せ、音楽の録音・複製・再生の様相を大きく変えた時期である。それは音楽の生産から消費にいたるまでのいたるところで、従来とは異なる状況を産むことになった。それらの技術革新は録音スタジオのあり方にも大きな変化を及ぼした。同時にそれらはレコード会社の外での音楽録音を専業とするスタジオの出現を促進する要因としても働いた。そのような変化をもたらした新しい技術のなかでも、もっとも画期的なもので影響が大きかったのは、オーディオ磁気テープとＬＰ（Long Play＝長時間）レコードの出現ということができる。

まずオーディオ磁気テープからみていく。オーディオ磁気テープは音楽を記録・再生するもので、音楽ファンにとっては音楽を自分で録音しそれを再生して聴くことができるようになった。これは再生のみ可能なレコードにはない機能で、音楽ファンの音楽の聴き方、接し方に大きな変化をもたらした。しかしオーディオ磁気テープがプロフェショナルの音楽制作の世界にもたらした変化はそれ以上に大きかった。特に音楽の録音の場には多様な変革が起こった。たとえば従来までの原盤への直接の録音では制限のあった、演奏のミスや不満箇所の録り直しが何度でも可能となった。さらにレコーディングのあとに編集という工程が生まれ、録音した音の修正が可能となり、音の響きの修正、音質の修正などもできるようになった。そのため編集の工程はレコーディングの工程と同様に重要になった。なかでも磁気テープによる最も顕著な録音技術の進展はステレオ録音を可能にしたマルチトラック録音が実現したことであった。ステレオ録音は最終的には二トラックに編集されるのだが、最初の録音では八トラック、一六トラックなどマルチトラックの録音が行われるようになり、バンドの録音ならば楽器別に録音したあとでトラックダウン（編集）したり、ボーカルの録音ならばバックバンドの録音のあとにボーカルを重ねるなど、録音の手順が大きく変化することにもなった。このように磁気テープの出現はよりよい音楽の録音を可能としたが、それに伴ってレコーディングの現場には変革が生まれ、さらにそれはレコーディング・スタジオのあり方にも大きな変化を生んだ。

いっぽうＬＰ（Long Play＝長時間）レコードも、音楽録音に革命的進展をもたらした。それは音楽の制作そのものに大きな変化がもたらされ、それが録音の工程にも波及したというほうが正確かもしれない。ＬＰレコードは一枚のレコードの収録時間が、それまでは両面あわせても六〜七分だったＳＰレコードに比べて、約一時間というように飛躍的に長時間になったが、それにより従来のＳＰの時代は三〜四分の短い楽曲によって自分の音楽を表現することしかできなかった音楽家に、アルバムという単位での音楽表現を可能にすることになった。このため音楽録音は一〇〜一二曲を同じ録音セッションで録音することが多くなった。相対的に長い曲が多いクラシックの分野では、音楽の連続録音、連続再生が可能となり、録音活動が飛躍的に多くなった。さらにＬＰ登場の直後にステレオ・システムが開発されるとより臨場感が高まり、それがレコードによるさらに高度な音楽表現の実現につながることになった。

このような音楽録音のテクノロジーの進展は、音楽を制作するミュージシャンやディレクターを刺激しレコード音楽の質を向上させ、音楽ファンもそれに期待もするようになった。それによって音楽市場は大きく活性化した。音楽＝レコードの制作現場は活発となり、作られる音楽の多様化とともに制作されるレコードも増加の一途をたどった。また録音現場ではＬＰ（長時間）レコード及びステレオ・システムの導入が進むにつれて、曲数の多いアルバムの制作やその件数も増加し、さらにはマルチトラック録音の採用によって、音楽の録音に要する時間も急激に長時間化していった。そこでは一枚のアルバムを作るのに数週間かけることも稀ではなくなった。

そのようなことから、録音スタジオの需要は否応なしに高まり、従来のようにレコード会社内のスタジオだけでは、膨らんだ需要に応じることができる状態ではなくなった。このことがこの時期にレコード会社の外に録音スタジオを、つぎつぎに誕生させることにつながったといえる。それは既存のレコード会社のなかだけではなく、それ以外の場所でも音楽制作ができる環境が広がっていったことを意味するものであり、極論すれば誰でもが有能なアーティストと制作に要する費用があればレコードを作れる状況が生まれたといえる。(25) その結果はレコード会社はもとより、原盤制作会社の活動をも活発にすることにつながった。

このような環境が整ったということは、日本市場への攻勢を挑んできた外資系レコード会社にとってまことに好都合なこととなった。九〇年代になって生まれたメジャー資本一〇〇％のレコード会社は、ソニーを除くすべてが自社内には録音スタジオを保有していない。それは外資各社にとって大きな設備投資と優秀なレコーディング・エンジニアの獲得を必要とする録音スタジオというものを持たなくても、レコード会社を運営できる環境が日本のレコード産業には出来上がっていたことを意味するものである。

4．流通と物流の合理化に伴う変化

これまでみてきたように日本のレコード市場が右上がりの成長の時期に入った一九六〇年代の後半以降は、レコード産業における音楽の「制作」機能が既存のレコード会社の外（そと）へも拡散し、そこには原盤制作会社という新しいタイプの会社が生まれた。それはアーティスト専属制の崩壊や、レコーディング・スタジオの体質的な変化など、従来までのレコード会社の機能のあり方に変化があったこととも関連するものである。このようなレコード会社の音楽の「制作」分野の変化に加えて、この時期のレコード産業では商品としてのレコードを「配給」する機能にも大きな変革が生まれたことにも注目しなければならない。それはレコード産業に起こった流通や物流の合理化への動きともいえる。ここでは①流通における卸し店の比重の拡大、②外資系を含む大型小売チェーン店の拡大、③協業が進んだ物流、④営業受託の進展、の四つの具体的な動きについて確認してみることにしたい。

(1)流通における卸売り会社の比重の拡大

レコードの流通は歴史的にメーカーと小売店とのあいだの直接取引を原則に行われてきた。それは昭和の初期にアメリカのビクターやコロムビアの資本と経営が日本に持ち込んだアメリカ方式のレコード流通が、そのまま維持されてきたものである。それが継続されたのは日本のレコード産業は長らくメーカー＝レコード会社の数も、小売店＝レコード店の数も、相対的に少なかったということが要因のひとつにあげられよう。出版産業のように出版社の数が多く、小売店＝書店の数も多いということではなかったので、出版産業における取次店というような、流通上の中継基地の必要性は低かったのである。(26) しかし戦後になってレコード産業の復興が本格化しはじめると、レコード産業にも出版産業にあるような卸売り会社の必要性が生まれた。この場合の卸売り会社とは、メーカーであるレコード会社と小売店であるレコード店のあいだにあって、商品の取引を中継する存在である。戦後最初に生まれた卸売り店は星光堂（一九四八年創業）である。産業の規模が拡大するに従って卸売り会社を経由した取引の必要性は高まりその比率も高まって、そのいっぽうでメーカーと小売店の直接取引の比率は下がっていった。レコード産業全体で卸売り会社を経由する取引の比率は、一九九八年度になって初めて市場全体の五〇％を超え、九九年度には五三％に上昇した。

特に九〇年代に入って卸売り会社を経由する取引の比率が増えたことにはいくつかの原因が考えられる。そのなかの一つが、レコード・メーカーの営業体制の合理化が進んだことだ。例えば八〇年代から九〇年代にかけて、レコード会社各社は営業拠点の整理統合をつぎつぎに行なった。八〇年代には多くのメーカーが、北陸三県のサービスを担当していた金沢の拠点と、四国四県を担当していた高松の拠点を閉鎖し、それぞれ名古屋と大阪の支店の管轄に統合させた。さらに九〇年代になると、広島の営業拠点を閉鎖して中国五県を大阪支店の管轄に、仙台の営業拠点も閉鎖して東北六県を東京営業所の管轄にそれぞれ移行した。このような合理化はいうまでもなく、レコード会社がさまざまなコストの節減を意図して実行に移したものである。その結果、ローカルな都市の取引高の少ない小型店のなかにはメーカーの営業マンの訪問もなくなり、充分なサービスが受けられなくなったところも多くなった。

そのような小規模レコード店へのサービスを、メーカーに代ってカバーするようになったのが卸売り会社である。従来メーカーとの直接取引を結んでいたが、そのサービスの低下に不満を持つ小型店の多くは、メーカーとの契約をやめて卸売り会社の傘下店となり卸売り会社から商品を仕入れ、そのサービスを受ける道を選んだ。個々のメーカーとの少額の直接取引は煩雑で、一つの卸売り会社との一括取引のほうが手間を省けるということもあった。その多くを引き受けたのが、星光堂に代表される大型の卸売り会社である。

もともと東京地区の卸売業者としてスタートした星光堂は、七二年の関西への進出を皮切りに、全国にそのサービスを拡大していった。特に八〇年代前半の不況の時期には、各地の地場にもあった卸業者が相次いで経営を縮小するなかで、同社は大型のスーパーストア、書店、家電店、コンビニエンス・ストアなど、レコード業界の外からのレコード流通への参入の際に、レコード・メーカーとのあいだに立って商品の供給を行なうことなどを通じて、業容を拡大していった。九九年二月現在、星光堂の支店網は北海道から沖縄まで、全国七支店三三営業所までに拡大し、東京・関東地区だけでも、二支店一六営業所に及んだ。それは全国で一〇拠点以下に縮小されたレコード会社の営業拠点数をはるかにしのいでいた。

星光堂に次ぐ規模の卸売り会社として、日本レコード販売網があった。この会社は一九八八年、関東のラッキー商会と関西のグラモショップという二つの卸売り業者が合併し、その折に主要なレコード・メーカーが資本と人材を投入して、星光堂に対抗するレコード卸売り会社の第二勢力として設立された。さらに大阪を本拠に置くライラック社も西日本を中心に多くの傘下店を持っていた。これら三社がこの時点では日本のレコード産業における卸売り業者として機能していた。

(2) 外資系を含む大型小売チェーン店の拡大

この時期に日本のレコード産業の流通の場面で、徐々に進んでいったもうひとつの動きがある。それは全国規模あるいは広域にわたって多くの支店を持つタイプの、大規模なレコード販売チェーン店がシェアを伸ばしてきたことである。従来型の地元立脚型のレコード店は大型チェーン店の進出に押されて売上が減少し、規模の縮小や場合によっては廃業に追い込まれるところも出てきた。結果として大型店と弱小店の格差はますます広がった。

この時期に出現した大型の全国チェーン店には外資系と国内資本系の二種がある。まず外資系からみていこう。最初に日本に上陸した外資系のチェーン店は、アメリカのタワーレコードである。タワーレコードは一九七九年、フランチャイズ方式によるレコード店として、全国五都市に上陸した。名古屋では文化堂、金沢ではヤマチク、大阪では大月楽器、神戸では星電社、福岡ではKBC、というそれぞれの都市の有力レコード店と組んで、フランチャイズ店をスタートさせた。当初は輸入盤を専門に扱い、その卸売り業も兼ねていた（日刊レコード特信 2000：54）。そして八一年三月には東京渋谷に初めての、直営レコード店「タワーレコード・シブヤ」をオープンした。従来の日本のレコード店の店舗としてはほとんど見かけなかった一つのビルの一階から四階までの総フロア使った広いフロアスペースに、一万種以上の輸入盤がジャンルごとに整然と陳列され、若者を中心とするファンの幅広いニーズに応える体制が整っていた。このような床面積の大きな店舗作りはタワーを始めとする外資系のレコード店の店作りの特徴であり、タワーの渋谷店の広さは特例としても外資系レコード店の多くの店舗は従来の日本のレコード店を凌ぐ売場面積をもっている。[27]タワーレコードは九九年五月現在で全国四〇店にまで拡大した。

このほかに外資系のレコード・チェーン店としては、ともにイギリスに本拠を置く、ＨＭＶとヴァージン・メガストアがあった。ＨＭＶはロンドンのオックスフォード・ストリートに看板店を置く老舗だが、全世界に三〇〇近くの店舗を持ち、日本へは一九九〇年の渋谷に一号店を開設したあと、二〇世紀末までに全国の主要都市で約二〇店舗に拡大していった。ヴァージンのほうはイギリスのヴァージン・グループがヨーロッパを中心に、全世界に三五〇店を展開していた。こちらも日本へは九〇年に上陸したが、日本の拠点となっているヴァージン・メガストアズ・ジャパンは、丸井との合弁会社でスタートした。九〇年代末までに日本国内の店舗数はこちらも約二〇店舗になっていた。

これら外資系の三つのチェーン店に対して、日本資本の在来勢力のトップランナーとして対抗したのが新星堂チェーンである。第二次世界大戦後まもなくの時期に、日本ビクターの営業マンから転身した宮崎正守が東京に興した新星堂は、約半世紀を経て九九年には北海道を除く全国に、約二五〇の店舗を持つ我が国最大のレコード小売店チェーンに成長した。また新星堂のように全国展開を行なっている大規模チェーン店とは別に、地域を限定してチェーン店を展開している地方型の小売店チェーンも健闘した。東京銀座の顔ともいうべき本店を擁する山野楽器は、関東中心に三八店舗の小売店を持ち、他に卸売り業も行ない傘下店も持った。静岡が本拠のすみやも東海から関東一円に約一〇〇店舗を開きレコード販売だけではなく楽器やオーディオ機器との複合店として成長した。札幌の玉光堂は北海道内に約三〇店舗を持ち、新星堂の道内への進出に対抗し外資系各店の攻勢にも負けずに健闘した。ビデオレンタルや書籍販売も行なうＴＳＵＴＡＹＡでも、九四年からＣＤ販売をはじめている。深夜も営業するなど、大型複合店の魅力でファンを惹き付けているのが強味である。

一九八〇年代から九〇年代にかけてのレコードの流通は、このようにタイプの異なるチェーン店・小売店のあいだでの、熾烈なユーザーの獲得合戦にその特色をみることができる。そこには全国展開における、外資系三社と新星堂を筆頭とする国内資本の争いと、各地方における全国型チェーンと地域型チェーン間の争いがあった。さらにはそれらのチェーン店と各地に従来から存在する地場レコード店の競争という構図もあった。そして全国型チェーン店はどのケースでも優勢であり、特に外資系チェーン店は店舗の増設のペースも順調でシェアを伸ばしていた。外資系を含む全国型のチェーン店は、新設の大型の駅ビル、都市開発のショッピングモールなど、新たに人の流れの生まれるところに照準を絞り、それまでの日本のレコード・ショップではみられなかった広い売り場面積を誇り、そこに前出のように圧倒的に幅広い店頭在庫をおく店舗を開設した。そのような街では在来のレコード店のある旧繁華街は、往々にして新たな人の流れからは取り残されることが多かった。

(3) 協業が進んだ物流

ある時期から書籍を売る書店とＣＤを売るレコード店のあいだには、ユーザーへのサービスの面で大きな違いが生じるようになった。買いたい商品の在庫が店になくて、メーカーから取り寄せてもらうとする。すると書店のほうでは注文の日から入荷まで早くても数日から一週間、遅ければ二〜三週間待たなければならなかった。これに対してレコード店のほうでＣＤを注文した場合の入荷は格段に早い。基本的にレコード店における注文品の入荷は注文日の翌日、という体制が確立しているからである。

レコード産業がこのような体制を確立したのは一九七〇年代半ばのころであった。このようなレコードの納品期日の短縮を実現した要因は二つある。第一にはまずレコードという超多品目商品を需要に応じて、あるいは需要を先読みして過不足なく、しかも品切れを起こさずに生産するための生産計画の飛躍的な改善である。これは製造工場を持つレコード・メーカーの企業努力によるところが大きい。またそこには八〇年代から九〇年代にかけて、ＣＤが急速に普及したことも追い風となった。ＣＤはディスクの製造工程にしても、ジャケットの製作工程にしても、それまでのアナログレコード＝ＬＰに比べて日数を大きく短縮した。例えばＬＰの製造には原盤を作るメッキの工程があって、厚紙で作るＬＰのジャケットの製作には糊による貼りあわせと、数日間の乾燥工程を必要としたが、ＣＤではこれらの工程はなくなった。

第二には生産された商品を注文に応じて供給するために、画期的な配給システムの改善がされたことである。それはレコード産業内に七〇年代の終わりに相次いで設立された、二つの物流専門会社の設立によって実現した。この二つの会社の誕生の経緯とその後の展開をたどりながら、先進的との評価の高かったレコード産業の物流システム構築の経過をたどってみよう。

一九七五年、ジャパン・レコード配送という会社が発足した。ＣＢＳソニーとワーナーパイオニアの二社が共同出資して作られたこの会社は、両社の商品について共同の商品倉庫を持ち、①レコード店からの受注、②受注品の蔵出しと梱包・出荷、③在庫の管理、を共同作業で行なうために設立された。レコード会社にとって負担が重い物流のコストの軽減と、これも懸案の物流の速度の改善を狙う、レコード会社間の協業の第一歩であった。この段階では参加メーカーもわずか二社であり、サービスの範囲も関東・東海を中心とする九都県に限られていた。

一九七七年になると、今度は日本ビクターの主導で、テイチク、アール・ブイ・シー、トリオを加えた四社による、第二の物流協業グループが登場した。[28] このグループは関東は神奈川県の厚木市に、関西は大阪の摂津市に商品センターを置いて物流の協業を開始した（倉田豊良男 1988）。そしてそれは、翌年の三月に設立された日本レコードセンター株式会社（以下ＮＲＣと略す）に発展した。ＮＲＣにはその後一年ほどのあいだに東宝レコード、ＳＭＳ、キング、日本フォノグラムなどが参加し、みるみるうちに扱い量も拡大する。いっぽうのジャパン・レコード配送のほうもポニーキャニオン、フォーライフ、東芝ＥＭＩなどが参加し、八四年には現在の株式会社ジャパン・ディストリビューション・システム（以下ＪＤＳと略す）と改称され、こちらも全国規模の商品センターに成長する。

このような物流専業会社の出現と、そこでのコンピュータの導入やそれに伴う数々のシステムの改善によって、レコード産業の物流・流通システムはこの二〇年間に、目覚しい改革と進歩を遂げた。各社の協業による物流の集約化は、レコード店にもメーカーにも計り知れないメリットをもたらした。例えばレコード店は、メーカーの数だけある多くの商品センターに毎日発注していたオーダーを、ＮＲＣとＪＤＳにまとめてオーダーできるようになった。それが労力と工数の削減につながっただけでなく、コンピュータ・ソフトの開発によって、商品発注の効率化の進展も著しく貢献している。商品の入荷についてもレコード店にとって、出荷元が二ヶ所に集約されたことは入荷の確認・チェックの作業の大幅な軽減につながったという。

メーカー各社にとってもその恩恵は大きい。それは何といっても協業化によるコスト削減のメリットに尽きる。これまでレコード会社各社は、物流に関わる膨大で複雑な作業を個別に行なってきた。それは倉庫の保有、在庫管理、発注・受注作業、配送作業などに及ぶものだった。これら物流にまつわるコストはこのような協業によって一社当りの負担が劇的に軽減した。それは人件費、倉庫代、在庫管理費用、運送費用、通信費はもとより、コンピュータの各種システムの開発費、維持費にいたるまで多岐にまたがるものである。またこのようなメーカー側の協業化は、商品の発注元であるレコード・ＣＤ販売店にとっても事務の効率化につながった。従来までは商品の発注はそれぞれのメーカーの商品倉庫に個別に行っていたが、物流専門会社の商品センターへまとめて発注することで事が足りるようになったからである。そしてこのシステムは前述したようなユーザーにとって販売店に注文した商品の翌日入荷の実現につながることになった。

(4) 営業受託の進展

この時期に進んだレコード産業の流通システムの変化のなかにも注目すべきものがある。それはレコードの営業における受託という形態が広がったことである。これはレコード会社の三つの基幹機能である制作・宣伝・営業のうちの営業という機能の在り方の変化である。この章ではレコード会社の制作という機能が、既存のレコード会社の独占が崩れレコード会社の外に生まれた原盤制作会社がそこに参加するようになったこと、それに伴ってレコーディング・スタジオの業態が変わったこと、さらにその後は新しいレコード会社も相次いで出現したことなどをみてきた。レコードの営業における受託のあり方の変化はこれらの変化と関連がある。

レコードの制作の機能の拡散ともいえる変化によって生まれた新しいレコード会社に共通して見られたことは、営業という機能を持っていないところが多いことである。彼らはレコード会社の看板を掲げていたが、制作と宣伝の機能しか持っていなかった。もちろんレコードを制作して宣伝するだけでは企業は成り立たない。それを売るための営業という活動が必要である。彼らは営業をどうしていたのか。彼らは営業の機能を持つ他社にそれを委託したのである。ここでの他社とは制作・宣伝・営業のすべての機能を持つレコード会社で、六〇年代までにレコード事業をスタートしていたいわゆる大手と呼ばれる数社のレコード会社である。もちろんそれら大手のレコード会社の営業部門は、自分たちの会社の制作部門が制作したレコードを売ることが本業であるが、彼らは部門内に別の営業チームを設け自社以外の会社の商品を受託して売ることを請け負うようになった。そこではレコード一枚当たりの決められた販売手数料を徴収することはいうまでもない。新興の小規模なレコード会社にとっては、販売手数料を支払っても自前で営業チームを持つよりはてっとり早くはるかに安価でもあった。

七〇年代から九〇年代にかけて、新しいレコード会社の誕生が増えるなかで、このような営業受託の事例も次第に増えていった。スタートの当時大きな話題となりその後事業としても成功した事例として、日本クラウンがエイベックスの営業を受託したケースがある。エイベックスは一九八八年にＣＤの輸入卸売を目的として、エイベックス・ディー・ディーとしてスタートしたが、九〇年になると音楽制作を開始し、レコード・メーカーとして名乗りをあげる。音楽プロデューサーに小室哲哉を迎え、ｔｒｆ、ｇｌｏｂｅ、安室奈美恵という、三組のミリオンセラー・アーティストを擁して、九〇年代半ばには市場占有率一〇％を獲得するまでに成長する。そのように業績が上昇する直前の九一年一一月に、エイベックスは営業を日本クラウンに委託した。それにより日本クラウンも営業部門の売上げが飛躍的に伸長する。もちろんエイベックスの売上げが上乗せになったからである。

このようにしてエイベックス・ディー・ディー社は制作の機能、日本クラウンは営業の機能、という相互の強みを発揮して両社とも業績をあげた。このような成功例は他社を刺激し、レコード会社間の営業受託という協業の関係をさらに促進する要因となった。もちろんすべての新しいレコード会社がこのように大手レコード会社への営業受託を選ぶわけではない。いわゆるインディーズと呼ばれる小規模なレコード会社では、自らの手でレコード店に商品を持ち込んだり、インディーズ専門の卸売り業者を利用するケースも多かった(29)。しかし既存のレコード会社に肩を並べる、あるいはそれを追い抜くという気構えでスタートする新会社は、全国規模の販売網を持つ大手のレコード会社に営業を委託することが多かった。営業力の強い会社と受託契約を結ぶことによって全国区での勝負を挑む姿勢である。

このような流れのなかで大手レコード会社は営業受託という活動に積極的に取組む方向に向かった。その動きが顕著だったのがビクター音楽産業（現ビクターエンタテインメント）だった。一九八二年同社は日本ＡＶＣ株式会社という販売専門会社を立ち上げた。この会社はビクターが自社の営業本部を会社組織にして独立させたもので、これまで営業本部の下部組織で他社の商品を売っていた受託販売部門も、自社の商品を売る営業部門と同格の扱いにして、受託を本格的に取り組もうとするものでもあった。社名のＡＶＣが、Ａ＝オーディオ、Ｖ＝ビデオ、Ｃ＝コンピュータ・ソフト、を意味することからもわかるように、これまでのようにレコード＝オーディオだけではなく、映画や音楽のビデオや、ゲームを中心とするコンピュータ・ソフトも扱うことを宣言し、他社商品の受託をレコード会社だけでなく、ビデオ会社、ゲーム会社からも幅広く受け入れる方向を打ち出した。また社名にはビクターという文字をはずし、非ビクター系の中小の会社が競争会社であるビクターに販売を委託するという躊躇を払拭する配慮もされていた(30)。

二〇〇〇年四月一〇日号の『オリジナル・コンフィデンス』誌は、レコード産業における主要な受託契約についての実態をレポートしている。そこでは、その時点で営業機能を持たない八五のレコード会社が、一三社の大手のレコード会社に営業を委託していることが明らかにされている。そこには多くの新興の中小レーベルが、既存の大手のレコード会社に営業を委ね、制作・宣伝に専念するという形が、二〇世紀の終盤の時期には進展したことがみとめられる。

日本のレコード産業がこの時期に取り組んだこれらの流通・物流の改変も、この時期の外資の進出を容易にする要因として働いたとみることができる。なぜそういえるのか。この時期に進んだ卸売り会社の比重の増加や大型チェーン店の拡大は、レコード会社にとっては営業部門の機能を縮小の方向に向かわせた。たとえば大型チェーン店が取り入れたセントラル・バイイング制度（商品の発注・仕入れがチェーン店の本部で一括される）への移行は、レコード会社の営業マンがチェーン店の多くの支店を訪問する頻度を減少させた。従来のようにレコード会社の営業マンがレコード小売店と緊密な連携をとって売り込みを行い、その店の客層に合った商品をきめ細かく売っていくという状況はなくなり、何をどう売るかは卸売り会社や大型チェーン店の裁量に委ねられることになった。そこからは売りやすいヒット商品だけをより大量に売るというかたちが拡がり、どこのショップに行っても同じような商品が並ぶようになった。その結果それぞれのショップ品揃えに個性が無くなり音楽ファンの失望につながったといわれる。それが二一世紀に入ってからの若者の音楽離れやそれによる日本のレコード市場の停滞を助長する要因のひとつになったともいわれる。しかしそのような問題点とは裏腹に、日本に進出する外資にとってはこのような日本のレコード産業の諸変化は歓迎すべきものだった。商品知識が豊富な営業マンによる販売店への売込みは不要となり、卸し店や販売店からのオーダーを受注してそれを出荷すればよいという状況が生まれていたからである。それは自前の営業部門を持たなくてもレコード会社の経営が充分に成り立つようになっていたことを意味する。

日本のレコード会社が物流の合理化のために、協業で設立した二つの物流専門会社の存在も、日本でのレコード・ビジネスを立ち上げようとする外資にとっては、まさにお誂え向きのものだった。

もしこの時期にまだそのような物流専門会社が設立されていなかったら、彼らは自らの会社内に、商品の在庫管理、受注、配送を担当する部門を持たなければならなかっただろう。多くの外資系レコード会社、あるいは外資と日本の合弁レコード会社は、少なくともその設立当初の時点では、自らは営業部門を持たず、営業部門を他社に委託した。前出のアール・ブイ・シーは設立当初、営業をビクターが設立した販売専門会社である日本ＡＶＣ社に委託した。さらに二〇〇〇年に設立されたユニバーサル・ミュージック・ジャパンも、設立当初はビクターに営業機能を委嘱している。このことも既存の大手レコード会社のなかに営業受託部門を持ち、新興会社の営業を受託するという看板を掲げるところがあったから可能だったといえる。

５．機能や制度のあり方の変化の〝はざま〟で

この章では六〇年代から九〇年代にかけての日本のレコード産業の発展期に生じた制作と流通の双方の場面で生じた制度や機構の変化のいくつかみてきた。あくまでもそれらはこの時期の日本のレコード産業が発展する過程で、必然的に生まれた変化・進展なのだが、結果的には皮肉なことに外資の日本でのビジネスへの参入やその後の展開にとって、追い風として作用したものが少なくなかったということを確認した。

しかしそこにはもうひとつ注目すべき側面がある。制作機能にかかわる変革はいずれも、レコード会社のなかで行われていたことが、レコード会社の外に流出していったものであることはすでに

みた通りである。アーティスト専属制を設けて楽曲の作家をレコード会社内に確保していた体制が崩れ、どこのレコード会社にも所属しないフリーの作家が輩出して楽曲を作り始めたこともそれに該当する。また原盤制作会社が相次いで生まれて楽曲の制作をはじめたことも、さらには市中にレコーディング・スタジオが生まれてそこで六〇年代から九〇年代にかけての、日本のレコード産業の発展期に生じた制作と流通にまたがるレコード産業内の制度や機構の変化は、それらの楽曲が録音されるようになったこともそれに当てはまる。これは音楽制作のアウトソーシングともみてとれる現象だが、じつは長らく音楽制作を自らの手で行い他者の手には渡さないことで、音楽ビジネスの世界での中心的役割を演じてきたレコード会社の足元が崩れ始めたことを意味するものでもある。

これに対して流通の機能にかかわるいくつかの変革は、逆に既存のレコード会社やその集合体にこれらの機能を集中させようとするものである。これは制作機能がレコード会社の外に流出することに対して、流通の機能は自らの手中に確保しておこうとする、既存のレコード会社の〝守り〟の姿勢ともみることができる。この時期にこの流通機能を充実に力を入れて、外資を含む多くの新興レコード会社からの営業受託を最も積極的に受け入れていたのはビクターだったが、同社はこの前後にフィリップス、ＢＭＧ、ＭＣＡなどのメジャーとの合弁会社が清算され、相当額の売上とそれによる市場シェアを失い、さらには人材とビジネスのノウハウを新たな外資会社に提供するために失うことになった。そこでの損失を補うために営業受託の拡充という動きに出たことも推しはかられる。

さらにはこれらの事象を日本への進出を戦略的に進めてきた米英メジャーの側に立ってみると、彼らはこのような日本側のレコード会社にとっての機能の流出と集中という、相反する流れを巧みに取り入れながら実効をあげていったといえる。二つの変化の流れは相反するものであったが、そのどちらにも外資にとって利点があった。それは制作においても流通においてもそれらの変化が生まれなかった場合に比べて、彼らのコストがはるかに軽減されたということである。それはレコード産業におけるアウトソーシングの進捗を彼らが巧みに活用したという言い方もできるだろう。

しかし二〇世紀後半の日本のレコード産業に起こった、このような制作機能の流出と流通機能の集中という動きも、二一世紀に入ると様変わりする。二一世紀に入りコンピュータが普及・進化すると制作機能のレコード産業からの流出はさらに広がってきた。そのためこの問題もレコード会社の内からレコード会社の外へというような、産業を起点にして捉えるべき問題ではなくなった。企業の手を借りなくてもアーティストは音楽をネットで発表することができるようになり、いままでは音楽を受容するだけであった音楽の聴衆のなかにも音楽を作りそれを発信するものが多くみられるようになるなど、音楽制作は作る主体や作られる場の変化からも考えなければならなくなり、これまでの枠を超えた社会的な視点からの観察が必要となってきた。また流通機能についてもCDが音楽メディアの主役ではなくなりインターネットで音楽が多く流通するようになると、レコード産業のなかに集中するかどうかという問題ではなくなり、インターネットの音楽配信の出現という事態を踏まえて、これまでの産業の枠組みを超えたところからみていかなければならなくなった。この問題については終章でもう少し詳しく考えることにする。

第3節　米英メジャーの進攻への日本のレコード産業の対応
——外資上陸に対する抑止力・反撃力は働いたのか

この第三章では、これまでにまずレコード産業という産業の特質を確認し、同時にそこに生まれたメジャー企業の性格を確認し、メジャーの進攻が進んだことの必然性、さらにはそのようなメジャーの進攻を促進する要因となった日本のレコード産業のメカニズムの変化についてみてきた。このような状況のなかで日本側のレコード産業は米英メジャーの進出をどのように受け止めていたのか、その受け止め方に問題はなかったのか。この節ではその点を確認してみることにしたい。そのためにみていかなければならないポイントはいくつかあると思われるが、ここではつぎの二つの問題についてそれぞれの状況をみながら考えてみることにする。

まず第一には、日本側のレコード産業は外資メジャーの日本への進出のきっかけとなった日本政府の資本の自由化決定の時期に、どのような対応をとったのか、そしてそれは適切なものだったのかという点を振り返ってみたい。そのためにまず当時この資本の自由化という日本経済の大きな曲がり角に際して、レコード業界を代表して政府との折衝に当たっていた日本レコード協会の対応について検証してみたい。しかし残念ながらレコード協会の資料にはその折の事情が充分に分かるほどの記載はないし、事情を知る同協会の当事者から聴きとることも今となっては難しい。従ってわずかに残る協会の資料から類推することにするほかはない。その資料を読んでまず疑問に思うことは、当時資本の自由化によって起こると想定されていた外資メジャーによって作られるレコード会社について、日本レコード協会側は洋楽の分野だけを扱うものと決め込み、邦楽の分野にまで進出することを想定していなかったのではないかということである。そのため日本レコード協会と政府機関との資本自由化にかかわる意見交換に当たっても、協会側はその点を踏まえた意見なり要望なりを政府側にぶつけていなかったのではないか。それは日本レコード協会が刊行していた同協会の歴史資料からうかがわれることである(31)。もし協会側から外資が洋楽だけではなく邦楽も扱うであろうことを前提にして、政府との対応に当たっていたならば、日本の市場で二〇世紀を通して五〇％を下回ることがなかった邦楽の市場に外資が進出することを、阻止することまではできなかったにせよ、その時期を遅らせたり、規模を抑えたりすることが出来て、その間にたとえば日本側のレコード産業の資本でいくつかの独自の新しい邦楽制作会社を作って対抗する、などの手立てが考えられたのではないかとわれる。そして外資会社の売上の邦楽の比率も、そしてその市場シェアも現実に起こったように高くはならず、外資の日本市場での席巻を簡単に許すことにはならなかった可能性があったのではないか、とも考えられる。たとえそこまでのことが出来なかったにせよ、そのような意識さえもっと強く持っていたら、第2章で検証したように既存の日本資本の会社が合弁会社の設立に協力して外資の上陸に、手を貸してしまうということにはならなかったのではないか。

第二には、日本のレコード産業は米英の企業の進出を受け入れるのみで、逆に米英の市場に打って出ることに本気で真剣に取り組まなかったのではないか。日本のレコード産業は、世界の市場へ日本の資本をもって進出し、日本の音楽文化を世界に進攻させることで米英からの進攻に対抗するということをもっと真剣に試みるべきではなかったのか。このことは言い換えれば日本のレコード産業には世界戦略がなかったのではないか、ということでもある。唯一の例外はソニーが世界のメジャーであるCBSコロムビアを買収し、その後もその経営を成功裏に維持・継続していることである。確かにソニーは世界のメジャーを手中に収めた。しかしその他のレコード会社はどうだったのか。特に日本のレコード産業全体としての世界戦略はあったのか、ということについては疑問が残る。以下これらの点について検証してみる。

1. 日本側が読めなかった米英メジャーの邦楽分野への進出

日本は明治時代から西欧諸国による経済上の植民地的支配を危惧して外国資本の導入は極力制限していた。それは第二次世界大戦後もしばらくは変わらなかったが一九五〇年に外資に関する法律（外資法）が制定されて、外国資本の日本への出資は国民の所得向上および雇用増進、国際収支の改善に資する投資に限って五〇%まで認めることになった。しかしこれも国外から見れば、日本の産業と競合する業種については事実上は外国資本の禁止措置と受け止められた。ところが日本はOECDへの加盟もあって資本外取引と資本移動の自由化を義務付けた「資本取引の自由化に関する規約」に加入することとなり、これを契機に従来の制限措置に対する国外からの批判が高まった[32]。特にアメリカからの資本自由化要求は強く、一九六六年の第五回日米貿易経済合同委員会によって日本は資本自由化を約束させられることになった。これに従って一九六七年から一九七三年までのあいだに五回に分けて段階的に資本の自由化措置が実施された。それは国内産業に対して打撃の少ない部門から徐々に開放するという方式[33]であったが、これによって一部の外資規制[34]を除いて外国資本一〇〇%の出資が認められることになった。このようないきさつがあって、レコード産業においても米英メジャーの進出がはじまることになった。

一九六七年に他の業種に先立って最初に五〇%自由化されることになった三三業種のなかにレコード産業は組み入れられた。財団法人・日本レコード協会が一九九三（平成五）年に刊行した『日本レコード協会六〇年史』によれば、日本のレコード産業の連合機関である同協会はこの決定のときに、この時期の五〇%自由化はやむを得ないとしても、その後まもなく実施が決まるとされていた一〇〇%自由化への移行を、可能な限り引き延ばしてほしいとの強い要望を政府の関係機関に提出したという。その結果レコード産業の一〇〇%資本自由化は一九七五年まで延ばされることになった。このとき政府機関に対する一〇〇%自由化の引き延ばし要望の理由として日本レコード協会が主張したことは、この時期の日本のレコード市場では洋楽＝海外音源の音楽が五〇％を超えようとする勢いであったため、ここで一〇〇％外国資本の海外のレコード会社が日本に乗り込んでくることになれば、日本のレコード市場の半分がいきなり外資レコード会社のものとなってしまう。もしそのようなことになれば、日本資本のレコード産業は売上も市場シェアもたちまち半減してしまい立ち行かなくなる、ということだった。

しかしこのことは当時の日本資本のレコード会社による先の展望が的を射ていなかったといわざるを得ない。実際に資本自由化がスタートしてから外資と日本資本の間に起こったことは、洋楽は外資、邦楽は日本資本というように市場の半分ずつを分け合うというような生易しいものではなかった。日本側は進出してくる外資メジャーが洋楽のビジネスだけを扱うものと決め込み、邦楽も扱おうとしていることに気が付いていなかったと思われる。しかし第2章でも検証したように実際には、五〇％自由化によって日本に生まれた外資メジャーと日本資本の大手レコード会社によって作られた合弁会社は、相次いで邦楽を手掛けることになった。

このように合弁会社が、日本のレコード市場の常に六割〜七割を占めてきた邦楽を手掛けることが明らかになっても、彼らが創業してしばらくのあいだは日本のレコード産業の内部でもそれほど深刻には受け止められていなかった。それは合弁会社の多くが日米折半の資本であったので、その半分は〝日本の会社〟でもあり、自分たちの会社でもあったからである。しかし一〇〇％資本自由化の時代になってそれらの合弁から日本資本が引き上げざるを得なくなって、その合弁会社が外資一〇〇％の会社に生まれ変わると、そこには洋楽と邦楽の両分野を扱う大型のレコード会社が出現することになった。それも一社ではなく数社が連続的に出現した。それらは米英の豊富な洋楽音源と日本の新しいポピュラー音楽の制作能力を持つ、日本の既存のレコード会社にとってのライバルであり強敵の相次ぐ出現だった。このことは結果的には米英メジャーが、合弁という隠れ蓑を使って巧みに日本の市場へ上陸し、日本のレコード産業に攻勢をかけてきて、日本側が気がついた時には邦楽という大切な市場も、その大きな部分を米英メジャーに手渡してしまっていた、という言い方ができる事態だった。

振り返ってみるまでもなく、外資メジャーが日本の大手レコード会社に合弁の設立を持ちかけてきた折には、その当初から邦楽の分野も扱うことが外資からの条件であった。前にもみたように日米の合弁の第一号の設立を目論んだアメリカのＣＢＳコロムビアが、それまでのライセンシーだった日本コロムビアに合弁を持ちかけた際にもそのような条件が提示された。しかしそれは日本コロムビアのレコード事業部全体を合弁会社に抱合するという提案であり、それは日本コロムビアのレコード事業部が携わっていた洋楽のビジネスのみを新合弁会社に移行させるだけではなく、邦楽のビジネスをも包含する提案だった。日本コロムビアはこの条件を受け入れなかった。このためＣＢＳレコードの合弁の相手は結果的にはソニーとなった。これは日本コロムビアがこの条件を飲めばレコード事業を手放すことにもなるので受け入れることを拒否したものと推測されるが、このような日本コロムビアの選択に対して、当時は〝時代遅れ〟などの批判もされたようだ。しかし日本のレコード産業の関係者の多くが、外資の合弁会社は洋楽だけではなく邦楽をも扱おうとしていることに気が付いたのはこの時だったのではないか。

この時の日本コロムビアが合弁への参加を拒否したことは、洋楽のビジネスか邦楽のビジネスかどちらかを選ぶことを迫られ、邦楽のビジネスを重視したということになる。これに対してその直後に、ＲＣＡビクターとフィリップスの二社から相次いで合弁を持ちかけられたビクター（当時はビクター音楽産業）は、日本コロムビアとは対照的にこの二つの誘いを両方とも受け入れた。設立された合弁会社は両社とも洋楽は当然のことだが、邦楽をも手掛けることになった。しかしそのためその後メジャー資本一〇〇％の会社に移行した時点では、その会社が邦楽の制作・宣伝の機能を充分に保有する会社になっていた。そしてその時点で合弁から離れたビクターは洋楽・邦楽の両方を失った。それは邦楽の音源についてもビクターは合弁解消の時点で、当該レーベルにあったすべての音源＝カタログを、メジャー会社側に手渡さざるを得なかったからである。合弁参加を拒否した日本コロムビアは邦楽のビジネスを確保し、邦楽のカタログ音源を失うことはなかった[35]。このことから資本の自由化が五〇％という時代の合弁会社への参画は、ビクターをはじめ合弁に参画した多くの会社は、舵の取り方を誤ったという言い方もできる。この時期にメジャーの日本上陸に抵抗したといえる大手企業は、日本コロムビアだけだったといえるかもしれない。このようなことからは、この時期の米英メジャーの進攻に対する日本のレコード産業の抑止力は、ほとんど働いていなかったということになる。

2. 急激な外資の進攻で変わった日本のレコード産業の体質と弱まった一体感

資本自由化に伴って進捗したこのような展開が日本のレコード産業にとって何を意味するのか、どう対処するべきかを、日本のレコード産業の連合機関である日本レコード協会はどのように考えて、その後どのような対処をしたのだろうか。これらについて協会内でどのような論議が交わされ、どのようなことが行われようとしていたのかは、前述の導入期の政府機関との実施延期の交渉以外は記録にも残っていないので外部からは判断はつかない。しかし実際にはそのような議論をするいとまもないほど外資の進攻という事態は急速に進んでいったのではないか。それは日本レコード協会が日本のレコード産業の大手企業の集合機関であり、そのメンバーの各社はこれらの事業の変革に否応なしに巻き込まれ、高度で連続的な経営的判断とその実行を迫られていたと思われるからである。そのため日本のレコード産業が全体としてどうあるべきかという判断を下すような機能は、少なくとも日本レコード協会のなかには働く余地はなかったのではないかと想像できる。日本レコード産業も他の多くの産業がそうであるように自由経済のグローバル化の潮流に揉まれ、そのなかで企業間の競争が激化する環境のなかでは、外資との対応という問題に対しても産業全体として歩調を合わせるというような時代ではなくなり、それぞれの企業が独自に判断して対処する時代になっていたからである。

このような事態が進行していった結果、新たに誕生した米英メジャーの日本法人各社も、日本のレコード産業のリーディング・カンパニーになっていき、日本レコード協会にも加盟してその主要なメンバーとなっていった。日本レコード協会の会長は主力レコード会社の代表者が回り持ちで務めることが慣例だが、そこには外資メジャーの社長が就任することも起こるようになった[36]。このような状況が生まれたため日本レコード協会は、当然のことながら外資の日本への進攻への対応を考えたり評価したりするような場ではなくなっていった。それはそのような機能が日本のレコード産業内外のどこにも無くなったことを意味するものであった。

しかしそもそも日本のレコード産業が発展に向かって協力し合い、そのために業界内に生じた問題の解決には力を合わせ、共通の利益を守るという主旨で設立された日本レコード協会ではあるが、その主力メンバーに外資企業が増えてしまうという事態の進展は、第二次大戦中の一九四二（昭和一七）年の同協会設立当時には当然想定されていなかったことである。このように外資の攻勢が功を奏し、日本のレコード産業のなかで影響力を深めるようになったことにより、日本レコード協会の体質は変わらざるを得なくなった。もちろん新しいメディアへの対応、再販売価格指定商品からの除外の問題への対応、ＣＤレンタル問題への対処、ＣＤの売上低下への取り組み、音楽配信のビジネス環境整備、インターネットからの違法コピーの問題など、レコード産業につぎつぎに降りかかり産業が一体となって取り組む必要のある問題が起こった場合には、これまでも日本レコード協会はそれらに取り組み成果も挙げてきており、その意味では協会としての全体の機能が衰えているということではないのだが……。

3．大きな成果に至らなかったビクターとコロムビアの海外進出への試み

〝攻撃は最大の防禦なり〟といわれるが、この時期米英メジャーの日本進攻に対抗して、日本のレコード産業が米英市場に向けて、資本や人材などを投入して攻勢をかけるということは行われていたのか。そうだとすればどこまで進んだのか。その成果はどうだったのか。これらを考えてみる。

第二次世界大戦以前の日本のレコード産業は、もっぱら欧米のレコード会社が持ちこむ音楽を受け入れることと、自国に芽生え広がりつつあった独自のポピュラー音楽＝大衆音楽の育成に活動のすべてを集中しており、その自国の音楽を米英に売込むというようなところまではほとんど考えが及ばなかったことだった。そして第二次世界大戦後になってからも一九五〇年代から六〇年代の前半までの時期は、アメリカやヨーロッパからの新しいポピュラー音楽の奔流を受け止めることに精いっぱいだった。しかしその後の日本のレコード産業の発展に伴って、大手のレコード会社では日本の音楽をなんとかして海外に出せないか、ということを考える気運が生まれたことも事実である。

しかしそこに立ちはだかったのは〝日本語の壁〟であった。海外の市場では日本語の楽曲が受け入れられないという問題が、日本語の楽曲を海外で売ることに対する日本のレコード会社の意欲や

行動に水を差したことは確かなことといえるだろう。しばしば日本のポピュラー・ソングの成功事例として引き合いに出される「Sukiyaki」（アメリカビルボード誌のシングル盤ヒットチャート第一位獲得）も、原曲の坂本九・歌唱の「上を向いて歩こう」がそのままヒットしたわけではなく、一九六二年来日した英国パイ・レコードの社長ルイス・ベンジャミンがこの曲を聴き気に入って帰国後ケニー・ボール楽団で、歌詞は日本語でも英語でも歌われず、デキシーランド・ジャズ風なアレンジインストゥルメンタル曲として発売したものが、アメリカに渡りキャピトル・レコードから発売されて大ヒットしたものである。この曲のアメリカでのヒットも日本の東芝レコードがアメリカ市場攻略を意図して生まれたものではなかったということである。

言語の壁で悩んだのは非英語圏のドイツやフランスのレコード産業も同様だった。特にドイツではドイツ語で歌われる自国のポピュラー・ソングが自国以外ではアメリカはもとより、お膝元のヨーロッパでさえほとんど受け入れらなかった。彼らはこの問題に対処するために、歌詞のないインストゥルメンタルの音楽を世界の市場で売ることに挑戦した。すなわちドイツ・グラモフォンはアルフレッド・ハウゼ、リカルド・サントス、ベルト・ケンプフェルトなど、ポピュラー音楽を演奏するオーケストラとその指揮者を、世界で売れるヒット・ミュージシャンとして育成した。オランダのフィリップスはタンゴ・バンドのマランドで勝負をかけた。フランスでも同様にフランク・プールセル、ポール・モーリア、レイモン・ルフェーブルや少し時代が下がってリチャード・クレーダーマンなどのインストゥルメンタルを主体とするオーケストラをレコード会社が育成し、いわゆるイージーリスニングの分野でのスター・ミュージシャンにすることに労力を注いだ。これらのレコード会社の作戦は成功したものが多かった。なかでもドイツ・グラモフォンとオランダのフィリップスは、自国の音楽であるクラシック音楽のアーティスト育成と録音には、ポピュラー音楽以上に力を傾注して世界の市場で実績を積み上げ、それが両社が世界のメジャー企業にまで成長することに大きくつながった。

これらヨーロッパ諸国の非英語圏の諸国のレコード会社の戦術に類似した方法で、ある時期に世界の市場への挑戦を試みた日本のレコード会社もあった。そのなかでビクターがジャズ、日本コロムビアがクラシック音楽という、いずれもインストゥルメンタルを主体とするジャンルの音楽で、欧米に勝負を挑んだ時の成り行きを振り返ってみる。

まずビクターのジャズへの取り組みはどうだったのか。七〇年代後半にビクターの洋楽部門では、ＪＶＣというレーベルを発足させた。その当時ロックやソウルやラテン系の音楽との融合した新しいジャズが、クロスオーヴァーあるいはフュージョンというような呼称で台頭していたのだが、ＪＶＣはそのような新しいジャズの動きに特化したレーベルで、そのターゲットはアメリカの市場だった。[37]レーベルのＪＶＣという名称はこの時期ビクターがやはり世界市場に勝負を賭けて各国に販売拠点を置いて必死に取り組んでいた、オーディオ機器の商標に使われていたものであり、ビクターの世界戦略の象徴としてのロゴマークであった。ＪＶＣとはJapan Victor Companyの略称である。ＪＶＣはアメリカ・カリフォルニア州ロサンジェルスにオフィスと録音機材が置かれ、プロデューサー、エンジニアが常駐した。このＪＶＣレーベルはビクター音楽産業が主体となって立上げたものだが、それは単に同社のアメリカ支社、あるいはアメリカに置いた制作会社という性格のものではなく、宣伝機能も配給機能をも持つれっきとしたアメリカのレコード会社であり、同じくジャズに特化してアメリカをはじめ世界のファンに支持されていたＧＲＰレコードの姉妹レーベルでもありライバル・レーベルといわれるまでになった。そこでは当時のアメリカのトップクラスのジャズ・ミュージシャンである、ギターのリー・リトナー、アーニー・ワッツ、キーボードのデイブ・グルーシン、ドン・グルーシン、ベースのエイブ・ラボリエル、サックスのアート・ペッパーらをリーダーとするバンドのレコーディングが行われた。また日本でも当時の世界に通用する水準に達していた人気プレーヤーが相次いで起用されて録音セッションが持たれた。そこで中核となったアーティストは、サックスのマルタ、渡辺貞夫、トランペットの日野皓正、キーボードの本田竹曠、国分弘子など、国際的に活動をする日本人ミュージシャンたちであった。

いっぽう日本コロムビアはクラシック音楽の分野で、これに近いかたちの活動を起こしていた。同社は一九七二年に自社製のＰＣＭ方式によるデジタル録音機第一号機完成させたが、これを契機にデジタル録音によるクラシック音楽の制作に力を注ぎ始める。これも日本の市場だけでなく、ヨーロッパを中心とする世界の市場を視野に入れた活動である。アーティストは、ヨーロッパでは世界のメジャーが足を踏み入れることが比較的少ない、チェコ、スロバキア、旧・東ドイツ、イタリアなどのオーケストラやソリスト、あるいはメジャーとの契約を持たない実力派の指揮者などを起用した。七〇年代の後半からは欧米各地にいつでも機材を持ち込んでの録音ができるように、ドイツのデュッセルドルフに拠点を設けてスタッフを常駐させるようにもなった。もちろん日本でもクラシック界の優秀な世界的なミュージシャンを起用しての録音が続けられた。ここで生まれた音源はビクターのＪＶＣと同様に日本コロムビアがオーディオの世界市場で使っていたＤＥＮＯＮの商標をそのままレコードのレーベルにも使った。

このように日本資本の大手レコード会社であるビクターとコロムビアは、対象とした音楽のジャンルは異なったものの、米英を中心とする世界の市場に向けての商品の制作に取り組んだ。この両者の取り組みから生まれた作品はアメリカのジャズ、ヨーロッパのクラシックの市場では評価を受け、それぞれの専門分野に特化してそれなりの実績をあげたといえる。しかしＪＶＣもＤＥＮＯＮも米英メジャーのなかの主要なレーベルに比肩するような世界的なジャズ・レーベル、あるいはクラシック・レーベルに育つというところまで到達することはできなかった。両レーベルがそのような存在になり得なかったことにはいろいろな理由があるだろう。そのなかでも最も大きいもののひとつは、ジャズもクラシックも日本で生まれた日本独自の音楽ではないということではないだろうか。日本へ進攻してきた米英のレコード会社たちが、すべて自国や近隣の欧米各国で生まれたポピュラー音楽やクラシック音楽をもって攻め込んできたことを考えると、そのようなことが大きな要因としてあったと考えることが妥当のような気がする。

4．創業者たちの夢が実現したソニーのＣＢＳレコード獲得

このようにビクターやコロムビアなどの日本のレコード会社が精いっぱいのアイデアと実行力をもってしても、世界の市場とくに欧米の市場への進攻は目覚ましいほどには捗らなかった。しかしそこに思いがけない出来事が起こった。それは一九八八年九月、日本国籍の企業であるソニーが、アメリカのレコード会社ＣＢＳを買収するという出来事であった。このニュースは直ちに世界中に伝わった。業界ではＣＢＳとの合弁が解消されたあとは、ソニーは新たなレコード会社を独自の手で、日本で立ち上げるのではないかとの観測が流れ始めていた矢先のことでもあった。ソニーの発表によれば、この買収はソニーが音楽の分野でも録音や再生機器メーカーに甘んじるだけではなく、コンテンツ制作にも参入し二一世紀に向かって総合情報産業の世界の覇者としての位置を狙うなかでの、重要な戦略のひとつに位置づけられるものとされた。いずれにせよこの出来事は日本の資本が初めて世界規模のレコード産業を買収するという〝快挙〟として大きな話題となり、ソニーの関係者ならずともこれまでの長いレコード産業の歴史のなかで常に〝受け身〟であることにフラストレーションを募らせていた日本のレコード産業人・業界人はもとより、多くのミュージシャンや音

楽ファンまでもが快哉を叫ぶものとなった。このソニーの快挙は同社の創業者たちが長年抱いていた〝世界規模のレコード会社を持ちたい〟という夢の実現ということも報道された。多くの日本の電気メーカーは家電としての音響製品を売るための副事業として、レコード会社を持ったにすぎず、その音響製品の事業が不振に陥ると早々にレコード事業からは退却していった。このニュースによってソニーはそのような企業とははっきりと一線を画す企業であることを、誰もが改めて知ることにもなった。

この節で述べたことは、ＪＶＣやＤＥＮＯＮのレーベルのもとでジャズやクラシックの音楽を制作して、地道に世界の市場に打って出ようとしたビクターやコロムビアのような活動を見当はずれのものであるとか力不足であったとかというように非難し、ソニーのみを良しとするものではない。ソニーのやり方も資金力にものを言わせて世界のメジャーを一挙に自分のものにしてしまうという強引な側面があることは確かである。それがアメリカに進出に対する日本企業への非難やバッシングにもつながった。しかし、自国の音楽、つまり邦楽の制作・配給の分野にまで外資進出を許してしまった日本のレコード産業にとって、それに対抗する手段としてはソニーが採ったような方法しかなかったのではないかとも思われる。

この点ではソニー以外の日本の企業にもそのようなチャンスがなかったとは言い切れない。たとえばドイツのＢＭＧが一九八六年にＧＥ（ゼネラル・エレクトリック）社が保有していた、アメリカ

RCAの音楽部門の株式の七五％を取得、それまで自ら保有していた二五％と併せて、世界のメジャーRCAレコードの全株式を取得した。その折に戦前から続く日本でのRCAレコードのライセンシーであった日本ビクターが意思表示をすれば、BMGに対抗して名門RCAレコードの獲得競争の土俵にあがることはできたのではないか。その時期の日本ビクターは、一九七〇年代に開発したVHS磁気テープがソニーの開発したベータテープを圧倒して、最強の映像パッケージメディアとして普及していた時期で、多額の使用印税が毎年全世界から集まっていた時期であり、オーディオ機器、映像機器の業績も世界的に好調で、財源には事欠かなかったはずである[39]。しかしビクターには音楽ビジネスで世界に打って出るという世界戦略はなかった。それはソニーと比べた場合の企業文化の違いともいえる。つまりソニーにいたような音楽ビジネスでの世界制覇を夢にみる〝ミュージック・マン〟であり会社のオーナーでもある経営者がいなかったということだろう。ビクターのオーナーは音楽とは縁遠いエレクトロニクス機器メーカーの松下電器であり、ビクターの歴代の経営者もその松下電器からの出向者であった。日本コロムビアも東芝もレコード部門は電気機器メーカーの傘下にあり、レコード会社としての有りようはビクターと同様であった。

そのような松下電器が一九九〇年にはアメリカでレコード会社のみならず映画、テレビ、ケーブルテレビ、遊園地などの総合娯楽事業を展開するMCAを買収し大量の資金を投入したこともあった。しかしこの投資は実を結ぶことはなく一九九五年に松下電器はカナダの飲料メーカー・シーグラムにMCA／ユニバーサルを売却して撤退した[40]。これについては当時日本のエレクトロニクス企業とアメリカのエンタテインメント企業との文化の違いが原因と言われたが、その後のソニーのCBSレコードやCBS映画の買収や順調に見える事業運営から判断すると、松下電器の撤退の要因は異業種の企業の文化の違いもさることながら、MCAと松下とのあいだの問題、あるいは松下電器の経営判断や手腕の問題だったとみるほうが順当なのかもしれない。それ以前にこの場合の松下電器のMCA／ユニバーサル買収の目的は、世界的な娯楽コングロマリットを日本の資本が保有するというステイタスを得ることもあるいっぽうで、より直接的にはこの時期ますます重要になってきた映像ソフトを確保するためにハリウッドのメジャーを手中に置きたかったということのほうがより直接的なことだった。松下電器の幹部がそういう主旨のコメントを出していたことも報道された。それはあくまでも本業の映像・音響機器事業を有利に展開するためのものということが明白であった。これに対して日本のソニーも、MCA／ユニバーサルを日本の松下電器から引き継いだカナダの酒造会社のシーグラムも、RCAビクターを買収したドイツのベルテルスマンも、またMCA／ユニバーサルをシーグラムから引き継いだフランスのメディア・コングロマリットのビベンディも、それぞれの経過や結末は違っても、言葉の違いを含む文化の違いを乗り越えて世界の多国籍企業の経営に意欲を持ち、それに向かって挑戦し力を注いだといえる。

さらにイギリスのヴァージン・レコードへ日本の有力なメディア産業による、資本参加があったことも付け加えておきたい。一九八七年日本のフジサンケイグループがイギリスのヴァージン・レコードへ二五%を少し上回る比率の資本参加した。当時日本にあったヴァージン・ジャパンの資本はヴァージン一〇〇%だったが、これにもフジサンケイグループが五〇%保有することになり、それに伴い一九九〇年から日本でのヴァージン・レコードの配給はビクターからフジサンケイグループのポニーキャニオン・レコードに移行した。しかし五年後の一九九二年に社長のリチャード・ブロンソンがヴァージン・レコードのすべての株式をイギリスのEMIに売却してしまう。そのためにフジサンケイグループの出資は解消されることになった。世界的にもヴァージンはEMI内のひとつのレーベルとして運営されることになった。これにより日本の企業がヴァージンという当時世界の準メジャーにまで発展していたレコード会社を保有する可能性が消滅した。しかしヴァージンがEMIに売却された事実からはフジサンケイグループにもあるいはそれ以外の日本の企業にも、ヴァージン・レコードを獲得するチャンスがあったのではないかとも思われる。だが少なくともフジサンケイグループにそのような意志はなかったようだ。それはフジサンケイグループが資本参加の折にマスコミに発表したコメントをみてもわかることで、そこでは世界の音楽市場へ進出するというような目的は掲げられておらず、「両社の提携を深める」、「弱かったポニーキャニオンの洋楽の分野を補強する」ということだけが言及されていた。

以上みてきたように、これまで日本のレコード会社やその親会社や関連産業のグループ企業には、世界のメジャーを獲得する機会は無かったとはいえないのだが、ソニー以外はその道を選ぶことはなかった。その理由はそれぞれのケースで異なるだろうが、共通していることは、豊富な資金力で手中に収めることは出来ても、言語も文化も異なる欧米人が働く多国籍企業を、日本の企業がコントロールしていくことが容易なことではないとの危惧があったのだろう。その危惧が現実のものになることが松下電器のＭＣＡ／ユニバーサル買収のケースでは早速起こったといえる。さらにいえることは、これまでにもみたように日本の音楽が世界の市場でなかなか通用しないという事実がある。もし日本のアーティストや彼らの音楽が、欧米の市場でもっと商品価値が高いものになっていたら、あるいはその可能性が見込まれるものになっていたら、日本のレコード会社の世界戦略はもっと積極的なものになっていたことだろう。それは自国の音楽が世界中の市場で通用する位置にあった欧米のメジャーレコード会社の動きをみれば明らかなことである。。

注

（1）　イギリスにさえハリウッドのメジャーが本格的な映画製作会社を置いた歴史はない。戦前にＭＧＭがイギリスのハートフォードシャーにスタジオ（MGM British）をかまえ、『響け凱歌』（一九三八年）、『チップス先生さようなら』（一九三九年）など多くのヒット映画を生み出したという事例はある。戦後は『逢びき』（一九四五年）、『大いなる遺産』（一九四六年）、『オリヴァ・ツイスト』（一九四八年）、『邪魔者は殺せ』（一九四七年）、『第三の男』（一九四九年）、『アラビアのロレンス』（一九六二年）、『素晴らしきヒコーキ野郎』（一九六五年）、『２００１年宇宙の旅』（一九六八年）、『遠すぎた橋』（一九七七年）『炎のランナー』（一九八一年）、『ガンジー』（一九八三年）など特筆すべきイギリス映画が作られたが、いずれもメジャーの作品ではなく、イギリス資本やアメリカの投資家の出資で作られたものが多い。『スターウォーズ』、『ハリー・ポッター』『００７ジェームス・ボンド』のシリーズなどは、イギリスで撮影されているが、製作したのはアメリカのメジャーである（『世界大百科事典』MGM British）。

（２）レコードが出現する一九世紀以前の時代には、音楽も生演奏のライブが行われる場所で聴かれており、その時代はモノのかたちの商品ではなかった。二一世紀に入ってレコード（ＣＤ）の減少により、再び音楽がモノではなくなる傾向が生まれつつある。

（３）このように電気産業は、電気掃除機・電気洗濯機・電気冷蔵庫のような、いわゆる白モノと呼ばれる家事の省力化のための電化製品と、テレビ受像機・ラジオ受信機・蓄音機のような、娯楽のための電気製品を製造販売していた。しかしテレビもラジオも番組の内容は電気会社とは関係の薄い放送局が制作したが、レコードの内容＝音楽は電気産業の強い影響下にあるレコード会社が制作した。そこにレコード産業が抱える多くの宿命的な問題点が生まれたといえる。

（４）ＩＴ時代の到来となって多国籍コングロマリットがビジネスとして最初に目をつけたのが音楽配信であった。音楽は映像に比べてデータとしての容量も軽く、ブロードバンド以前のナロウバンドの通信インフラにも対応していたからである（岸博幸 2010）。そのために有力なレコード会社がつぎつぎに買収された。この点については本書の第４章で詳述する。

（５）一九七二年イギリスのリチャード・ブロンソンが中心となって設立したヴァージン・レコードは、七〇年代はマイク・オールドフィールド、セックス・ピストルズなどのプログレッシブ・ロック、パンクなどの有力アーティスト、八〇年代に入るとカルチャー・クラブ、ヒューマン・リーグなどポップ、テクノ・ポップ系のアーティストを擁してさらに発展し、八七年にはヴァージン・アメリカを設立し、クラシック分野にも進出するなど、世界のメジャーレーベルになる寸前までに成長したが、ブロンソンは一九九四年そのレコード事業をＥＭＩに売却してしまう。八四年に参入していた航空産業やその後興味を持った宇宙産業への資本集中がその理由だった。その後ヴァージンはＥＭＩのレーベルの一つとなったが、二〇一二年にＥＭＩがユニバーサル・ミュージックに統合され同社のレーベルとなった（簑島 1991）。

（６）「庇」（ひさし）とは家屋の出入口・窓・縁側などの上部に張出す片流れの小屋根。軒（のき）ともいう。また帽子の額の上に突き出た「つば」の部分をいうこともある。「庇」とも書く。この諺は「一部を貸したためにやがて全部を奪われるようになる」あるいは「保護してあげた相手に恩をあだで返される」という意味（『デジタル大辞泉』他）。

（7）多品種少量販売と少品種多量販売は両方ともレコード会社に課せられた命題であり、両方をバランスよくすることが良しとされる。しかしカタログ販売ともいわれる多品種少量販売は、嗜好が分かれる多くのユーザーを満足させ、音楽文化の多様化を守るためには望ましいが、経営的には効率が悪くレコード会社の利益を圧迫する要因ともなる。いっぽうヒット曲を追う少品種多量販売も音楽文化の担い手としてのレコード会社の重要な仕事であるが、利益効率も高いためレコード会社は少品種多量販売にウエイトをおきがちで少品種多量販売はおろそかになりやすく、それを批判されることも多い。特にCD売り上げが不振に陥った二〇世紀終盤はレコード会社は、発売点数の絞り込みを行い批判の声が高まった。

（8）サンレコードは一九五二年、サム・フィリップスによってメンフィスに設立された。エルヴィス・プレスリーがデビューしたレーベルとして有名だが、他にもカール・パーキンス、ロイ・オービソン、ジェリー・リー・ルイス、ジョニー・キャッシュなどの著名歌手もここからデビューしている。一九五五年にプレスリーはRCAレコードに移籍したがその契約金は三五〇〇〇ドルで当時のサンレコード経営危機を救った。現在もサン・エンタテイメント社として存在し、いくつかのマイナー・レーベルを持つ。二〇一三年にはサンレコードはジュリー・ロバーツとレコーディング契約を結んだ（東 1999）。

（9）ビートルズが契約したパーロフォン・レコードは当時英国EMIのなかでも小さなレーベルの一つ。パーロフォンは一八九六年ドイツでカール・リンドストレーム社によって設立され一九二六年に英コロムビア（現EMI）に買収された。当時EMIでパーロフォンの企画を担当していたのがジョージ・マーティンで、アビーロード・スタジオでのオーディションでビートルズの可能性を見抜き、直ちに契約しプロデューサーとなってビートルズとともに歩くことになった。六八年にはビートルズはアップル・レコードを立ち上げパーロフォンを離れた。二〇一二年ユニバーサル・ミュージック・グループがEMIのレコード部門を買収するに当たり、欧州委員会が資産の一部の売却を命じたため（そのままではユニバーサルの市場シェアが大きくなり過ぎるので）、ＥＭＩのパーロフォンはクリサリス、ＥＭＩクラシックス、ヴァージン・クラシックスなどとともに売りに出され、それをワーナー・グループが買った。ただしパーロフォンのビートルズの音源はユニバーサル（ＥＭＩ）に残った。

(10)　エルヴィス・プレスリーがサンレコードというマイナーで成功して、移籍というかたちでＲＣＡレコードというメジャー・デビューを果したのに対し、ビートルズは最初からＥＭＩというメジャーでデビューした。しかしそこに至るまではデッカ、パイ、フィリップスで門前払いを食らうなど曲折があった。後になってそれらのレーベルは大魚を逸したことを悔やむことになった（東 1999）。

(11)　Ａ＆Ｒ（エー・アンド・アール）はレコード会社の制作部門の最も重要な職務。Artist and Repertoire（アーティスト・アンド・レパトワー）の略。英米のレコード会社から入ってきた呼称なので日本では洋楽部のなかで、契約先の海外のレーベルから提供されるアーティストや楽曲から日本の市場に向いたものを選定して商品化し、宣伝や販売促進の方針を提示して責任を負う編成マンをいう場合が多い。通常その仕事は契約先のレーベル毎に割当てられるので日本のレコード会社ではレーベル・マネジャーとも呼ばれる。レコード会社の組織では彼らよりも上位の責任者として洋楽部長や制作本部長（企業や時代によって呼称は異る）がいる。

(12)　レコードの技術革新のなかで、先行の規格と使用上の互換性があったのは二例しかない。電気録音のレコードは機械録音のレコードの蓄音器でも再生が可能だった。これは録音の技術における技術革新だったからである。ＬＰとＥＰとあいだにも使用上の互換性があった。ＬＰの多くの再生プレーヤーにはターンテーブルの回転速度を変える仕組みがあり、三三回転１／３のＬＰと四五回転のＥＰが同一のピックアップで再生することができた（岡 1986）。

(13)　ＬＰの出現のあとに登場したステレオＬＰは必ずしもメジャーだけが進めていたものではない。ＬＰの出現をきっかけにさらなる原音再生を求めるハイ・ファイ志向が強まるなかで、家庭用ステレオ再生のメディアはレコードではなくテープが先行した。一九五四年にアメリカで録音済みのステレオ音源をテープで最初に発売したのはオーディオ・スフィアという会社で、メジャーでは五六年にＲＣＡビクターが発売した。ステレオLPを最初に発売（一九五八年一月に）したのもオーディオ・フィデリティというマイナーなオーディオ専門レーベルであり、他のマイナー・レーベルがそれに続いた。この時期メジャー各社もすでにステレオLPの開発にそれぞれ成功していたが、まだＲＩＡＪ（アメリカ・レコード協会）で規格の統一の相談がされていた段階だった。同年七月からＲＣＡビクター、コロムビア、ウェストミンスター、ヴァンガードなどの大手も一斉に発売を開始した（岡 1986）。

(14) アーティストの専属制は、実質的には会社がアーティストを社員と同様に拘束することでもあった。それは社員に他社での仕事を禁止するのと同様に、アーティストにもそれを守らせることを意味する。言い換えればアーティストを専属料という給料の支払いで拘束することであった。たとえばビクターでは社員には社章である赤地に犬のマークのデザインの社員バッジを背広の襟につけることを決まりとしていたが、役員や永年勤続者には黒地のバッジを、アーティストには青地のバッジをそれぞれ配布した。会社創立記念日の式典には社員と同様にアーティストもバッジを着用して出席する習慣であった（生明 2004）。

(15) 当時日蓄（後の日本コロムビア）でヒット曲を連発していた中山晋平を、ビクターが引き抜いたかたちで専属作曲家にした詳しい経緯は、両社の社史にも産業史・流行歌史などにもほとんど触れられてはいない。その後の中山晋平の活躍は新生ビクターの発展の大きな要素であり、日本蓄音器商会の停滞の要因になったことからも、この時期のレコード産業の歴史のなかでは大きな出来事だったと思われるのだが。

(16) 流行歌の録音の際に伴奏するスタジオ・オーケストラには、コロムビア・オーケストラやビクター・オーケストラという名前がつけられていたが、実際はスタジオ・ミュージシャンがその都度集められて演奏する場合が多く、なかには掛け持ちのミュージシャンもいて、彼らの専属制はすぐに有名無実となった。若手の作曲家・作詞家のなかには名前を変えて掛け持ちするものもいた。このため歌手以外については専属制は時代の経過とともに抜け道の多い状態になったといえる（元ビクター・オーケストラのメンバー野々村孝造からの取材による）。

(17) 専属制が生まれて、歌手にとって大手のレコード会社の専属であるかないかが、コンサートや放送番組への出演回数にも大きく影響するようになった。このことはレコード会社の専属制が過去のものとなった二一世紀の現在でも、ネットレーベルなどネット配信サイトからのブレイクを狙うアーティストが、〝メジャー・デビューを目指す〟ということにもつながっているのではないか。

(18)「船頭小唄」（枯れすすき）に代表される当時の流行歌が、退廃的であり下品であるということが当時の新聞・ラジオなどマスコミの論調で社会問題化するなかで、大正末期から昭和の初期にかけて、NHKでは流行歌の放送禁止の措置が採られた。NHKでは流行歌に代わる〝健全な〟歌を作ることを始めた。そこで生まれた歌は「流行歌」ではなく「歌謡曲」と名付けられた。これが今も使われる「歌謡曲」という呼称の誕生である。日本の軍国主義化の流れのなかで「国民歌謡」という名称も生まれた。国民歌謡からは「隣組」というヒット曲も生まれた（倉田 2001）。

(19)「シャボン玉ホリデー」の番組のなかで音楽が作られるようになった経緯については、五歩一勇・著『シャボン玉ホリデー』（一九九五、日本テレビ放送網）を参照されたい。

(20) フジサンケイ・グループは、テレビ局のフジテレビ、ラジオ局のニッポン放送、新聞社の産経新聞という、マスコミの三つの分野のトップ企業に加えて、レコード・ビデオ会社のポニーキャニオンを持つ、メディアのコングロマリット。ポニーキャニオン社は一九五五年、ニッポン放送の関連会社として設立されたミュージックテープの制作・販売会社の㈱ニッポン放送事業社が前身である。一九七〇年に「株式会社ポニー」と社名変更、ビデオソフトの販売も開始した。同年にレコード会社のキャニオンレコードが設立され、一九八七年両社は合併しポニーキャニオン社となった。日本のシングル盤レコード（EP盤）で最も売れた「およげ！たいやきくん」（売上四五〇万枚。オリコン調べ）は一九七五年にキャニオンレコードが発売した。http://www.fujisankei-g.co.jp/about.html

(21) 渡辺晋は早稲田大学専門部法律科に在学中にベースを始め、一九五一年松本英彦（テナーサックス）、中村八大（ピアノ）、南広（ドラム）らと「渡辺晋とシックス・ジョーズ」を結成する。その経験からミュージシャンの収入の不安定さや、福利厚生の薄さなどの実情を改善を実現するべく、アーティストの事務所＝プロダクション経営に乗り出し、一九五五年妻の渡辺美佐、松下治夫とともに渡辺プロダクションを設立する。それまではアーティストはレコード会社への専属意識が強かったが歌手・作詞家・作曲家を渡辺プロに集結させ、芸能界初の月給制を導入。さらにこれまでレコード会社で行われていた原盤制作を開始し、プロダクションに莫大な利益をもたらすようにした。このため後続のプロダクションも次々に生まれ、巨大化した渡辺プロはナベプロ帝国と呼ばれた（渡辺プログループ四十年史編纂委員会1999）。

(22) レコード会社が音楽出版社に原盤制作を委嘱したといっても、このようなビクターと新興楽譜出版の原盤使用契約の場合でも、初期にはまだ出版社に音楽制作のノウハウが充分に育ってはおらず、実質的にはビクターからそのノウハウを持つ人材が派遣されて制作していたケースも多かったという。

(23) レコーディング・スタジオは、多くの場合東京都内の交通の便のよい場所（ほとんどが山手線の内側）に立地している。それはそこにはミュージシャンはもとより、プロデューサー、エンジニア、そのアシスタント、アーティスト事務所関係者、など多くの人々が集まり、場合によっては深夜まであるいは徹夜で録音が行われるため、アクセスが容易であることが望ましいからである。ただしバンドブームといわれた一九八〇年代には都心から離れたリゾート地に多くのスタジオが建てられ、バンドメンバーとスタッフが泊まり込みで録音をすることが流行ったこともあったが、ブームの沈静化とともにリゾート・スタジオは減少していった（レコーディング・エンジニアで元ビクタースタジオ長の、高田英男への取材による）。

(24) 磁気テープ、ミュージック・カセット、LP、EP、CD、MDなど、相次ぐ音楽メディアの開発が、音楽の制作やレコーディングのあり方を変えたことについては、湯浅正敏編著『メディア産業論』二〇〇六、有斐閣、第8章「音楽産業」（執筆・生明俊雄）に詳しいので参照されたい。

(25) レコードの制作費のなかで大きな割合を占めるのが録音のためのスタジオ使用料金（エンジニア料金を含む）であり、LPの時代になると長時間録音が増えてその比重はさらに高まった。特にコンセプトを重要視するアーティストの場合は、その録音時間は一か月を超えることもあるようになった。そのためスタジオの需要が高まり多くのレンタル・スタジオは盛況となった。そのいっぽうでアーティストやユーザーのあいだでは高音質へのニーズが高まり、スタジオの録音機材は技術革新が進みスタジオ側は常に高価な新機材への投資に追われることになった。

(26) 日本のレコードの生産高が最高額を記録した一九九八年の生産高は約六〇〇〇億円。その年の新譜発売点数は約一万五〇〇〇点、レコード小売店数は約八〇〇〇店であった。この年の書籍と雑誌を併せた出版物の合計発行金額は約三兆九〇〇〇億円、新刊本の発売点数は約六万六〇〇〇点、出版社の数は約四五〇〇社、書店の数は全国で約二万六〇〇〇店だった。これらの数字が示すように概していえばレコード産業は出版産業の約六分の一の規模の産業といえる（日本レコード協会年刊機関誌　The Recording Industry in Japan による）。

(27) 日経エンタテインメント「外資系チェーンから地元の一番店まで徹底調査」『日経エンタテインメント』（一九九九．三）によれば、例えばタワーレコード渋谷店は後楽園ホール八個分に当たる五〇〇〇平方メートルの店舗面積を有し、在庫数は約六〇万枚（CD以外の各種ソフトも含む）に及ぶ。従来の平均的なレコード店の面積は一〇〇平方メートルでありタワー渋谷店はその五〇倍、在庫点数は約三〇倍である。

(28) これの母体となったのは、ビクター音楽産業㈱（現ビクターエンタテインメント）の商品管理部門で、五年前の一九七三年から同社横浜営業所をモデルにして、電話受注（オーダーエントリー）、ストックコントロール、システム化倉庫、パートタイマーという、一貫した物流システムの研究が続けられてきたという［河端 1990］。

(29) この時期にはインディーズが増えそこから大きなヒット曲が生まれる現象もみられるようになった。一九九九年六月には、ダイキサウンド㈱というインディーズ専門の流通を扱う会社が設立されたが、ダイキサウンドは多い時期には一〇〇〇社以上のインディーズと取引があったといわれる。この時期には〝これからはインディーズの時代〟ともいわれ、流通の環境が整うなどインディーズに追い風が吹いた。http://www.daiki-sound.jp/

(30) 日本AVC㈱は設立九年後の一九九一年には、ビクターエンタテインメント㈱に吸収され、ビクターエンタテインメント㈱の営業本部として同社に復帰統合される営業機能の合理化、売上拡大を狙って日本AVCを設立したビクターだったが、設立当初は営業を日本AVCに委託していた洋画系の外資のビデオ販売会社も、外資系のレコード会社も徐々に自前の営業部門を持つところが多くなり、日本ＡＶＣは会社存続の意義を失うことになった。またビクター自体も自前の営業機能を放棄したかたちを続けた間に、ビクター自体の売上げとシェアの低下もあったという。イギリスの社会学者サイモン・フリスは「メジャーが配給をコントロールできるということは、音楽業界で彼らがいつまでも支配的な第二の要因である」(Frith 1981 = 1991 : 170) とし、メジャーレコード会社は営業の機能を持つことを重要視すると指摘している。

(31) 『日本レコード協会五〇年史〜ある文化産業の歩いた道』の第五章「多様化するレコード産業」では、当時の日本のレコード産業が資本自由化をどのように捉え、どのような対処をしようとしていたかが伺える。

(32) 日本はＩＭＦ（国際通貨基金）に一九五二（昭和二七）年に加盟して理事国となっていたが、一九六四（昭和三九）年には国際収支の赤字を理由に為替制限ができる一四条国から、それができない八条国へ移行していたことも、この時期に資本自由化を受け入れざるを得ない状況に追い込まれた要因となった (Stanley 1999)。

(33) この時は国内産業に対して打撃の少ない部門から徐々に開放するという方式が取られ、自動車産業などアメリカなどとの国際競争の激しい産業の資本自由化は順番が後になったが、それでも一九七〇年には自動車産業も五〇％自由化となった。レコード産業が一九六七年に第一回の五〇％自由化の対象業種に決まったことは、この時点では資本自由化による打撃が少ない業種と判断されていたことを意味する (Stanley 1999)。

(34) 外資規制とは国内企業への外国資本に対する規制。日本では国家の安全や主権維持に関わる産業分野などでは外国からの投資が制限されている。具体的には外国為替法（略称は外為法）にもとづき、以下のような外資規制が設けられている。
①日本と直接投資に関する条約等がない国（アフリカ・中央アジアの一部）からの投資。
②航空機、武器、原子力、宇宙開発、エネルギー、通信、放送、鉄道、旅客運送、石油、皮革等の産業に

対する投資

これらに該当する投資については財務大臣及び主務大臣への事前届出が必要。審査の結果投資内容の変更又は中止が勧告される場合がある。（国立国会図書館 ISSUE BRIEF NUMBER 600（2007.11.8）外資誘致 外資規制）

(35) この点では一部の例外もあった。当時日本コロムビアでは和製ポップスのアーティストはＣＢＳレーベルで発売していた。このため一九六八年の新合弁会社発足に伴うＣＢＳレーベルのソニーへの移行の際にはＣＢＳ側はそれらのアーティスト契約も新合弁会社へ移行すべきと主張し、それに対する日本コロムビアの異議は通らず、ヴィレッジ・シンガーズや伊東きよ子などの邦人アーティストの多くは、新合弁会社ＣＢＳソニー・レコードに移籍した。しかしドル箱のブルー・コメッツは一旦は移籍したものの、その契約満了まで新曲のレコーディングは行わず、日本コロムビアに戻って再契約した。このようにメジャーの日本進出はアーティストの意志にそぐわない移籍の問題も発生し、トラブルが発生することもあった。
https://ja.wikipedia.org/

(36) 二〇〇七年から二〇一一年まで、外資会社のユニバーサル・ミュージック・ジャパン社長の石坂敬一が日本レコード協会会長を務めた時期がある（日本レコード協会年次資料 2007-2011）。

(37) ニッパーという名前のフォックス・テリア種の犬が蓄音機のラッパに耳を傾けているところを描いたイギリスの風景画家マーク・ヘンリー・バロウドの絵画を基にした商標は、日本では日本ビクターが使用権を持ちして使用していたが、イギリスではＥＭＩ（旧グラモフォン）が、アメリカではＲＣＡビクターが使用権を持っていたので、日本ビクターは米英ではこのマークが使えなかった。そのため海外向け商品にはＪＶＣという新しい商標を作って使わざるを得なかった。http://www.echirashi.com/column/html_columns/momo085.htm

(38) ＧＲＰレコードは一九七二年、音楽プロデューサー兼ピアニストのデイヴ・グルーシン（Dave Grusin）と音楽プロデューサー兼エンジニアのラリー・ローゼン（Larry Rosen）の二人によって設立されたGrusin Rosen Productionsを母体とし、一九七八年アリスタとディストリビューション契約が成立して生まれたジャズ、フュージョン音楽のレーベル。グルーシン自身のリーダー作のほか、デイヴ・ヴァレンティン、スパイロ・ジャイラ、アンジェラ・ボフィル、ノエル・ポインター、トム・ブラウン、バーナード・ライト、などのアルバムを手掛け世に送った。一九八六年ＭＣＡの傘下となった。デイブ・グルーシンは自社のアーティストとしてのＧＲＰからアルバムを発表しながら、ＪＶＣにも数枚のアルバムを残しており、日本のＪＶＣ（ビクターの米国レーベル）の海外進出に協力的であった（ＧＲＰの日本での契約先だったビクターエンタテインメント洋楽部でＧＲＰ担当レーベル・マネジャーだった青野浩史より取材）。

(39)　日本ビクターは一九七六年にＶＨＳビデオを開発した。親会社の松下電器の強力なサポートもあってソニーのベータマックスとの規格競争にも勝利した。ＶＨＳ発売以前は一〇〇〇億円台だった同社の年間売上は、その後年平均四〇％の成長を続け、わずか六年で売上高六〇〇〇億円台に成長。利益もこの間に一〇倍に拡大した。また日本ビクターはＶＨＳを武器に海外事業を拡大。生産・販売現地法人を各国に設立しそれを通じて各国のＡＶ企業へ技術提供をも行い、同社の海外ブランドであるＪＶＣのブランドを確立する。この間ＶＨＳ関連特許使用料（パテント使用料）の収入も世界各国の企業から二〇年間に亘って享受し、その金額は毎年一〇〇億円を超えていた（ピーク時は一九八八年の一六六億円）という。このように日本ビクターはＶＨＳの開発が契機となって、長らく財政的にも裕福な優良企業となった（中川 1987）。

(40)　ヴァージンへのフジサンケイグループの資本参加。一九八七年イギリスのヴァージン・レコードへ日本のフジサンケイグループが二五％を少し上回る比率の資本参加をした。当時日本にあったヴァージン・ジャパンの資本はヴァージン一〇〇％だったが、これにもフジサンケイグループが五〇％出資することになり、それに伴い一九九〇年から日本でのヴァージン・レコードの配給はビクターからポニーキャニオンに移行した。しかし一九九二年に英ＥＭＩがヴァージン社を買収したために、フジサンケイグループの出資は解消された。これにより日本の企業がヴァージンという当時世界の準メジャーにまで発展していたレコード会社を保有する可能性がほぼなくなった（簑島 1991）。

第4章　サバイバルを模索する二一世紀のレコード産業
――激変する事業環境のなかで生まれつつある新しいかたち

二〇世紀の終わりが迫り二一世紀が近づいた時期に始まった情報のデジタル化の急激な進展は、二〇世紀に発展し維持されてきた経済・社会をさらに飛躍的に発展させ、多くの産業に新しい次元の発展をもたらすものとして大きく期待された。そして実際にその時代に突入すると、それぞれの分野の産業の仕組みは構造的な変化を起し始めたが、それらは個々の産業やそのなかにある企業にとって必ずしも望ましい方向に向かうものばかりではなく、予測されなかった問題がつぎつぎに浮上した。なかでもＩＴ時代の先頭に立っていたメディア産業では、新しい時代のイニシアティブをとるべく、グローバルな巨大メディア資本が活発な動きを見せ始めたが、これらの変革はこれまでレコードの制作・配給を事業の中核に置いてきた産業にとって、これまでの経営改革とは次元の異なる多面的な思考や判断を迫られるものとなり、メディア産業の一角を占めるレコード産業もこの時期にはさまざまな難題に直面するようになった。それはメディア産業のどの分野の産業よりも先行して起こったことであり（岸 2010：76–77）、且つ深刻なものといっても過言ではない。

ここで矢面に立たされたのは欧米に誕生し世界のレコード産業をリードしてきたメジャー企業たちであった。彼らは進もうとしていた方向の転換を余儀なくされる事態に相次いで直面することになった。それは彼らにとって二〇世紀という一〇〇年余の長い時間をかけて仕掛けてきた、世界の市場へ向かっての種々の事業戦略とその結果として得たものが、ほとんど意味を持たなくなり価値を失うような変革を強要されるものであった。その変化の根源をなすものはつぎの二点に集約される。一つは音楽の複製を実現したレコードというテクノロジーの誕生を契機に、音楽生産の主役となり二〇世紀の音楽文化の繁栄を支えてきたレコード産業にとって、デジタル技術の誕生によって複製のあり方が大きく変わったことであり、二つ目は複製が生まれる以前の時代、すなわち一九世紀までの時期の音楽生産の主役だった生演奏の持つ意味と役割に変化が生じたことである。このような変革によってレコード産業の事業の支柱は揺らぎはじめた。それは人々の音楽の発信や受容のあり方が大きく変わりつつあることによって生まれようとしている現実ということもできるだろう。このためレコード産業は音楽生産の主役の座を降りざるを得なくなるという事態に追い込まれることになった。なにしろ二〇世紀にはもっぱらレコード会社の発信する音楽の聴き手であった聴衆までが、音楽を創り発信することに参画するようになったのだから。

メジャーというレコード産業特有の大型企業の力学を中心に二〇世紀のレコード産業を論じてきた本書としてはこの第4章で、二一世紀に入る前後の時期からレコード産業のメジャー各社が直面せざるを得なくなった事態について、その経緯や要因をもう一度確認したうえで、このような状況のもとで今後レコード産業はどういう方向に向かおうとしているのか、特にそのなかでも大きな位置を占めるメジャーという存在はどうなるのか、ということについて、いま起こりつつある動きを確認しながら考えを及ばせてみたい。

第1節　デジタル化時代の大波に飲み込まれたレコード産業

二一世紀が目前に近づいてきた時期に、相次いで起こったレコード産業を取り巻く世界的な変革の動きのなかで、レコード産業内の主役を演じているメジャーと呼ばれる大型企業も、多くの難題に直面することになった。彼らにとっては何とも厄介なことは、彼らにふりかかるそれらの問題は自らの意思や判断で解決することが難しくなり、彼らが抱き込まれたグローバルなコングロマリットの方針や決定に、従わなければならないことのほうが圧倒的に多くなったことだった。これまでにみてきたようにこの時期の彼らの動向のなかで、特徴的なもののひとつにメジャー・レーベル同士の統合の動きがあった。たとえば二〇世紀の終了の間際に、ＭＣＡ、ポリグラムが統合されてユニバーサルが誕生した。じつはこれもレコード会社の自らの意志と判断でそうなった要素は少ない。カナダの大手食品産業であるシーグラムという資本が、映画やテーマパークといった分野を含めての、総合エンタテイメントのコングロマリットの成立を狙うなかで、音楽の分野もそこに取り込むことを決め、この二つのメジャーなレコード会社を買収しそれを統合したのである。この買収に際してシーグラムはＩＴの時代＝二一世紀に向かって、多量の音楽コンテンツの保有とその一元的・有機的な管理こそ肝要と公言しており、そこにはネットワークというメディアを使う音楽配信という新たな事業への取組みが、二社統合の大きな目的として挙げられていたが、それは必ずしも買収された側のレコード会社の経営者たち、すなわちレコード産業人たちがその時点で望んでいた方向ではなかった。

また結果的には欧州委員会[1]の認可が得られなかったものの、この時期にはワーナーとEMIの統合も実現の寸前までに至った。それはすでにアメリカ最大のネットワークのインフラを持つAOLとの合併を実現する直前の時期に、ワーナー・レコードの親会社であるワーナー・グループが、音楽配信の時代の到来に際して、音楽のコンテンツの質と量をできるだけ充実させようという意思のもとに仕掛けた動きであり、これもレコード会社同士の意思で行われたものではない。

さらに時系列的にはさかのぼるが、出版を中心とする情報・エンタテインメントの総合メディア企業であるドイツに本拠を置くBMG[2]（ベルテルスマン・ミュージック・グループ）の動きも同様のものだった。すでにアリオラ、アリスタなどの有力レーベルを持ち、レコード事業に参入していたBMGは、一九八六年にGE（ゼネラル・エレクトリック）社が保有していた、アメリカRCAの音楽部門の株式の七五％を取得、それまで自ら保有していた二五％と併せて、世界のメジャーRCAレコードの全株式を取得した。これによりBMGは名門RCAの持つ幅広いジャンルに及ぶ音楽制作機能と、長年に蓄積された音楽のアーカイブ[3]の使用権を獲得し、目前に迫ったデジタル時代の到来に備え、持ち前の出版事業に加えて音楽・映像も視野に入れたコンテンツの強化を実現したのである。

このような動きについてはレコード産業だけに視点を据えれば、彼らが合弁のマスコミ発表の際に表明していたように、直前まではライバルだったメジャー同士が予想されるデジタル時代のサバイバル戦争を生き残るための戦略として、統合の道を選んだというようにもみえた。しかし実際にはそれは巨大資本のＩＴ企業が、世界的規模の企業の形成をもくろんで、映像や音楽のコンテンツを手中に納めようとする動きに、レコード企業が巻き込まれるという構図だった。それは二〇世紀の当初の産業の誕生の時点から、電子機器産業の資本のもとにあったメジャー・レコード会社が、ＩＴ産業の資本に組み込まれるという大きな変化でもあった。このような変化は外資メジャーの日本法人が市場を支配する日本のレコード産業に、大きな影響を及ぼしたことは本書の第２章でみた通りである。

しかしこのような巨大資本の目論見も、めまぐるしい事業環境の変化のために、さほど時間が経過しない時期に、早くもその筋書を変更せざるを得ない状況に追い込まれた。特に音楽の分野ではそれが他の事業分野より早くはっきりと現れた。その直接的な要因として大きく働いたのが、音楽のメディアの変化をめぐるつぎに述べるような想定外の事態の進展であった。

第2節　前進から混迷へ
――変更せざるを得なくなったシナリオ

ＩＴ時代の到来に伴う事業の変革のなかで、音楽をユーザーに届ける媒体の変化として、従来のパッケージメディアであるＣＤから、ノンパッケージメディアであるネット配信への移行は、レコード会社を手中に収めたすべてのＩＴのコングロマリットが、その計画に織り込み済みであり、しかも早期に実現すると見込んでいたものだった。しかしそれは予想外のつまずきに見舞われた。二一世紀に入る前後のころから、アメリカでも日本でもレコード産業の「有料の音楽ネット配信事業が苦戦」というニュースがしばしば報道されるようになった。例えば二〇〇一年に、米ＡＯＬタイム・ワーナー、英ＥＭＩ、独ベルテルスマンの大手三社が合弁ではじめた、音楽有料配信会社ミュージックネットも、推定の加入者は二〇〇二年の半ばでも、まだ四万人程度に止まった。これは最盛期には約八〇〇〇万人に達したとされる、音楽ソフトの無料交換サイトのナップスターの足元にも及ばなかった。このような音楽有料配信事業の不振はナップスターのような音楽交換サイトがネット上の音楽は無料で自由に利用できるという意識を浸透させてしまった影響ということがしばしば指摘された。日本でも外資系メジャーを含む大手のレコード会社が参加している、ネット上の二つのポータルサイト、「レーベル・ゲイト」(4)と「アークスター」(5)の稼動が不振で、楽曲の有料ダウンロードの実績が期待したほどにはあがらない状態が続いた。このようなネット配信事業の苦戦は、この事業への取組みを大きな戦略に掲げて統合や、その後の事業の構築を進めてきた総合ITコングロマリットの目算を大きく狂わせたといえる。ユニバーサルをシーグラムから買収した、フランスのビベンディも、新興ネット企業が老舗メディアを飲み込んだ世紀の合併で生まれたAOLタイム・ワーナーも、コンテンツとメディアの事業としての融合が思うように進展せず苦境に陥っていると報道された。もし音楽の配信事業が順調に推移していたら、両社ともそれほどまでの苦境には追い込まれなかったことだろう。

さらにレコード産業には、音楽配信事業の不振と並行してもうひとつ深刻な計算違いの問題が浮上した。二〇〇二年六月アメリカ・ワシントンで開かれたIFPI（国際レコード製作者連盟）の総会及び理事会は、例年になく危機感にあふれるものだった。そこでの会議で問題となったのは、世界のレコード市場が二〇〇〇年以来二年連続して縮小し、特に二〇〇一年は前年を八％も下回ったことである。なかでも世界最大の市場であるアメリカで五％のダウン、第二位の市場である日本では一〇％以上もダウンした。これはいうまでもなくCDの落ち込みによるものだったが、レコード産業のなかでも音楽配信の普及によるCDの落ち込みは予測されてはいたものの、これほど急激に訪れるとは想定外であった。

一九九九年からの三年間で約一〇〇〇億円もCDの市場が収縮し、さらにその後も不振が続いた日本では、その理由がいろいろ取り沙汰された（八木 2007：22-40）。レコード産業側は当初から、インターネットでユーザーのあいだで行われている無料の音楽ソースの交換の出現を、最大の理由にあげてきた。しかしそれまではそのようなレコード産業の言い分は、額面通りには受け止められてはいなかった。それも理由のひとつではあるが、少子化によるレコードの購買層である若年層の減少、ゲーム・携帯電話などの伸長による若者の音楽離れ、さらには最近の歌手やポピュラー音楽＝Ｊ－ＰＯＰの質の低下などに、理由を求める論調のほうが多かった。しかしレコード市場の縮小現象が、世界の主要国での共通のものとなり、国別の特殊事情よりもインターネットの影響を世界共通の最大の理由にあげるレコード産業側の見解に、誰も異論を挟みにくくなった。ここに問題となっているＣＤ市場の不振は、音楽配信事業が順調に立ち上がっていないこともあるが、それ以前にＣＤ市場はレコード産業の現状を支えているまさに基盤そのものであり、レコード産業にとっては非常に深刻なものとなった。

このような事態を生むことになった原因は直接的には確かに、インターネットでユーザーのあいだで行われている無料の音楽ソースの交換を促進した、ナップスターに代表されるソフト提供者であるという見方が成り立った。しかしその前提にあるのは、音楽が収納されているＣＤというパッケージが、パソコンにも搭載されているＣＤのコピー機能でその中身の音楽がコピーされ、さらにそれがネットを通したり、コピーされたディスクの交換というかたちで、ユーザーの間でやりとりされるという事態である。そしてそれをお膳立てしたのは、パソコンやコピーマシーンをユーザーに提供するハードメーカーである。ＣＤの再生ができてそのうえコピーもできるということは、パソコンの持つ多くの機能のなかでも、特に音楽ファンにとっては魅力的なもののひとつといえる。(6)

このように世界のレコード産業は、ＣＤの市場の不振と本来ならばそれを補う役割を期待された有料の音楽配信の伸び悩みという、想定外のダブルパンチを食らうことになった。このことは世界のメジャーと呼ばれるレコード産業を買収した、総合ＩＴ情報産業のシナリオにも狂いを生じさせることになった。

第３節　音楽コンテンツを見限りはじめたメディア・コングロマリット

このような音楽ビジネスを取り巻く目算の狂いに直面した総合ＩＴ情報産業は、獲得したばかりの音楽コンテンツの制作を生業とするレコード会社を保有することに、早くも疑問を抱き始めた。保有される側のメジャーと呼ばれるレコード会社自体も、それまでのように資本力にものを言わせて、中小のレーベルを買収したり、スター・アーティストを他社から引き抜いたりして業容を拡大するという方向を、修正せざるを得なくなった。本来の目的であったはずの売上と市場シェアの拡大は、リストラによる事業の効率化することによる利益の確保ということに置き換えざるを得なくなった。このため総合ＩＴ情報産業は手中に収めたばかりのレコード企業を売却し、音楽事業から撤退する動きが連鎖的に始まった。

なかでも世間を驚かせたのは、カナダのシーグラムの行動だった。ユニバーサル・ミュージック・ジャパンが設立された二〇〇〇年、ユニバーサル・ミュージックの親会社＝カナダのシーグラムは、高額で買収したばかりのユニバーサル・ミュージックとユニバーサル・スタジオを、早くもフランスのコングロマリットであるビベンディ社[7]に売却してしまった。それは九八年にユニバーサル映画とＭＣＡレコードを、九九年にポリグラムを買収してから、わずか一〜二年しか経過していなかった。この売却劇についてはいろいろなことが取り沙汰されたが、シーグラムが早くも音楽や映画というコンテンツ・ビジネスの将来に見切りをつけたという見方が強かった。メディアの変革で世界的な市場の縮小に歯止めがかからない、音楽ビジネスに早くも失望したということである。

また二〇〇四年七月にはソニーとＢＭＧというメジャー同志の統合が発表された。これは一旦はレコード・ビジネスへの参入を果たしたＢＭＧという出版業を母体とする総合ＩＴ産業が、コンテンツとしての音楽を扱う事業への読み違いと失望により、レコード・ビジネスの継続を断念したことを意味するものであった。ドイツのＢＭＧ本社はSony Music Entertainmentと統合され、SONY BMG Music Entertainmentという名称の会社が生まれた。このときの新聞報道には「独ベルテルスマンは収益変動の激しい音楽事業を見限りソニーと統合したあとは、比較的安定している書籍・雑誌出版や民放テレビなどに投資・経営を集中する見通し」とあり、資本の引き上げまではしないがレコード会社を中心とする音楽事業の経営からは事実上撤退し、ソニーに委譲するということを意味するものであった。しかし大方の予想通り統合後まもなく、ＢＭＧは経営のみならず資本からも撤退し、同社の社名からもＢＭＧの名称は消え、Sony Music Entertainmentとなった。二〇〇九年四月には日本においてもＢＭＧ ＪＡＰＡＮ社は、ソニー・ミュージックエンタテインメントに吸収された。独ベルテルスマンがＲＣＡのレコード部門を買収したのは、一九八六年のことだったが、その二〇年後にはレコード・ビジネスを見限る結果となった。

さらに二〇〇三年になるとワーナー・グループにも変化が起こった。ワーナー・グループが音楽部門であるワーナー・ミュージックをエドガー・ブロンフマン・ジュニアが率いるグループ・ファンドに売却したのである。これによりワーナー・ミュージックは名前としてはワーナーを名乗っているが、実質的にはワーナー・グループを離れることになった。そして二〇〇四年になると今度は、二〇〇〇年にカナダのシーグラムからユニバーサル・グループを買った、フランスのビベンディが買ったばかりのユニバーサル映画とユニバーサル・スタジオを、ＮＢＣとの合弁というかたちで手放した。ビベンディの手中にはレコード会社のユニバーサル・ミュージックのみが残ることになったが、それはビベンディがレコード事業に意欲を持っているためとは言い切れない。さらに加えて二〇〇七年には、英国のＥＭＩも二〇〇七年に英国の投資ファンドであるテラファーマ（Terra Firma）の買収案を受け入れた(8)。ＥＭＩは二〇〇三年のワーナー・ミュージック売却の際は、買い手としてブロンフマン・ジュニアのグループと競ったが、四年後には逆に買われる立場になった。そして二〇一二年にはＥＭＩはユニバーサル・ミュージック（実際は親会社のビベンディ）に買収される。これによりユニバーサル・ミュージックは世界のシェア第一位の地位を固める。

このような事実からわかるように、ＩＴ時代が訪れてからは、映画、テレビ、テーマパークなどのコンテンツ産業と同様に、レコード産業にも、総合メディア産業の覇者を狙う情報コングロマリットから引く手あまたの触手が伸び、一旦はその傘下に引き込まれたメジャー・レコード企業だったが、そこにとどまっていたのは予想外の非常に短い期間に終わることになった。メジャー・レコード会社のうちでこのような経過をたどらなかったのは、ソニーという日本のエレクトロニクス企業を親会社に持つソニー・ミュージックだけである。このような動きの結果として現在ではソニー以外の三社は、すでに実質的には多国籍メディア企業の傘下にあるとはいえない状態に戻ったといえる。それは音楽を作って売るという事業はもはや魅力あるビジネスではなくなったという判断を、少なくとも総合メディア産業の覇者を狙う情報コングロマリットが下したことを意味するものといえるだろう。

第４節　ディスク製造と流通の機能を失うレコード会社
――〝メーカー〟としてのメカニズムの衰え

このようにレコード事業が魅力を失っていった状況をＣＤの売上の減少と、その減少をカバーするはずの音楽配信の売上の伸び悩みがその原因、としてすませてしまうのは早計だろう。他の分野のコンテンツ産業の状況と比べてみるとそれが分かる。二〇〇九年一〇月一二日付の日本経済新聞に「書籍配信の大波、日本にも。出版業界に分業化の号砲」と題する記事が載った。それは米国アマゾン・ドットコムの電子書籍端末「キンドル」の、この年の一〇月からの日本上陸を報じたものだが、そこにはいよいよ出版産業でもコンテンツの制作事業と、それを配信するインフラ事業との分業＝分化が進む、との記述がみられる。一五世紀に活版印刷技術がグーテンベルクにより発明されて以降、これまでの五〇〇年間に発達してきた出版産業は、本の中味である著作＝コンテンツの制作、その印刷と製本、そして小売店への流通まで、同一産業内で行うクローズドな事業であったが、電子出版が本格化すれば出版産業の仕事はコンテンツ制作だけとなり、印刷・製本は不要となり、流通はインターネットのプラットフォーム業者の手に移行する。それをこの日経新聞の記事は「出版業界に分業化の号砲」と報じたのである。

新聞産業でもこれに類似した変化が起こりつつある。新聞産業ではインターネットが出現した当初から、従来のビジネスのかたちである新聞社がニュースや評論を準備し、紙に印刷しそれを販売店を通して宅配あるいは店売りする、という事業のかたちが崩れるのではないかとの危惧を持ったが、それが徐々に現実のものとなりつつある。そこではジャーナリズムのあり方の変革が問題となり、それが我々の社会生活・文化生活を変えるのではないかという見方が多くされている。

このようなコンテンツ制作と流通の分化がメディア産業のなかでも最も早い時期に起こり、それが急激に進んだのがレコード産業である（岸 2010：79-80）。レコード産業における制作と流通という機能の分化の進行は、この産業が今日のような混迷を深めるに至った根源的な要因といっても過言ではない。それはレコード産業でもこれまでは録音を含む音楽制作、ディスクの製造、ディスクの販売を、一つの産業、一つの企業のなかの業務として、他の産業に依存することなくいわば自己完結型で行われてきた。これらの業務はいずれも外注すればその対価を支払わなければならないものだが、それを自社で行うことで、それぞれの業務の過程でコストを上回る利益をレコード会社で確保することができた。それらは製造利益、流通利益と呼ばれるものである。その意味でレコード会社は物を作り、それを販売する〝メーカー〟であった。これらの利益は最終的にはディスクの売上げという収入によって確保されてきた。それは従来レコード会社が物つくりから販売＝流通までを、一貫して行ってきたからできたことだ。しかし音楽をインターネットやモバイルを通してデータとして販売するようになると、まずディスクの製造利益が消滅する。そして音楽配信の進行とともに流通利益も確保することができなくなり、アップルやモバイル企業などＷＥＢのプラットフォームを有する企業に、その大部分を譲らなければならなくなった。しかもその際の販売価格の決定さえも流通業者の要求に応じなければならない立場となり、商品の価格の決定権さえ失ったのである。その結果は上記のような販売価格の大幅な下降が起こり、それにより長年確保されてきたレコード会社の収益は大きく減少することになった。

このような事態に至ると、世界のメジャーと呼ばれる大規模のレコード会社にとっては、その事業規模が大きいだけにその影響も深刻となった。メジャーの特徴としては制作機能ももちろんであるが、製造機能と流通機能を充実させて、自社製品の製造販売とその流通から収益をあげてきた。

そしてそれだけではなく製造や流通の機能を持たない多くの中・小規模のレコード会社＝インディーズ、の商品の製造・流通をも引受け、そこからの収益も稼いでいたのだが、それを享受することももはや出来なくなった。

このようにこのところ出版産業、新聞産業に起っていることが、レコード会社ではひと足先にすでに起こっていた。インターネットに代表されるＩＴ時代の新しい非パッケージ型メディアの登場で、これまでのレコード会社の事業のメカニズムが大幅に狂ってしまった。それは産業としての成り立ちを難しくしつつある。またそれに伴って起こっているレコード産業の諸機能の低下によって、音楽文化のあり方にも重大な影響が生じはじめているのではないかと思われる。(9)

第５節　二一世紀のレコード産業に生まれつつある新たなかたち

この章ではここまでに二一世紀に入る前後に起こった事業環境の大きな変化に翻弄されて、混迷と低迷を余儀なくされたレコード産業のあり様をみてきた。この章の冒頭にも触れたように、いまやレコード産業は音楽の生産を独占するという状態を維持することは困難になった。アーティストや聴衆のあり方も大きく変わってきたからである（毛利 2012：198-201）。たとえば音楽生産の担い手にはこれまではレコード産業の外（そと）にいたものもこぞって参加するようになった。そこにはレコード産業の周辺にあって音楽関連の業種にたずさわっていた企業や、さまざまな立場にいるアーティストたち、さらにはこれまでは音楽を聴くことに専念していた聴衆だった人々までが加わっている。そのため新しく作られた音楽、つまり新曲はこれまでのようにレコード＝ＣＤを通してはじめて人々の耳に届くものばかりではなく、コンピュータのなかで生産されネットを通して発信されるものが生まれ、さらにはライブ演奏で発信されるという音楽が従来にも増して多くなるなど、そのかたちは多様化に向かった。このような状況が生まれたなかで、今後レコード産業は音楽の生産者として残ることができるのか、ということが問題となる。

ここで注目すべきことは二一世紀のレコード産業には二〇世紀にはなかったような新たな変化が起りつつあるということである。それらの多くはレコード産業の生き残りをかけた必死の努力の試みのなかで生まれているものといえる。そこで二一世紀になってからのレコード産業に起こりつつあるそれらの変化とは、どのようなものなのかを確認してみよう。それらは変化というよりも〝新しい兆候〟とも呼ぶべきものかもしれず、そこからはレコード産業、そのなかでもメジャーの各社が、いまどの方向に向かおうとしているかを知ることができると思われるからである。

なかでも注目すべき大きなポイントが二つある。その一つは、音楽産業内の産業構造の大きな変化である。それはデジタル時代の音楽産業が事業の目標をどこに置くのかという判断によって生まれた、必然的な変化ともいえるだろう。二つ目は人の働きと資本のあり方にかかわる変化である。これまでも音楽産業は人の産業といわれてきた。すでに本書でみてきたように、これまでレコード産業内にあって音楽を創り出すことにおいて様々な役割をになってレコード産業の発展に関与してきた人々の動きこそ、二〇世紀のレコード産業の発展と繁栄のメカニズムを支えていた原動力だったともいえる。そのためこれまでのレコード産業研究も人の動きに焦点を当てた論考が大きな比重を占めている。しかし二一世紀の技術の進展がもたらした巨大メディア資本によってそのようなメカニズムが狂いはじめた。だがここに及んでレコード産業にはそれを懸命に食い止め、再生に向かおうとする動きがみられる。それは外から踏み込んできた巨大資本に翻弄された苦い体験をもとに、資本に翻弄される産業から人が動かす産業に戻ろうとするレコード産業の意志による動きともいえる。これらの点に着目しながら以下にその変化を確認したい。

1．二〇世紀型分業形態の崩壊——新たなレコード産業構造の出現

まず注目すべきは二一世紀に入ったころからレコード産業に生まれはじめている産業構造の変化である。それがどのようなものかをみていきながら、そのような変化がなぜ生まれようとしているのかについて考えてみる。

世界のメジャーの一翼を担うソニー・ミュージックの日本企業SME＝ソニー・ミュージックエンタテインメントに目を向けると、そこではレコード会社の主たる機能である音楽の制作・宣伝・販売に加えて、従来は系列の関連会社、あるいは外部のプロダクションなどに任せていた、アーティスト・マネージメント、マーチャンダイジング、コンサートやライブの運営などの機能を、レコ

ード会社である自社のなかに取り入れて行こうする動きが、二〇世紀が終わるころから起こっている。ソニーでは他社に比べてこのような動きが比較的早い時期からみられていたが、その傾向は時期を追うごとに進んでいるように思われる。同社が二一世紀初頭に設立した「ザ・ミュージックカウンシル」はアーティストの発掘から原盤制作、宣伝までを取り仕切る従来のレコード会社の業務に加えて、コンサート運営、マーチャンダイジングなども手掛けるもので、いわば音楽ビジネスの入口から出口までを包括して取り組む組織である。その後この動きはさらに加速・整備され、二〇一〇年代になる頃には同社の組織は、レーベルビジネス（音楽制作）、アーティスト&出版ビジネス（アーティスト・マネージメントと楽曲管理）、ビジュアルビジネス（映像制作）、ネット&メディアビジネス（配信・放送）、ライブビジネス（ライブ&ホールの運営）、マーケティングビジネス（販売）、ソリューション&ライツビジネス（権利）など、多くのそれぞれ異なる分野にまたがる集団を会社組織で保有するようになった。そこには音楽にかかわるビジネスの主要なものをすべて集結させて、従来レコード会社が持っていた音楽制作を制作して宣伝して販売することに集中するという、これまでの体制からの脱皮をはかろうとするものであった。

また八〇年代に設立された日本のインディーズで、九〇年代に急激に成長してメジャーに比肩するともいえる業容のレコード会社に成長したエイベックスも、二〇一一年には会社方針は「音楽ビジネスが非常に厳しい環境にあるなかで、CDや音楽配信のような音楽の制作・販売だけに限らず、アーティスト・マネージメント、ライブ、グッズ販売、ファンクラブなど、アーティストを取巻く様々なビジネスを総合的に展開する。そして新しい事業領域に常にチャレンジしていく」としており、上記のソニーと同様の、音楽業種別の企業集団としての、エイベックス・グループを形成している（八木 2007：120–132）。それはグループの中核企業として音楽・映像コンテンツ制作会社であるエイベックス・エンタテインメントを中心に、アーティスト事務所であるエイベックス・マネジメント、パッケージの製造・販売、音楽・映像コンテンツの配信事業、会員ビジネスなどを行うエイベックス・マーケティング、ライブのビジネスを扱うライブ・クリエイティブなどがあり、それらは社内の組織ではなく、グループ内の会社組織として運営されている。このような方向性はこの二社に限らずこのところ日本の大手レコード産業では多くみられ、経営形態の主軸に置かれている。

このような大手のレコード会社の動きのなかで、彼らが目標として掲げているのは、〝総合的な音楽ビジネスへの転換〟である。彼らはもはや二〇世紀を通して続けてきたＣＤの制作と宣伝と販売をビジネスの主軸とするやり方では、二一世紀の音楽ビジネスが立ち行かないことは身に沁みてわかっている。これからのビジネスはアーティストや楽曲を育成することで生まれてくる、すべての事業がその領域に入るという考え方を基本とするものである。エイベックスは育成対象のアーティストをミュージシャンだけではなく芸能タレントやスポーツ選手にまで広げようとしている。ＣＤの事業によって収益が充分に確保されていた時代は、ＣＤがもたらす収入以外の収入はレコード会社にとって副次的なものであった。しかしメディアの揺らぎとそれに起因する混乱によって状況は大きく変化した。ＣＤの売上だけではなくアーティストが産み出すすべての収入も確保しなければ、音楽会社の経営は成立たなくなりつつある。二一世紀に入ってまもなくの頃、エイベックスは自社の売上げのうち音楽の販売からの収入の比率は近い将来五〇％以下に抑えると宣言したが、ある時期からは社長の松浦勝人は雑誌インタビューなどで「もはや音楽そのものは無料を前提にビジネスを組み立てる」とさえいうようになった。これはもう近い将来ＣＤは消滅し配信の課金も難しくなることを覚悟しているということであろう。上記二社ではＣＤや配信による音楽ソフトの売り上げは、すでにグループ全体の売り上げの半分を下回っているという。

このような大手のレコード会社にみられるようになった事業範囲の拡大ともいえる現象は、レコード会社を含む音楽産業という視点でみれば、産業内の分業体制の崩壊という見方ができる。二〇世紀の音楽産業は、レコード会社が音楽を作り、アーティスト事務所がミュージシャンを管理し、音楽出版社が楽曲を管理し、プロモーター会社がライブを取り仕切るという分業のうえに成り立っていた。ところがレコード会社がこのように変貌し従来までは踏み込まなかった、アーティスト、楽曲、ライブの分野に進出するようになった。それに対抗するようにアーティスト事務所や音楽出版社も、これまでレコード会社の〝縄張り〟だった音楽を制作するという動きがすでに盛んになっている。この動きは一九七〇年代あたりから少しずつ始まっていた。このような産業内の分業体制の崩壊によって音楽産業の全体構造は大きく変化した。どこでどのような業務が行われているのかが見えにくくなり、その構造は複雑化したということもできるだろう。

しかしこのような状況のなかでもレコード会社が、長い年月のあいだ本業として取り組んできた音楽の制作を、ないがしろにしようとしているとみるべきではないだろう。それはどのような時代になっても、音楽ビジネスの成功の基本は従来まで自分たちが取り組んできたように、音楽を制作してヒット曲を送り出すことにあること、そしてヒット曲なしにはスター・アーティストは生まれないと、彼らはいまでも考えているはずだ。それを裏付けるように最近のレコード産業にはメジャーを中心とする動きのなかに、音楽制作の仕組みを変えようとするいろいろな試みがみられるようになっている。

2. メジャーのなかにも息づくマイナー——多核化する音楽生産のユニット

このような方向のなかでの目立つ動きにはつぎのようなものもある。二〇一二年にメジャーの一角を占めていたＥＭＩを買収し、いまや世界市場でメジャーのトップに立つユニバーサル・ミュージック、それに続くシェアを持つソニー・ミュージック、さらには日本の市場では大手のレコード会社であるエイベックスなどをはじめとする、大型のレコード会社に共通して顕著になってきた特徴のひとつに、レコード会社の最も基幹となる音楽の生産＝制作の機能が、従来のように制作本部と呼ばれるような社内の組織としての制作部門に集約されるのではなく、それをいくつかの集団に分割・分散して運営することが加速されるようになった。少なくとも日本ではこのような傾向が目立ってきている。それらの集団はそれぞれが分社化されたり、あるいはそれに近い独立採算の組織で運営されているものも多い。たとえばソニー・ミュージックでは、ソニー・ミュージック・レコーズ、SMEレコーズ、EPICレコード・ジャパン、キューンレコードなどいくつかの社内会社がある。そして吸収したBMGレーベルも組織上はそのひとつに加えられている。ユニバーサル・ミュージック・ジャパンでは、カンパニー制という運営方式が導入され、ユニバーサルJをはじめ、ユニバーサル・シグマ、ユニバーサル・クラシックス、ユニバーサル・ジャズなど、一〇を超えるレーベル部門をカンパニーという名称で社内に保有している。ここでもEMIやヴァージンなど元のメジャー・レーベルがそこに加えられている。エイベックスもほぼこれに近い仕組みを作って音楽制作を行っている。制作部門をこのようなかたちで運営するやり方はこの時期に急に始まったことではなく、従来からも社内の競争を煽る場合や、マイナーなレーベルを買収した場合、あるいは社外から有能なプロデューサーを招聘して制作体制を強化する場合などに、大手のレコード会社が採ってきた方式だが、ここに来て各社が競って採用するようになった。

このような動きは大手のレコード会社が、音楽ビジネスにかかわる多くの機能を取り込んだ比較的小規模な集団の集合体、つまりマイナーなレーベルの集合体に変わりつつあるということを意味する。〝マイナー〟といえば〝メジャー〟とか〝大手〟の対極にあるものということが従来までの認識だったが、ここにきてみられるようになったこのような現象は、メジャーのなかにもマイナーが存在するようになった、ということである。これはこれからのレコード産業におけるメジャーのあり方が、変わりはじめているという見方もできる。これまでのマイナーあるいはインディーズといえば一人あるいは数人のアーティストを、ごく少人数のスタッフで支えるような音楽生産のユニットを指すもので、その多くは少ない予算で自主的に音楽を制作し、それを売り歩くというイメージだったが、ネットの時代になると音楽制作や流通のコストも低減し、その取り組みも容易になったといえる。このような性格を持つマイナーが既存のレコード会社、なかでもメジャーと呼ばれるような大規模のレコード会社のなかにも生まれつつある。そこに生まれているマイナーは、街中のごく小規模のインディーズに比べれば、人的にも財政的にもうしろ盾のしっかりしたインディーズであるといえる。

そもそもインディーズというものはメジャーに比べて新しい音楽の流に敏感で対応も早いといわれ、それがインディーズの存在意義をあらしめる所以であったのだが、ここにきてメジャーがインディーズを取り込もうとする傾向が現れたのも、メジャーのこれからのあり方として注目すべき動向といえるだろう。そこではメジャーとマイナー＝インディーズのそれぞれが持つ性格のなかでも、新しい環境に適合するものが発揮されて、従来とは異なる二一世紀型のメジャーが生まれようとしているのかもしれない。何よりもマイナー・レーベルではメジャーと比較して、アーティストとレコード会社スタッフの距離が短縮され、緊密な一体感が生まれやすくなる。これはすべての環境がデジタル化され、音楽の制作、宣伝、配給がコンピュータのなかで行われるようなことが多くなった二一世紀の音楽ビジネスにあっても、アーティストにとっても望ましいかたちであるといえるだろう。

このような状況が生まれて思い起こされるのは、資本主義企業のポピュラー音楽の扱い方に注目した、アメリカのスティーブ・チャプル&リービー・ガロファロや、彼らにつながる研究者たちの指摘である。彼らはメジャー企業とマイナー企業の優劣を資本力や企業規模からではなく、創造性の優劣のから判断している（Chapple & Garofalo 1977 : 300）。この考え方についてキース・ニーガスは、「小さなインデペンデント会社のほうが、新しい音楽に対しては敏感であり好意的である、という考え方がもとになっている。」（Negus 1996 : 43）という。このことからはメジャーがインディーズを自らのなかに取り込むという動きは、インディーズの持つ創造性を重要視するためということにほかならない。

このようなレコード産業の動きのいっぽうでは同じ音楽産業のなかの、アーティスト・プロダクションや音楽出版社など、レコード会社以外の業種の会社も、音楽制作機能を持つ小規模の会社をすでに二〇世紀の終盤のころから立ち上げており、さらにはアーティスト自身や個人のプロデューサーなどが立ち上げている、さらにマイナーなインディーズの制作ユニットも増加している。これらのなかにはネットのなかで活動をするものも多く、ネットレーベル(10)とも呼ばれて、その数は増加しており動向が注目される（毛利 2012：259-260）。このような状況は昨今の音楽生産の仕組みが小規模化すると同時に、多核化しながら再編されつつある現象として捉えることができるだろう。

このような変化は混迷のなかにあるレコード産業が生き残りをかけて進めている必死の努力のなかから生まれているものなので、一定の期間に望むべき成果が生れない場合は修正されたり、新たなかたちが生まれることもありうるだろう。現に二〇〇八年のソニーによるＢＭＧの吸収、二〇一二年のユニバーサルによるＥＭＩの吸収合併では、ソニーのなかにＢＭＧ－レーベル（アリオラ・レーベルと名称変更）が、ユニバーサルのなかにＥＭＩレーベルという組織が置かれたが、これはメジャーのなかにメジャーが置かれるという従来にはなかったレコード会社の運営形態ともいえる。このように肥大したメジャーの動向なども今後レコード産業の運営がどのようなかたちで進んでいくのかをみていくうえで、目が離せないものである。

３．消えかけた媒介機能の復活——アーティストの身近に戻る仲介者たち

レコード産業が二〇世紀に発揮していた音楽の生産の機能が急激に衰えたことによって、アーティストやユーザーはどのような影響を受けるのかということについては、そのような状況が生まれて間もない頃にしばしば論じられたように思う。そこではどちらかと言えば好ましい状況になったという意見が優勢であったように思われる。「レコード産業が立ち行かなくなってもユーザーは少

しも困らない。好きな音楽はインターネットからはいつでも聴けるし、しかもそれは従来よりも安価になり無料のものも多くなって、むしろ喜ぶべき状況になった」という意見や、「それはアーティストにとっても望ましいことで、レコード産業の束縛から逃れ、自分のやりたい音楽を自由に作り、それをネット上でいつでも簡単にユーザーに対して宣伝・販売ができる環境が整った」というような声がよく聞かれた。確かにそういう見方もできるであろう。しかし本当に喜んでいい状況になりつつあるのだろうか。ここで気になるのはここではアーティストとユーザーの間に立ってさまざまな役割を担ってきた仲介者という人々の存在が忘れられているのではないかということだ。

ここでいう仲介者という概念は、上演や表現に関する職業や象徴商品やサービスの提供に従事する労働者の類型を示すものとして、ピエール・ブルデュー（Bourdieu, P.）が指摘した「文化の仲介者」の概念であり（Bourdieu 1986：359）、ハワード・ベッカー（Becker, H.）がいう「芸術作品はその作品が産まれるのに必要な共同作業を行ったすべての人々による、コーディネイトされた活動の結果である」（Becker 1976：41）とするものに呼応する考えである。これらの考えは言い換えると、芸術作品はひとりのアーティストが作り上げるものではなく、複数の人々の共同作業によって生まれる、とするものであり、キース・ニーガスはこの考え方はレコード産業にも当てはまるとし、仲介者とはレコード産業においては、レコード会社やその周辺にいてアーティストと受容者をつなぐ様々な役割を演じてきた人々を指すとしている。

この考え方からは二〇世紀の音楽市場が発展をしてきたのは、そのような仲介者の働きが機能しており、彼らが重要な役割を果たしたということになる。このような仲介者の多くがレコード会社の内部やその周辺にいたということである。そこには多様な分野にまたがる多くの仲介者たちが集まっていたのだが、その才能や技能を組織的に発揮するメカニズムが出来上がっていたのがメジャー・レコード会社であるといえるだろう。それは当時のメジャーが音楽産業のなかで大きな役割を果たしていたということにもつながることである。このように考えるとインターネット上に多くみられるような、アーティストの音楽がダイレクトに受容者に届けられるような状況は、仲介者がいない状況、あるいはいてもごく少数で、そこでは仲介者の働きは従来のレコード会社の内外でみられたものに比べると、弱いものといわざるを得ないだろう。たしかに現状のインターネット上にはＹｏｕＴｕｂｅやニコニコ動画に代表されるような、アーティストと受容者をつなぐサイトあるいはその運営者がいる。しかし彼らはあくまでもアーティストの作品を受容者に届ける紹介者ではあるが仲介者ではない。仲介者はアーティストが作品を制作したり発表したりすることにおいて、プロフェッショナルとしてその役割や程度の差こそあれ、何らかの影響を与える役割を果たしている。

日本のレコード産業では、仲介者たちの力が最も強く働いていたのは、二〇世紀のなかでも一九七〇年代から九〇年代も後半、ミリオンセラーが多数誕生してレコード生産高が六〇〇〇億円というピークを迎える時期にいたるまでの数十年といえるだろう。この時期日本のレコード産業の構造はいろいろな面で多層化していた。音楽の制作にもレコード会社の制作ディレクターと原盤制作会社のディレクターの両者が関与するようなことがはじまり、宣伝もレコード会社の宣伝マンがラジオ局やテレビ局回りをするという宣伝だけではなく、楽曲とテレビ・コマーシャルや、テレビ・ドラマ番組のタイアップという行為が盛んだったこの時期は、広告代理店や番組スポンサーなど、レコード会社の外にいる広い範囲の関係者が参加するプロジェクトも多く作られ、かかわるメンバーの人数は多くなっていった。このようにこの時期は、音楽の生産にかかわる人々の数が増える要因が極めて多かった時期であった。もちろん仲介者の数が多いからといって、アーティストにとって好ましい結果を生むことにつながるものではないかもしれない。それがマイナス要因になったことも少なくはなかっただろう。しかしこの時期に市場が歴史的にも最も活性化していたという事実からみれば、少なくとも好ましい結果が生まれる可能性が大きい状況であったことは確かである。そしてアーティストたちと、このような仲介者との出会いの場を提供してきたのがレコード会社であり、そのなかでも主役を務めたのはメジャー・レコード会社だったのではないかということである。

ところがその後レコード産業は不調に陥った。世界のメジャーたちは統合・合併を進め、デジタル時代への対応といいながらも、実質的には経営の軽量化が急務となり、リストラを進めるような状況に追い込まれた。レコード会社では思い切ったスタッフの削減が行われるようになった。それはメジャーだけはなく、中小のレコード会社や制作会社にも連鎖した。さらにはタイアップなどでレコード会社と協働していた広告代理店や他業種企業との連携も少なくなった。小売店もＣＤの売上の急激な下降で街中から相次いで姿を消しつつある。このような状況を考えると、アーティストとユーザーをつなぐあらゆる媒介機能が、二〇〇〇年代になってからは著しく低下したという見方ができる。そしてこのことがレコード産業の低迷に輪をかけることになっているのではないかと思われるのである。

しかし最近のレコード産業の動向になかではこのように弱体化してしまっているアーティストとユーザーを結びつける媒介機能がまた復活する傾向がみられる。前節にみたような、いまレコード産業のメジャー企業のなかに起こっている社内マイナー・レーベルの出現もそのひとつといえるだろう。従来までメジャーという大きな企業のなかで、スター・アーティストの音楽をミリオンセラーにすることに専念することに終始していた有能なスタッフたちが、産業の低迷と混乱に巻き込まれて活動の場を見失って、一旦はアーティストの前から姿を消してしまっていたのだが、最近になって今度はこれから才能を発揮しようとする若いアーティストの近くに現れはじめ、仲介者としての活動を再開しているのではないか考えられる。このことはかつて仲介者の役割を果たしていた人々が、たとえば最近増えつつあるメジャー企業になかのマイナー・レーベルのような新たな活動の場を得て、再びその力を発揮するであろうことを意味する。

ここに興味深いデータがある。日本レコード協会が発表している年次統計によれば、同協会に加盟するレコード会社の合計実績では、毎年の新人アーティストのデビュー数は、二〇〇〇年前後に

図４　年間の新人歌手・バンドのメジャーデビュー数の増減
〜３年毎の年間平均数の推移

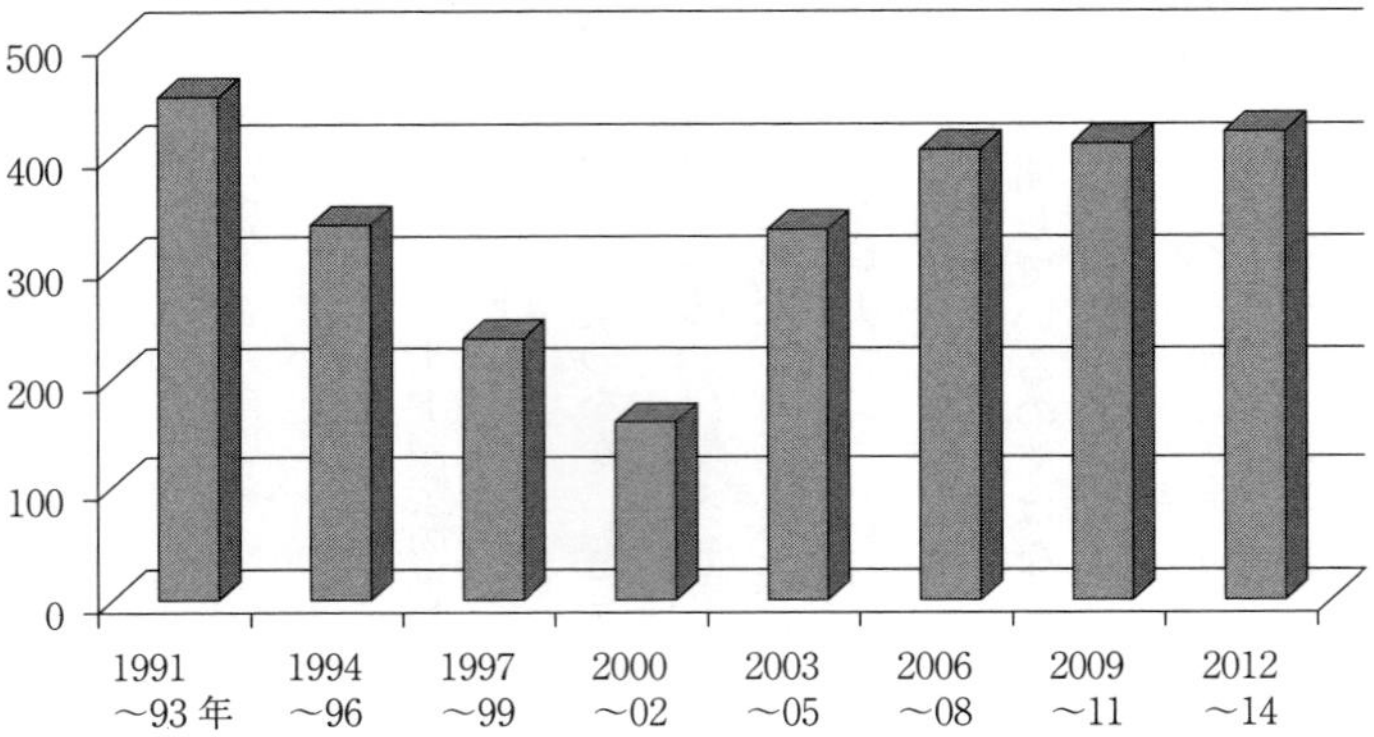

出典：日本レコード協会発表年次資料

は一五〇人前後にまで減少していたが、二〇〇五年前後には三〇〇〜三五〇人に回復、二〇一〇年以降は四〇〇人までに増加している（図４）。また毎年のＣＤシングル（一二cm盤）の新譜発売タイトル数は、二〇〇〇年には一七六〇タイトル、二〇〇五年には二七〇〇タイトル、そして二〇一三年には三五〇〇タイトルへと増加している。このデータが示すことはレコード産業の混迷が深まった二〇〇〇年前後には、日本のレコード産業の音楽生産の活動が、一旦は非常に不活発な状態に陥ったが、その後改善の方向に向かっているということではないか。まだ市場の回復には結びついていないが、少なくともレコード会社が新人の発掘や育成に再び取組みを始めたのではないか、その意欲を持ち始めたのではないかと思われるのである。そしてそれはここにみたようなレコード会社における音楽生産の現場に新しい体制が作られ、そこではプロフェッショナルの仲介者が再び動き始めたことの現れではないかと思われるのである。

4. ミュージック・マンによる世界のメジャーの経営
――エレクトロニクス産業・メディア産業の大資本との決別のあとに来るもの

レコード産業がエレクトロニクス産業とともに発展してきたということは、これまでにもみた通りである。しかし両者の関係はいつの時代もレコード産業がエレクトロニクス産業の資本と経営の傘下にあるという状況にあったことも事実である。アメリカのRCA、CBS、イギリスのEMI、ドイツではグラモフォンなど、主要メジャー・レコード会社は、それぞれ同名のエレクトロニクス企業またはその関連企業の配下にあった。また日本における大手のレコード会社の資本も、特に第二次世界大戦後は、日本ビクターは松下電器、日本コロムビアは日立、東芝音工は東芝というように電気会社の傘下に位置するようになった。しかし親会社であるエレクトロニクス企業とその子会社であるレコード会社の関係は、常に円滑だったとはいえない。それはレコードと蓄音機とが同時に使われるものでありながら、商品の性格として大きく異なることに起因するものだった。これも前述のように、レコードは蓄音機（ある時期からはオーディオ機器と呼ばれるようになる）に比べて低価格な商品であり、しかも当たり外れの多いポピュラー音楽を中心に扱うことから、業績の好不調の波が大きく経営的には安定度が低いビジネスであった。ヒット商品やスター・ミュージシャンが出現すれば桁違いに収益があがることもあるが、その確率は低く計画通り行かないということが多

図５　概観：世界のメジャーの誕生・発展とその収斂
～20 世紀に世界のレコード市場を席捲したメジャー７社は３社に集約された。（2016 年現在）

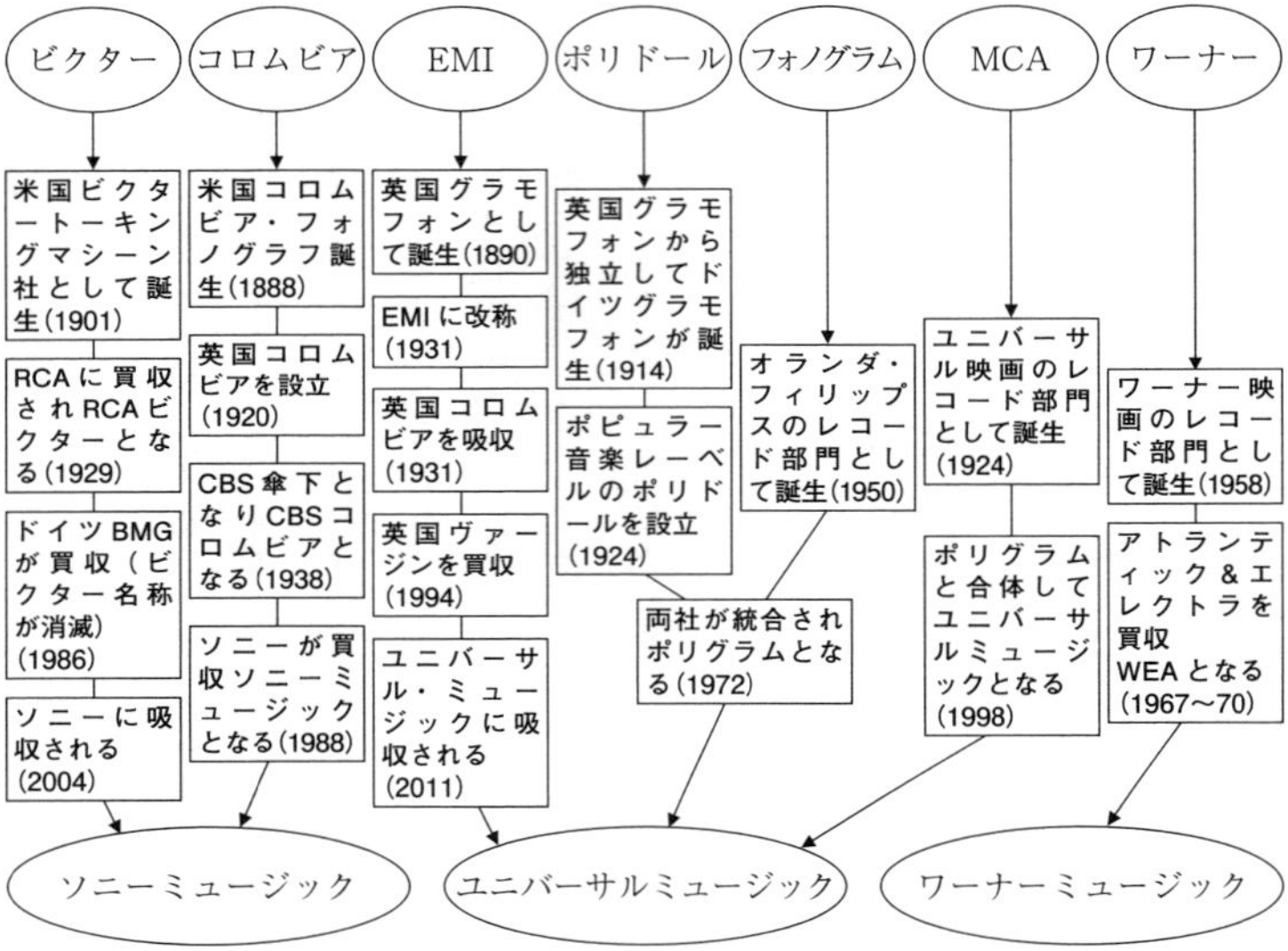

い。そのため相対的に高額で安定的に市場が発展していた電気製品を扱っていたエレクトロニクス産業にとって、レコード産業は頼りなく当てにならない、しかもコントロールが難しい存在であった。レコード産業に安定的な業績を求めるエレクトロニクス産業にとってレコード産業の好・不調の激しい業績は常に不満であり、頼りない子会社であることが多かった。このようにレコード会社と電機会社は扱う商品の性格に違いがあり、そこで仕事をする従業員も互いに異質である傾向が強い。そのため両者のあいだには企業文化の違いか生じることになり、理解しあえない親子（資本の）関係が生まれることにもなった。

このような関係が長く続いたレコード産業とエレクトロニクス産業だったが、第二次世界大戦後一九六〇年代から八〇年代まで長く続いたオーディオ市場の好調の波も、九〇年代になると急激に鎮静化の方向に向かうことになり、それに伴ってエレクトロニクス産業はオーディオ機器の製造販売の事業からの撤退を始める動きが現れた。こうなるとエレクトロニクス産業がレコード産業を傘下に持つことの必要度も徐々に低くなり、二〇世紀の終盤から二一世紀初頭にかけて米英でも日本でも、エレクトロニクス産業がレコード産業の資本を相次いで手放すことになった。そしてその資本を受け継いだのが、その時期に音楽や映像などのコンテンツに目をつけて、それらの産業の買収に走ったIT系のメディア・コングロマリットであった。ところがこの章でもすでに述べた通りそれらのメディア・コングロマリットも、音楽というコンテンツの価値の急激な低下に直面するなどで、参入してまもないレコード事業を数年もたたないうちに相次いで見限り、獲得したばかりのレコード企業を早くも手放すことになった。ここに至ってレコード産業ははからずも二〇世紀を通じて甘んじることを強いられてきた、エレクトロニクス産業やIT系メディアという産業文化の異なる業種の大型企業の傘下から抜け出すことになった。

その結果メジャー・レコード産業の資本は、世界規模の金融投資会社や企業再生ファンド会社が保有することになった。たとえば二〇〇三年にワーナー・グループから音楽部門であるワーナー・ミュージックを購入したのは、エドガー・ブロンフマン・ジュニアが率いるグループ・ファンドであり、二〇〇七年にEMIレコードを購入したのは英国の投資ファンドであるテラファーマ（Terra Firma）であった。さらにその直後の二〇一一年にはEMIは、アメリカ金融資本大手のシティグループに転売された。また二〇〇四年にはメディア・コングロマリットとして一旦は名乗りを上げたフランスのビベンディも、一旦は手にしたユニバーサル映画とユニバーサル・スタジオを、NBCとの合弁というかたちで手放した。ビベンディの手中には音楽産業であるユニバーサル・ミュージックのみが残ることになった。現在のビベンディはユニバーサル・ミュージックにとっては単なる持ち株会社のような状態に近いかたちになった。日本資本の企業でもこれに類するようなことが起こっている。たとえば二〇〇一年に日本の大手のコロムビアの資本と経営権は、日立電機から企業再生ファンドであるリップルウッドに移った[11]。

このような状況変化によって生まれたのは、レコード会社の経営の実質的な主体の変化である。二〇世紀という長い期間エレクトロニクス産業に保有され、その後短い期間ではあったが総合メディア産業のコングロマリットに保有された時期のレコード会社の経営は、それら資本を保有する側にあり、レコード産業の自主経営は封じられていたといえる。しかしここにみたような二一世紀に入ってからのレコード産業の変化、すなわちエレクトロニクス産業や総合メディア産業との決別によって生まれているのは、レコード産業の経営がレコード産業自体に戻りつつあるという状況といえる。なぜなら新しくレコード会社の資本を保有することになったファンド会社などは、レコード会社から株式利益を得るために、レコード会社の経営はレコード産業をよく知るレコード産業出身の実力者に任せることが多くなったからである。

レコード業界内には〝ミュージック・マン〟と呼ばれる人々がいる。それは自らが音楽愛好家で、音楽を愛しつつレコード会社を経営する実力派の音楽ビジネス・マンでもある人々のことである。彼らは音楽好きが高じてレコード会社を自ら興したり、共同で立ち上げたりしてそれを成功させ、有力なレコード会社の経営者として名を馳せ、そのままメジャー会社の経営者になることもある。たとえばアトランティックを創設しワーナーの経営者となったR＆Bの愛好家でポピュラー・ソングの作曲家でもあったアーメット・アーティガンも、またアサイラム・レコードやゲフィン・レコードを起こして成功させたアーティスト・エージェントの社員出身のデヴィッド・ゲフィンも、さらにはエレクトラ・レコードを創設して成功させた、音楽好きのニューヨークの大学生ジャック・ホルツマンも、みなミュージック・マンの資質を持った経営者であった。日本では売れっ子の作曲家でアルファ・レコード社長となった村井邦彦、また小室等・吉田拓郎・井上陽水・泉谷しげるというフォークのアーティスト四人が作ったフォーライフ・レコードの社長を引き受けた、元アーティスト・マネジャーの後藤由多加もその例に該当するだろう。

このなかでもミュージック・マンの代表格といえばそれは、アーメット・アーティガンということになるだろう。彼がまた学生の頃からいかに音楽を愛し音楽に接してきたか、それがレコード会社を作り成功に導くのにいかに役立ったか、については彼の伝記小説『アトランティック・レコード物語』（邦題）に克明に記述されている。そしてこの伝記小説の原題はそのものズバリ *Music Man* である。(12)

もちろんミュージック・マンとはこのようにレコード会社を創業するような人々だけをいうとは限らない。音楽を愛するが故に既存のレコード会社の従業員としてキャリアをスタートさせ、その道一筋を歩んでレコード・ビジネスを体得し大成するミュージック・マンも少なくない。彼らも好きなジャンルのレコードを集めたり、ライブに頻繁に足を運んだり、バンドで演奏を楽しむなど、仕事だけでなくプライベートでも音楽から離れた生活は送れない人々である。キース・ニーガスは音楽産業で働く人々の特性をつぎのようにいう。(Negus 1996 : 63)。すなわち、①仕事と余暇の区分がほとんどない。仕事が終わってからも、コンサートに出かけたり、自宅で音楽を聴くことに多くの時間を充てる。②個人的嗜好と職業的判断の混合がある。彼らの個人的な音楽の趣味が、特定の企画に対して割かれる時間、労力、コミットメントを左右し、録音契約を結ぶ相手の決定に大きな影響を与えることが生ずる。③アーティスト、ビジネス・マン、聴衆の一人三役が起こる。広い意味でのミュージック・マンとはこのような人々のことをいうともいえるだろう。

このところのレコード産業の動きから看て取れることは、このようなミュージック・マンがメジャー企業を含むレコード会社の経営の要職に就いて活動をはじめていることである。それはつぎのような事例からもうかがえることである。

たとえばビベンディ社がユニバーサルの映画と娯楽産業を手放したあとも手中に残した音楽会社のユニバーサル・ミュージックでは、ビベンディの人間が直接経営の要職にかかわるのはなく、アメリカ・カリフォルニアのヘッドオフィスのトップには、ポリドールUK出身のルシアン・グレンジが、そして日本を含むアメリカ以外の法人を統括するロンドンのユニバーサル・インターナショナル・オフィスのヘッドには、一九九八年にワーナー・ミュージックから招聘されたマックス・ホールが起用された。いずれも音楽ビジネスの経験豊かなミュージック・マンといえる人材である。またワーナー・ミュージックのオーナーであり会長でもあるエドガー・ブロンフマン・ジュニアも、まさにミュージック・マンである。音楽好きの彼はカナダの世界的な酒造会社シーグラム社の跡取り息子でありながら、若い頃は家業を継ぐことを嫌がり、音楽家・演劇プロデューサーとして身を立てていたという。一九八九年に彼がシーグラムの社長に就任してからは、シーグラムは異業種のMCAやポリグラムというレコード会社を含むユニバーサル・グループを次々と買収したが、それにはブロンフマン・ジュニアの意志が強く働いていたことは明らかだ。彼はその後まもなくユニバーサル・グループをフランスのビベンディ社に売却する状態に追い込まれたが、しばらくはビベンディ・ユニバーサルの副会長にとどまっていた。しかしその後彼はすぐに他の投資家たちと共同でグループ・ファンドを設立し、二〇〇四年にタイム・ワーナーの音楽部門であるワーナー・ミュージック・グループを買収した。そして彼は会長となって自らもレコード会社の経営に乗り出すようになった。財閥の御曹司だからこそできることだろうが、このような彼の動きからはレコード事業あるいは音楽ビジネスへの夢、あるいは執念のようなものが感じられる。

このようなエドガー・ブロンフマン・ジュニアの物語につながるのは、すでに本書でもその経緯をみたソニーの創業者たちが、世界のメジャー・レコード会社を持つに至った物語である。レコード会社を持ちたいという夢を追ってそれを実現した盛田和夫、大賀典雄の二人のミュージック・マン経営者はすでにこの世を去っているが、ソニー・ミュージックという日本を出発点に持つ世界のメジャー・レコード会社は、これからも音楽を愛するミュージック・マンたちによって経営されていくことになるのだろう。もちろん二一世紀という時代のレコード産業は、二〇世紀後半にアーメット・アーティガンやデヴィッド・ゲフィンらが活躍した産業の発展期とはまったく異なる状況にある。しかしレコード産業には、彼らミュージック・マンが情熱を傾けて働くことができる新たな環境が生まれつつあり、これからもレコード産業が世界の音楽文化発展の一翼を担うことは確かなことであろう。

注

（1）　欧州委員会は欧州連合（ＥＵ）の行政及び政策執行機関であり、法案の提出、決定事項の実施、基本条約の支持など、日常的な連合の運営を担っている。各加盟国から一人ずつ選出されている二八人の委員による合議制で運営されている。委員は自らの出身国よりも欧州連合全体の利益を代表することが求められている。約二五、〇〇〇人の職員を擁し、「総局」ベルギーのブリュッセルにある。ここでのワーナーとＥＭＩの合併は、世界のレコード市場での過度の寡占が懸念されるとして欧州委員会は認可しなかった。

http://www.lib.u-tokyo.ac.jp/undepo/exhibition/2003/kikou/kikou.html（「EUの機構」より）。

（2）ドイツのベルテルスマン社のレコード・ビジネスは、一九五八年にドイツでのアリオラ・レコードの設立を皮切りに、一九七〇年にアリオラ・ベネルクスとアリオラ・ユーロディスク（スペイン）、一九七五年にはアリオラ・アメリカ（ロサンゼルス）を設立。さらに一九七九年にアメリカのアリスタ・レコード、ドイツ国内のライバルレーベルであるハンザ・レコードなどの買収を経て、ついに一九八六年にはアメリカのメジャーであるRCAレコードを獲得する。その翌年一九八七年にはベルテルスマン・ミュージック・グループ（BMG）と名前も改めて、名実ともに世界のメジャーの一角を占めるようになった（『オリジナル・コンフィデンス』二〇〇二年八月二六日号、五大メジャー人脈解剖BMG編より）。

（3）アーカイブとは、重要記録を保存・活用し未来に伝達するものをいうが、日本では一般的に書庫や保存記録と訳されることが多い。元来は公記録保管所、公文書、または公文書の保存所、履歴などを意味し、記録を保存しておく場所である。ある時期からは文字の記録だけでなく、絵画・動画などや音や音楽の保存内容や保存の方法についても、この言葉が使われるようになった。特にアナログの歴史的作品の劣化に対処するためのデジタル化とそのメディアの開発・活用については、音楽の分野でも研究が進められつつある。http://e-words.jp/

（4）レーベルゲート（Label Gate Co., Ltd.）は、二〇〇〇年四月に株式会社ソニー・ミュージックエンタテインメントが中核となり、音楽業界各社が出資して設立された音楽配信会社。当時増加していた違法なファイル共有ソフトなどによる、著作権侵害行為を抑止することを目的とした。外資系も含めて日本のレコード産業のほとんどが参加した。https://labelgate.com/

（5）アークスター・ミュージック（Arcstar MUSIC）は、レーベル・ゲイトが立ち上ったのと同じ二〇〇〇年四月に、NTTコミュニケーションズが作った音楽配信サービス会社。当初の九ヶ月は実験サービス期間で参加したレコード会社はクラウン、徳間コミニュケーションズ、バップ、そして八月からはビクターが参加した。一二月に本稼働になってからは、BMGファンハウスとポニーキャニオンも参加した。レーベルゲートと両方に参加していたレコード会社もあった。http://jiten.com/dicmi/docs/a/1035s.htm

（6）パソコンに音楽や映像のコピー機能を搭載するかどうかは、パソコンの基本規格の検討段階で、それに反対する映画産業やレコード産業などのコンテンツ・メーカー側と、搭載を主張したハードメーカーの間でせめぎ合いがあり、法廷にも持ち込まれたが、ハード側が押し切ったという経緯があった（NHKスペシャル二〇〇二年七月一四日「変革の世紀〝知〟は誰のものか」）。

（7）ビベンディ社は、一九世紀半ばにフランスで水道会社ジェネラル・デ・ゾーとしてスタート。一九八〇年からは業種を拡大し廃棄業・建設業・不動産業・有料テレビ局・電気通信業に進出したが、九八年に業種を整理しメディアと電気通信業のみに集中することとして、ビベンディと社名変更。二〇〇〇年にはカナダのシーグラムから株式を買収し、エンタテインメント事業のビベンディ・ユニバーサルを誕生させる。しかし赤字が続き二〇〇四年にエンタテインメント事業の大半をゼネラル・エレクトリックへ売却した。ただしレコード会社のユニバーサル・ミュージック（Universal Music）は、現在（二〇一六年）もビベンディが所有する（日本経済新聞二〇〇二年四月二九日朝刊「メディア帝国の誤算」参照）。

（8）さらにEMIは二〇一〇年にはテラファーマからシティグループに買収された。二〇〇七年にテラファーマが買収した時も主な出資者はシティグループだった。しかし、テラファーマが経営権を持ってからいっこうにEMIの負債が減らず経営も改善されなかったため、シティグループ本体が経営に乗り出すことになった。テラファーマを率いるガイ・ハンズは経費削減による利益の捻出のみを追求したこともあって、EMIからはポール・マッカートニー、ローリング・ストーンズなどが離れ、同社は相次いで看板アーティストを失なった。EMIの象徴でもあるアビー・ロード・スタジオの売却問題もテラファーマの愚行といわれた。しかしシティグループは当初からEMIの再売却を考えていたようで、二〇一一年には出版はソニーに、レコード部門はユニバーサルの親会社であるビベンディに分割売却され、二〇世紀の世界の名門EMIはレーベル名は残ったが、企業としては消滅した（『オリコンBIZ』二〇一〇〜二〇一二年発行号の記事より集約）。

（9）レコード産業とほぼ同時期に興った映画産業は、両方とも娯楽メディア産業としてしばしば比較されるが、映画産業は戦後テレビ産業の出現によって大きな試練に立ち、映画館の入場者の激減によって流通の柱を失い、産業全体も不振に見舞われたが、シネコンという日本では新しい映画館経営の道が開け、VHSテープやDVDディスクというパッケージ販売、テレビ局への放映権の販売なども加わって、デジタル時代へのメディアの変革を克服しつつあるように思われる。この点で映画産業はレコード産業とは別の道を歩いているということができるのではないか。

(10) ネットレーベルは、インターネット上で運営されているレコードレーベルのことをいう。オンラインレーベルとも呼ばれる。いわゆるインディペンデントレーベル＝インディーズと同じように個人や極めて少ない人員によって運営されているものが多い。このためレーベルごとに限定されたジャンルの楽曲を扱うものが多い。インターネットを通してのみ楽曲を提供する場合が多く、多くの場合課金されない。ネットレーベルからリリースしていた楽曲がレコードレーベルと契約してCDが発売されることもある。その意味でネットレーベルは新人アーティストにとってメジャー・デビューのチャンスとなる場であるともいえる（岸　2010）。

(11) このあと二〇一〇（平成二二）年には、コンテンツ配信サービス企業の㈱フェイスが、リップルウッドから、コロムビアミュージックエンターテインメントの発行株式（合計三一・三九％）を取得し、フェイスはコロムビアの筆頭株主となった。この結果フェイスグループから派遣された役員による新経営陣への刷新が行われた。フェイス創業者の平澤創が取締役取締役会会長に、代表執行役社長兼COOに原康晴が就任した。原は旧・日本コロムビアで営業畑を歩んできた生え抜きの人材である。http://columbia.jp/company/

(12) Wade, D., Picardie,J. 1992 *Music Man, Ahmet Ertegan, Atlantic Records and the Trumph of Rock'nRoll.* Investigative Reporters Inc. ＝ 1992『アトランティック・レコード物語』林田ひめじ訳、早川書房。この著作はインディーズのレコード会社を興し成果を挙げてメジャーの社長にまでになったアーメット・アーティガンが歩んできた道を克明にたどるものだが、そこにはアーティガンがミュージシャンはもとよりレコード会社を取り巻く有能な人々とのつながりをいかに大切にしてきたかに重点が置かれており、レコード産業が〝人の産業〟であることが改めてよく分かる。また〝ミュージック・マン〟とはどのような人材なのかということの理解にも役立つものである（Wade, D., Picardie, J. 1990 = 1992）。

終章　ポピュラー音楽文化の発展とレコード産業

本書ではこれまでに、日本の市場における欧米メジャーの進出の過程を歴史的にたどりながら、それぞれの段階でその時期の政治的・経済的な事情のもとに展開された、欧米と日本の双方の企業のせめぎ合いをみてきた。それは日本のレコード産業の歴史を、メジャーと呼ばれる欧米の大規模なレコード産業の動向をたどることによって明らかにしようとするものである。これまで音楽文化の歴史、特にポピュラー音楽の歴史は、新しい音楽の流れや、アーティストやその作品の出現、そしてその受容のされ方などを通して語られることが多く、レコード会社の活動を通して語られることは少なかったといえるだろう。

これに対して『二〇世紀日本レコード産業史』と題する本書は、二〇世紀という長い時間のあいだに、日本人の多くが聴いたり歌ったりしてきた欧米のポピュラー音楽、そしてそれらの欧米のポピュラー音楽影響を受けて生まれた日本のポピュラー音楽が、どのように作られ、あるいは輸入され、どのように市場に出されて聴衆のもとに届けられるようになったかを、レコード会社の活動を通じてみることを試み、それを通してレコード産業が音楽の世界的な伝播において、いかに重要な役割を果たしてきたのかということも確認してきた。もちろんレコード産業だけがそのような役割を果たしてきたということを言おうとしたものではなく、逆にレコード産業自体も音楽の流れの変化や、有能なアーティストの出現に影響を受けてきたことにも着目している。

このようなことから、ここで本書を締めくくるに当たり、米英から発信された多くの二〇世紀の音楽が、日本をはじめとする世界の非西欧の国々に広がって、それぞれの国で醸成されて行った過程を追うなかで、なぜこれまで産業のあり方や役割が着目されることが少なく、それについて踏み込んだ議論がされなかったのか、そして人々に知らされなかったのか、ということについて考えを及ばせてみることにしたい。

第1節　文化帝国主義からグローバリゼーションの視点へ

アメリカの欧米のメジャーに代表されるレコード・蓄音機産業は誕生以来、レコードという音楽の複製物とそれを再生演奏する機器を製造・販売することを生業としてきた。それはその誕生の時点から資本主義経済の枠組みのなかで営利活動を行ってきたことを意味する。そのような状況の進展のなかで英米を中心とする西欧では国家も企業も独占を目指す時代へと推移し、ジョン・ボブソンが「商品輸出よりも資本輸出を行うようになり、大金融会社や投資家が利益をあげる時代の到来」(Hobson 1902=1951) と言い、ウラジミール・レーニンが「資本主義の最高の段階」(Reenimn 1917=1999) と表現した帝国主義と呼ばれる状況が生まれた。それは米英のような進出する側の国の政治や経済が、進出された側の国に政治的・経済的な影響を与える時代の到来を意味した。さらにある時期からは政治・経済のみならず、文化という面でも同様のことが起こっているのではないかという懸念が生まれ、それをみていくのに文化帝国主義という見方が生まれた。そこでは主としてアメリカの映画、テレビ番組、アニメ漫画などが、非西欧の国々に持ち込まれ、それらの国々の人々に西欧文化を押し付けるという構図が生まれたことを指摘し、それを実践したそれぞれの産業を批判する論調の理論であった。ドーフマン＝マテラートが『ドナルド・ダックの読み方』（1971）で批判したディズニー映画や、イエン・アングがドラマ『ダラスの見方』（1982）で批判したテレビ局のように、当時の主力メディアは批判の矢面に立たされた。しかしマイケル・ジャクソンやマドンナの功罪が議論されることはあったものの、文化帝国主義の議論でレコード産業が論じられる場面は少なかったといえる。そのためレコード産業はそのあり方を議論されるチャンスを逃したといえるかもしれない。

このような文化帝国主義論は一九八〇年代になると、送り手である文化産業の戦略と、受け手である人々の解釈のあいだに働く複雑なダイナミズムを見過ごし、欧米の文化産業の力を過大評価している、人々はアメリカからの文化を無批判に受け取っているのではない、という批判を受けることになり、古めかしい理論としてカルチュラル・スタディーズの研究者などから批判されるようになった。

そのような文化帝国主義論に代わって二〇世紀の終盤あたりから注目されるようになったのが、

グローバリゼーションの理論である。グローバリゼーションとは政治、経済、そして文化などの幅広い分野で、地球上の人間の活動とその影響が国家や地域など地理的な境界を越えて一体化していく現象を説明しようとするものである。グローバリゼーションについて、ジョン・トムリンソンは「帝国主義は目的を持った企てという概念を含んでいるが、グローバリゼーションは地球上の地域の相互連絡や相互依存を意味するもので、目的を持って行われる企てではなく、結果として発生するものである」（Tomlinson 2000）という。このようなグローバリゼーションの理論がもてはやされることになって、地球上での文化の移動は人間や国家の活動というような根源的なものによって起こるという考えが優位に立った。そして米英の音楽の世界的な広がりもグローバリゼーションの理論で説明されるようになった。一方では多国籍企業による世界経済の支配の割合の高まりと各国のローカルな産業の弱まりも、グローバリゼーションの事例とされることにもなったが、少なくとも音楽に限ってみれば、世界各国への欧米音楽の移入やそれがもたらした影響をみるのに、産業の働きがクローズアップされることは少なかったといえるだろう。トムリンソンのグローバリゼーションの捉え方のほうが、欧米音楽の世界への広がりを説明するのに説得力が強い、という側面を持っていたということかもしれない。

第2節　目が向けられることが少なかったレコード会社の動き

このように米英の音楽の日本への移入におけるレコード産業の働きが、注目されなかったことを別の見方からみると、つぎのようなこともいえる。明治維新以降、日本の音楽文化はつねに米英の音楽文化の影響を受けてきた。それは時代の経過とともに強まっていった。しかしそのなかでもその動きが特に進んだ時期が少なくとも二回ある。最初は本書の第1章でみた明治初期から大正にかけての時代である。この時期は日本の社会・文化全体が西洋化に向かって進み始めていた時期で、ひとり音楽文化だけがそうであったわけではない。欧風化反対の逆風も吹くなかで、政府は音楽教育に西洋音楽を取り入れ、学校唱歌に西洋音階と日本音階を折衷したものが使われるようになった。そこから軍歌、童謡なども生まれた。それは大正時代になると従来の日本のはやり歌＝俗謡にはなかった新しい感覚を持つ、日本独自の流行歌の誕生にもつながっていった。それはまさに従来の日本の伝統音楽が西洋音楽と融合し、その折衷音楽が生まれ、それが新しい日本の音楽として定着していくという構図であった。しかしこの時期はまた誕生したばかりの欧米メジャー・レコード各社（この時期はグラモフォン、ビクター、コロムビアの三社のみ）にはまだ日本の音楽文化への力を及ぼすほどの状況にはなかった。

日本の音楽が欧米の音楽の影響を顕著に受けた二回目の時期は、第二次世界大戦後の一九五〇年代から六〇年代にかけてである。それはこの約二〇年間にアメリカとイギリスでポピュラー音楽のめざましい隆盛が始まったことに起因する。本書の第2章でみたようにまず一九五四年ロックンロールの誕生、その二年後のエルヴィス・プレスリーというスーパースターの登場、そして六〇年代に入るとソウル・ミュージックと呼ばれる黒人音楽の台頭、さらにベトナム戦争反対と黒人差別反対の運動から生まれたフォークソングの広がり、さらに六二年のザ・ビートルズの登場に始まったブリティッシュ・ロックの隆盛などが続いた。これらの新しいポピュラー音楽の奔流は、日本にも怒涛のように押し寄せてきた。若者を中心とする日本のポピュラー音楽ファンは、たちまちそれらの新しい音楽に魅了されていった。そしてその流れは日本製のポピュラー音楽にも影響を及ぼすようになった。六〇年代から七〇年代にかけては、従来まで歌謡曲と称されていたポピュラー音楽のなかに、その時期に欧米から持ち込まれたロック、ソウル、フォークなどの影響を受けたものが多くなり、それらは和製ポップスと呼ばれるようにもなった。

この時期には、ラジオやアーティストの来日公演に加えて、レコードも従来以上に日本の音楽文化の発展に大きな役割を果たすようになっていた。しかしこの時期のポピュラー音楽のアメリカからの移入状況を説明する場合でも、メディアとしてのラジオや始まったばかりのテレビは着目されたものの、レコードは単なる音楽の入れ物としての役割、レコード会社はその提供者の役割としか見られていなかったのではないか。この時期の日本のレコード会社はその資本構成の如何にかかわらず、欧米を中心とする海外の音楽の音源を各社が競って死にものぐるいで捜し求め、それを市場に送り込んでシェアを競っていたのだが、それは企業の活動として行われていたことで、世間の多くの人々の目にとどくことでもなく、音楽ファンにさえ関心を持たれることではなかったともいえるだろう。レコード会社の内部は密室的でその機能もあまりにも多様で個別的であり、外部からは把握しにくかったのも事実である。この時期にはポピュラー音楽の研究活動も多くみられるようになったのだが、そこでも楽曲、アーティスト、ジャンル、流行、受容のされ方、などの分析や掘り下げは盛んに行われたが、レコード産業そのものを対象とする研究は少なかった。

第３節　レコード産業の力学を無視してはポピュラー音楽の歴史は語れない

「グローバリゼーションは地球上の地域の相互連絡や相互依存を意味するもので、目的を持って行われる企てではない」というトムリンソンの言説に対して、青木保は「一九世紀以降は、ヨーロッパではヨーロッパ的な価値を非西欧世界に広め、西欧化を促そうという動きが盛んになったが、それに対してほとんどの非西欧世界は抵抗するのではなく、日本に端的にみられるように、自分たちの国の発展のモデルとして西欧化を捉え、それを近代化と言い換えて国や社会を創ろうとした。九〇年代からよく言われるようになったグローバル化の動き＝グローバリゼーションは、こうした変化の延長上に捉えられるべきである」（青木 2003：17-21）という。このような見方では、グローバリゼーションは仕掛ける側にも受ける側にも目的意識があって行われたことであり、グローバリゼーションは一九世紀末から二〇世紀にかけての西欧諸国と日本を含む非西欧諸国が近代化の名のもとに取り組んできた活動とその結果ということになる。

しかしこのようなグローバリゼーション理論も、それがメジャーであるかドメスティックであるかを問わず、日本のレコード会社が携わってきた米英の音楽やその影響を受けた日本のポピュラー音楽を広めることの実践や、その結果としての二〇世紀のレコード産業の隆盛を説明することはできない。この点についてキース・ニーガスも、「グローバリゼーションの議論多くは、世界中に同じ文化形態がみられるようになったのは、グローバリゼーションというプロセスがもたらしたものであるとし、文化実践を統制するなんらかの権力を想定していない」と批判している。ニーガスのこのような見解は、世界中に同じ文化形態がみられるようになったのは米英に本拠を置く、メジャー企業のような文化産業が行使する力学あってのことという考えに立っている。しかしレコード産業におけるメジャー企業は、日本を含む世界の主要国で現地の企業との合弁会社を作ることも多く、その意味では多国籍企業なのだが、じつは総合的な経営は米英のヘッドクォーターが握っており、権限の委譲がされている度合いはそれほど高くない。これは本書でも検証してきた通りである。このような事実からみれば、世界のメジャー・レコード産業は米英のいわゆる親企業が権力を持ち、世界各国の分社を統括する支配的な企業体であり、ニーガスがいうようにいまでもその活動は帝国主義の理論で説明するほうが分かりやすいという体質を持っている。本書でみてきたような世界のメジャーの世界の市場への戦略的な進攻とその成功も、このように説明したほうが理解しやすい。

さらにグローバリゼーションの理論では、たとえば欧米のレコード企業の翼下で行われてきた日本のレコード企業のビジネスにおける、つぎのようなことを説明することができない。レコード会社の営みとはたとえば楽曲の制作を例にとっても、アーティストが作った楽曲をそのままCDに製造して流通に乗せてショップに並べる、というような単純なものではない。メジャーと呼ばれるような大規模なレコード会社になればなるほど、アーティストと聴衆のあいだには、制作・宣伝・営業などの部門にまたがる多くの従業員が存在し、意見を交わしアイデアを出し合って、どうすればアーティストが売れる可能性の高い楽曲を作り、どうすればそれを一枚でも多く売ることができるかを考えている。それが外国音源の場合でも、関連する欧米のレコード会社が制作する、数多くのアーティストや楽曲のなかから、少しでも売れる可能性の高い楽曲を選び、それを少しでも多く売ることを仕事にしている多くの従業員がいる。たとえば世界的に売れているアーティストがいて、それが日本だけが売れないというような状況が生まれると、日本のレコード会社は欧米のヘッドクォーターから大きなプレッシャーを受ける。それがインセンティブとなって日本のレコード会社は新たな動きを起こし、そのアーティストは日本でもスーパースターとなるケースも多かった。そして見逃してはならないことは、それによって日本の聴衆は世界中の音楽を享受できるようになったのだが、そこでの利益を享受するのは他ならぬ欧米メジャー企業であったということだ。

　このように世界の音楽市場という舞台ではメジャーの力学が強く働いていた。それを無視しては二〇世紀のレコード産業、いや二〇世紀の音楽の歴史そのものも、理解することは難しいだろう。さらにこれも本書でみてきたように、二一世紀に入ってからはそのようなレコード会社の力学は弱まりつつあり、機能しにくくなりつつある。世界の音楽文化を維持・発展させるに当たってレコード産業、あるいはレコード産業を含む音楽産業は、二〇世紀の力学がどのように働いたかを知ったうえで、新しい方法を模索しそれを働かせていく方策を持たなければならないだろう。そこが二一世紀の世界の音楽文化を発展させていくうえで、音楽産業がしかるべき役割を果せるかどうかのポイントになるはずである。そして音楽産業研究にはそのような産業をアシストしていくことで、産業の存続と発展に寄与するという使命があるのではないかと思う。

あとがき

本書は二〇一六年一月に東京芸術大学音楽研究科に提出し、同年五月に審査に合格した博士論文『二〇世紀日本レコード産業史：米英メジャー企業の日本市場への戦略的進攻を中心に』に基づいている。出版に際しては論文の一部を修正した箇所もあるが、章立てを含めて骨組みはほとんど変えていない。振り返れば東京大学文学部研究科で承認された修士論文を基にした私の初めての単著『ポピュラー音楽は誰が作るのか——音楽産業の政治学』が出版されたのは二〇〇四年。それから一二年が経過して私の今回二冊目の単著である本書が出版されることになった。

私は子供の頃から音楽が好きで、父親の影響で接するようになったクラシックに加えて、学生時代にはタンゴやラテン音楽を聴くようになり、大学ではタンゴバンドにも参加して楽しい時間を過ごした。学部卒業後は念願だったレコード会社に（それも当時アルゼンチンタンゴのレコードを毎月のように発売していたビクターに）入り、それから二〇世紀が終わる二〇〇〇年までの約三〇年間、音楽や音楽映像の制作、宣伝、営業などに携わった。なかでも二〇歳代後半から四〇歳代にかけて最も長く続けたのは洋楽部の仕事だった。いま考えてみれば、音楽の世界がレコード会社中心に回っていたともいえる良き時代だった。

会社生活が終わりに近づくころから、私は自分が身を置いてきた日本のレコード産業の、二〇世紀という発展期のあり様を書き残したいという気持ちを持つようになった。それも自分の体験記ということではなく、レコード産業が日本ポピュラー音楽の発展にどのような役割を果たしてきたのか、どのような影響を与えてきたのか、というようなことを明らかにしてみたいという気持ちだった。それを実現するために、勤務していたビクターエンタテインメントを退職した後は、東京大学大大学院で文化社会学、メディア論などを勉強し、同時にポピュラー音楽学会、社会情報学会、日本マスコミ学会などにも参加して、遅ればせながら研究者としてのものの見方を深める努力を始めた。それを続けていくなかでテオドール・アドルノをはじめ、サイモン・フリス、キース・ニーガスなど欧米の社会学者たちが、レコード産業・音楽産業についてさまざまな論考を残していることに興味をもつようになった。そこでそれらを拠りどころにして、日本のレコード産業をみていけばよいことに気がつき、まもなく最初の成果を発表することになったが、それが前記の『ポピュラー音楽は誰が作るのか――音楽産業の政治学』である。これは日本の音楽、特に流行歌を中心とするポピュラー音楽の生産が、当初はレコード産業に集中したが、ある時期からはそれが拡散しはじめ、レコード産業以外でも音楽が作られるようになり、それにより音楽作りの仕組みも変わり、音楽も変わり、その結果レコード産業の音楽の送り手としてのあり方が変化していったことを明らかにしたものである。

このようにしてレコード産業研究というテーマに取り組むなかで、私が気がついたことは、これまでに『日本レコード産業史』というタイトルの書籍が出版されていないことだった。すでに『日本レコード文化史』（倉田喜弘・著）や『レコード業界』（河端茂・著）のような著作はあるが、いずれも産業の歴史に特化したものではない。その時からこのタイトルの本、つまり日本の音楽産業の歴史の決定版のような本を書こうという思いが強くなった。レコード産業の研究書は少ない。このような本があればレコード産業研究、音楽産業研究をする人々の役に立つのではないかとの思いもあった。その時から長い日本のレコード産業の歴史をどのような視点から検証すれば、このような大きなテーマを一冊の本として仕上げることが出来るかを考え始めた。

まもなくあるきっかけが訪れた。それは二〇〇一年に東芝ＥＭＩからＣＤ全集『日本吹込み事始』が発売されたことである。このＣＤに収録されている音源は、明治末期に英国グラモフォン社のガイスバーグが出張レコード録音のため来日して作られたものである。私はこの録音セッションがあったことは知っていたが、このＣＤを聴き、添付されている細川周平先生をはじめ数人の研究者によるライナー・ノーツを読んで多くの事実を知った。それはこのプロジェクトが明治三六年という、まだ日本にレコード会社が生まれる前のものであったこと、日本で初めての円盤（ディスク）式蓄音機用の録音であったこと、二七三演目（七インチ盤一六四種、一〇インチ盤一〇九種）もの多くの芸能・音楽が録音されたこと、そしてなかでもガイスバーグをリーダーとする当事者が、その後ＥＭＩというメジャーに発展する英国グラモフォンのスタッフであったことなどである。

このことから、私は日本のレコード産業が欧米の大資本の攻勢を受けるのは、アメリカのビクター、コロムビアが日本にレコード会社を設立した昭和初期に始まったのでもなく、アメリカのホーン商会の資本によって設立された日本蓄音器商会が日本のレコード産業を牽引した大正時代でもなく、じつは日本のレコード産業の歴史が始まってまもなくの、明治末期のこのグラモフォンの録音に始まっていたことを改めて確認した。しかもこの英国グラモフォンの録音の直後には、アメリカのビクターもコロムビアも同様の攻勢をかけてきている。つまり日本のレコード産業は長い歴史のなかで、明治期のその誕生期から現在に至るまで、戦争のため米英が敵国となっていた時期を除いて、善きにつけ悪しきにつけ、つねに米英資本の進出の標的となりその影響下にあったということである。このことに気がついて私は『日本レコード産業史』は、アメリカやイギリスのいわゆるメジャーと呼ばれる大資本のレコード会社が日本へ進攻する経緯、そしてそこでの外資メジャーと日本資本のレコード会社とのせめぎ合いを追跡していくことによって、書き進めることができるのではないかと思った。それから長い期間を費やしてそれを実践し、結果をまとめたものが本書である。

本書のタイトルは『二〇世紀日本レコード産業史』である。それは本書がレコード産業が誕生して発展のピークを迎える二〇世紀末までのあり方を検証したものだからである。本文でも述べたようにレコード産業は二一世紀に入るころから、メディア環境の大きな変革の波に飲み込まれて混迷の状況に至った。本書の第4章でそのようなレコード産業が不振にいたる経緯や要因にも言及したが、そこでの検証や分析は不充分かもしれない。本書が二〇世紀のレコード産業を対象としたのは。その二〇世紀の繁栄のなかに二一世紀のレコード産業が学ぶべきサバイバルへのヒントが探し出せるのではないかと思うことがその理由のひとつである。現在レコード産業やその周囲の音楽産業にあって混迷から脱出しようと奮闘する産業人や、これからアーティストと協力して音楽を音楽ファンのもとに届ける仕事に興味と意欲を持って取り組もうとしている、若い人々（二〇世紀の出来事を体験していない）に少しでもお役に立てばと願っている。

この博士論文がこのようなかたちで出版されるについては、多くのかたのお世話になった。勁草書房編集部の橋本晶子さんには、数年がかりの原稿の仕上りを根気よく待っていただき、それが博士論文の仕上げへの励みともなった。深く感謝したい。博士論文提出先の東京芸術大学大学院音楽研究科の毛利嘉孝先生には、論文執筆の段階から学外の研究者である私に折に触れて貴重なアドバイスをいただき、論文審査では主査を務めていただいた。本当にありがたく思っている。東京大学大学院の水越伸先生には、論文の構想の段階から懇切な相談に乗っていただき、この論文が成就するための道すじをご教示いただいたことをお礼申しあげたい。また成城大学の東谷護先生、大阪大学の輪島裕介先生、大阪市立大学の増田聡先生、立命館大学の飯田豊先生、そして関西大学の小川博司先生には、それぞれの段階で相談に乗っていただき、長きにわたった論文の執筆を見守っていただいた。さらに成城大学の阿部勘一先生、東京工科大学の大山昌彦先生、文教大学の加藤綾子先生には、科研費交付の対象ともなった音楽産業研究の共同研究者として、多くの助言をいただいた。

また私は二〇〇四年からの七年間、広島経済大学に教職を得て勤務したが、そこでは得難い研究活動の環境を得ることが出来た。大学が年に四回発行する『研究論集』には在任中にしばしば小論文を発表させていただいた。それらは今回の博士論文の原稿の下敷きとなったもので論文の執筆の大きな助けとなった。さらにゼミの学生のための体験学習として学内で小規模のレコード・レーベル＝インディーズを立ち上げたが、教育の場での営利活動を伴う前例のないプロジェクトを許可していただき、教育としても成果を上げることができたが、自身のレコード産業研究にも大いに役立てることができた。石田恒夫理事長をはじめ、大学内の地域経済研究所のみなさま、そして多くの教員・職員のみなさまに心から感謝したい。

さらに私は現業のレコード産業の関係者に多くの知人・友人を持つが、そのなかには折りに触れての歓談のなかで、貴重な情報をいただいたかたも多い。またインタビューに応じていただいたかたも少なくない。順不同だが、高橋俊一（ソニー・ミュージック）、青野浩史（ユニバーサル・ミュージック）、中川隆允・山本薫（コロムビア・エンタテインメント）、高垣健・福田和久・高田英男（ビクターエンタテインメント）の各氏にはお世話になった。また井阪紘（カメラータ・トウキョー）、岩田廣二（ユニバーサル・ミュージック）、の両氏には友人としての付き合いのなかで多くの情報やヒントをいただいた。皆様に深く感謝したい。

最後に私事で恐縮だが、私の会社退職後の大学院生としての生活、そして広島での教職を含む研究生活のあいだ、私の母親の看病・介護を引き受け、そのうえ私の健康にも配慮をしてくれた妻の夏江に心からの謝意を表したい。

生明俊雄

二〇一六年七月　市川真間の自宅にて

索　引

欧　文

ア　行

カ　行

サ　行

タ　行

ナ　行

ハ　行

マ　行

ヤ　行

ラ　行

ワ　行

参考文献

Adorno, Theodor W. 1941 "On Popular Music", in *Studies in Philosophy and Social Science*, 9 = 1995 『ポピュラー音楽について』 村田公一訳, 村田（訳編）, 所収

Adorno, Theodor W. 1973 *Einleitung in die Musiksoziologie*, in: *Gesammelte Schriften*, , Frankfurt: Suhrkamp. = 1999 『音楽社会学序説』高辻知義・渡辺健訳, 平凡社

Attali, Jacques 1877 *Noise: The Political Economy of Music, University of Minnesota Press*（*US*）= 1985 『ノイズ』 金塚貞文訳, みすず書房

青木保　2003 『多文化社会』 岩波書店

麻生香太郎　2013 『誰が J-POP を救えるか～マスコミが語れない業界盛衰記』 朝日新聞出版

生明俊雄　2003 「メジャー・レーベルの統合が意味するもの」『ポピュラー音楽へのまなざし』 東谷護編, 勁草書房

生明俊雄　2004 『ポピュラー音楽は誰が作るのか～音楽産業の政治学』 勁草書房

生明俊雄　2006 「音楽産業」『メディア産業論』 湯浅正敏編, 有斐閣

Benjamin, Walter 1955, 1974 *WERKE* = 1970 「複製技術の時代における芸術作品」 高木久雄・高原宏平訳 『複製技術時代の芸術』 佐々木基一編, 晶文社

Becker, Howard S. 1974 Art as Collective Action *American Sociological Review*, 39

Becker, Howard S. 1976 Art Worlds and Social Types *The Production of Culture*, London : Sage

Becker, Howard S. 1982 Art Worlds, Berkeley : Univ. of California = 2000 「アート・ワールド（部分訳）」後藤将之・海老田大五朗訳『コミュニケーション紀要』 第 13 輯, 成城大学大学院文学研究

科

Brourdiew, Pierre 1986 *Distinction : A Social Critique of the Judgement of Taste,* London : Routledge

Burnett, R. 1990 *Concentration and Diversity in the International Phonogram Industry,* Gothenburg: University of Gothenburg Press

Chandler, Jr, Alfred D. 1962 *Strategy And Structure,* Massachusetts Institute of Technology = 2004 『組織は戦略に従う』 有賀裕子訳，ダイヤモンド社

Chapple, S. and R. Garofalo, 1977 *Rock'n'Roll is Here to Pay,* Chicago : Nelson Hall

Cohen, Sarah 1991 *Rock Cultere in Riverpool : Popular Music in the Making,* Oxford : Clarendon Press

Dannen, Fredrik 1990 Hit Men = 1991 『ヒット・マン～CBSはレコード部門をなぜソニーに売ったのか』 吉田利子訳，角川書店

円堂都司昭　2013 『ソーシャル化する音楽』 青土社

Frith, Simon 1981 *Sound Effects : youth, leisure and the politics of rock'n'roll,* Panthon Books = 1991 『サウンドの力：若者・余暇・ロックの政治学』細川周平・竹田賢一訳，晶文社

Frith, Simon 1987 "The Industrialization of Popular Music" in Lull (ed) *Popular Music and Communication : Social and Cultural Perspectives,* London : Sage

Frith, Simon 1988 *Music for Pleasure,* Cambridge : Polity Press

Frith, Simon 1990 *On Record : Rock, Pop, and the Written Word,* London : Routledge

Frith, Simon 1993 *Music and Copyright,* Edinburgh University Press = 1999 『ロック・クロニクル・ジャパン Vol. 1』藤本国彦／市川誠，音楽出版社

藤井知昭　1958 『「音楽」以前』 日本放送出版協会

George, Nelson 1988 *The Death of Rhythm and Blues,* New York : Omnibus

Gelatt, Roland 1977 *The fabulous phonograph,* London : Cassell 1977

2nd rev. ed. = 1981 『レコードの歴史：エディソンからビートルズまで』石坂範一郎訳，音楽之友社
五歩一勇　1995 『シャボン玉ホリデー』 日本テレビ放送網
Hall, Stuart 1991 'Old and New Identities : Old and New Ethnicities', in A. King(ed.), *Culture, Globalization and the World-System,* London : Macmillan.
Harker, Dave 1980 *One for the Money : Politics and Popular Song,* London : Hutchinson
Hennion, Antoine 1982 "Popular Music as Social Priduction", in D. Horn and P. Tagg(eds) *Popular Music Perspectives, 1.* Exter IASPM
Hennion, Antoine 1983 "The Production of Success : An Antimusicology of the Pop Song", *Popular Music,* 3, pp. 158-93. = 1990 『成功の生産――ポップ曲の反音楽学』三井徹 編訳，音楽之友社
Hennion, Antoine 1989 "An Intermediary between Production and Consumption : The Producer of Popular Music", *Science, Technology and Human Values,* 14, 4
東理夫　1999 『エルヴィス・プレスリー』 文藝春秋
Hirsch, Paul 1970 *The Structure of Music Industry : The Filtering Process by which Records are Preselected for Public Consumption,* Ann Arber : Institute for Social Reserch, University of Michigan
Hirsch, Paul 1972 "Processing Fads and Fashions : An Organization-Set Analysis of Cultural Industry Systems", In Frith and Goodwin(eds.) 1990, pp. 127-139, reprinted from *American Journal of Sociology,* 77.
Hobson, Joun A. 1902 *Imperialism : A Study* = 1951『帝国主義論』矢内原忠雄訳，岩波書店
ホリプロの法則編集委員会　2000 『ホリプロの法則』 メディアファクトリー
堀威夫　1992 『いつだって青春』 東洋経済新報社
細川周平　1989-1990 「西洋音楽の日本化・大衆化」『ミュージッ

ク・マガジン』
細川周平　1990 『レコードの美学』 勁草書房
細川周平　2001 『ガイスバーグという事件』 東芝 EMI（CD 全集日本吹込み事始・ライナーノーツ）
兵頭裕己　2000 『〈声〉の国民国家・日本』 日本放送協会
飯塚恒雄　1999 『カナリア戦史』 愛育社
井阪紘　2009 『巨匠たちの録音現場　カラヤン、グールドとレコード・プロデューサー』春秋社
稲増龍夫　1992 「メディア・テクノロジーの高度化とテレビ文化の変容」『思想』 No. 817　1992.7
伊丹敬之　1999 『場のマネジメント～経営の新パラダイム』 NTT 出版
伊藤正憲　1971 『レコードと共に四十五年 私のアルバム』 日本クラウン
Jensen, Jori 1984 "An Interpretive Aproach to Culteral Producton", in W. Rowland and B. Watkins (eds) *Interpreting Television,* London : Sage
上山敬三　1963 「ヒットソング物語」『音に生きる――ビクターの栄光』 ダイヤモンド社
加太こうじ　1981 『流行歌論』 東書選書
加太こうじ　1985 『新版　歌の昭和史』 時事通信社
加太こうじ／佃実夫　1979 『増補版　流行歌の秘密』 文和書房
加藤綾子　2012 「日本のレコード・ビジネスの構造変化に関する定量的分析」『ポピュラー音楽研究　第 15 巻』日本ポピュラー音楽学会
河端茂　1990 『レコード業界』 教育社
木畑洋一　2014 『二〇世紀の歴史』 岩波書店
岸博幸　2010 『ネット帝国主義と日本の敗北』 幻冬舎
岸本裕一／生明俊雄　2001 『J-POP マーケティング～IT 時代の音楽産業』 中央経済社
貴志俊彦　2013 『東アジア流行歌アワー～越境する者　交錯する音楽人』

木谷勤　1997 『帝国主義と世界の一体化』 山川出版社
小泉文夫他　1978 『歌は世につれ：シンポジューム～今日の大衆と音楽』 講談社
小林宏一　1999 「ポストモダンの文化」『社会情報学Ⅱメディア』東京大学出版会
小島貞二　1984 『快楽亭ブラック～文明開化のイギリス人落語家』国際情報社
古茂田信男／島田芳文／矢沢寛／横沢千秋　1994『新版　日本流行歌史　上』 社会思想社
小藤武門　1982 『S盤アワー・わが青春のポップス』 アドパックセンター
コロムビア 50 年史編集委員会編　1961 『コロムビア 50 年史』 日本コロムビア
倉田豊良男　1988 「革新続くレコード類の共同配給システム」『流通とシステム 第 58 号』 流通システム開発センター
倉田喜弘　1979 = 1992 『日本レコード文化史』 東京書籍
倉田喜弘　1999 『芸能の文明開化』 平凡社選書
倉田喜弘　2001 『はやり歌の考古学』 文春新書
Lewisohn, Mark 1988 *The Beatles Recording Sessions,* EMI Records = 1990 『ビートルズ：レコーディング・セッション』 内田久美子訳, シンコー・ミュージック
Manuel, Peter 1991 "Salsa and the Music Industry : Corporate Control or Grassroots Expression?" in P. Manuel(ed.) *Essays on Cuban Music*. Lanham MD : Universal Press of America.
McLuhan, Marshall 1964 *Understanding Media : The extensions of Man,* McGraw-Hill Book Company, New York = 1987 『メディア論～人間拡張の諸相』 栗原裕, 河本仲聖共訳, みすず書房
増田聡　2001 「この音楽は商品だが, それに何か問題でも？～音楽産業論の３つのパラダイム」『鳴門教育大学研究紀要（芸術編）第 16 巻』
増田聡／谷口文和　2005 『音楽未来形』 洋泉社
Miller, J. Scott 2001 *Voices from the Past : Fred Gaisberg's*

Recordings in Japan = 2001 『「過ぎし昔」からの声～日本でのガイスバーグの録音』 山本進訳，東芝EMI（CD全集「日本吹込み事始」ライナーノーツ）
簑島弘隆 1991 『エンターテインメントが世界を征す』 ビクターブックス
都家歌六 2001 「日本初吹き込みのグラモフォン盤全演目復刻までの道のり」 東芝EMI 『CD全集～日本吹込み事始』 ライナーノーツ）
宮沢従一 1965 『明治は生きている』 音楽之友社
水越伸 1993 『メディアの生成～アメリカ・ラジオの動態史』 同文舘出版
水越伸 1999 『デジタル・メディア社会』 岩波書店
森芳久 1997 『カラヤンとデジタル』 アスキー
森垣二郎 1920 「屠蘇の後」『蓄音器世界』 6巻1号
森垣二郎 1960 『レコードと五十年』 河出書房新社
森本敏克 1975 『音盤歌謡史（レコードはやりうた）』 白川書院
毛利嘉孝 2007 『ポピュラー音楽と資本主義』 せりか書房
毛利嘉孝 2012 増補『ポピュラー音楽と資本主義』 せりか書房
村田公一 1995 （訳編）『アドルノのポピュラー音楽論』（JASPMワーキングペーパーシリーズ）所収，日本ポピュラー音楽学会
なぎら健壱 1995 『日本フォーク私的大全』 筑摩書房
内藤高 2005 『明治の音～西洋人が聴いた近代日本』 中公新書
中川靖浩 1987 『次世代ビデオ戦争――ソニー・日本ビクター・松下電器 宿命の闘い』 ダイヤモンド社
中村朗 1996 『検証 日本ビデオソフト史』 映像新聞社
中村とうよう 1999 『ポピュラー音楽の世紀』 岩波書店
Negus, Keith 1998 *Cultural Production and the Corporation,* Routledge
Negus, Keith 1996 *Popular Music in Theory ～ Chapter 2 Industry,* Polity Press
Negus, Keith 1992 *Producing Pop : Culture and Conflict in the Popular Music Industry,* London : Edward Arnold

Negus, Keith 1998 "Cultural Production and the Corporation : Musical Genres and the Strategic Management of Creativity in the US Recording Industry", *Media, Culture and Society,* 20, pp. 359-379.

Negus, Keith 1999 *Music Genres and Corporate Cultures,* London : Routledge

日本音楽著作権協会　1990 『日本音楽著作権史』 日本音楽著作権協会

日本レコード協会50周年委員会　1993 『日本レコード協会50年史』 日本レコード協会

日本レコード協会編　1995〜2002 『日本のレコード産業』 1995年版〜2000年版

日刊レコード特信編　2000 『平成十二年夏 総決算特集』〜「業界38年の足取り」

日刊レコード展望社編　2000 『音楽レコードの独立インディーズは』

野村光一　1971 『お雇い外国人⑩音楽』 鹿島研究所出版会

野村光一／中島健蔵／三好清達　1978 『日本洋楽外史』 ラジオ技術社

小川博司　1988『音楽する社会』勁草書房

小川博司　1993 『メディア時代の音楽と社会』 音楽之友社

小倉利丸　1992 『アシッド・キャピタリズム』 青弓社

小倉利丸　1996 「サウンドの商品化と資本主義のグローバリゼーション」DeMusic Inter.（編）『音の力』所収，インパクト出版会

岡田則夫　2001 『英国グラモフォンレコード』 東芝EMI（CD全集「日本吹込み事始」ライナーノーツ）

岡俊雄　1986 『レコードの世界史』 音楽之友社

岡野弁　1988 『演歌源流・考』 学芸書房

小野良造　1995 『ルーツ・オブ・ジャパニーズ・ポップス』 シンコー・ミュージック

大賀典雄　2003 『SONYの旋律〜私の履歴書』 日本経済新聞社

大崎滋生　1993 『音楽演奏の社会史〜よみがえる過去の音楽』 東京書籍

参考文献

大山昌彦　2003「若者サブカルチャーとポピュラー音楽」東谷護編『ポピュラー音楽へのまなざし』勁草書房

Original Confidence 編集部「５大メジャー人脈解剖：ソニー編」『Original Confidence』2002年6月17日号

長田暁二　1978『わたしのレコード100年史』英知出版

Peterson, Richard A. 1982 "Five Constraints on the Production of Culture : Law, Technology, Market, Organizational Structure and Occupational Careers", *Journal of Popular Culture,* 16(2), pp. 143–53.

Peterson, Richard A. 1985 "Six Constraints on the Production of Literary Works", *Poetics,* 14, pp. 46–67

Peterson, Richard A. 1975 "Cycles in Symbol Production : The Case of Popular Music", in Frith and Goodwin (eds) 1990, pp. 140–159, reprinted from *American Sociological Review,* 40.

Reeninn, Urajiimiru = iriichi 1916 *Imperialism : The Highest State of Capitalism* = 1999　聴濤弘訳『帝国主義論』新日本出版社

Ryan, John 1985 "The Production of Culture in the Music Industry", *The ASCAP-BMI Controversy.* Lanham MD : Universal Press of America.

Gellatt, Roland 19xx *The fabulous phonograph* = 1981　石坂範一郎訳『レコードの歴史：エディソンからビートルズまで』音楽之友社

連合通信社編　2002「レコード産業の危機に対し協力して自衛手段を」『連合通信 夏期特大号』

佐々木みよ子／森岡ハインツ　1986『快楽亭ブラックの「ニッポン」』PHP研究所

佐藤郁哉　1999『現代演劇のフィールドワーク～芸術生産の文化社会学』東京大学出版会

佐藤修　2015『どうせこの世は仮住まい～音楽業界の変遷を見て』悠雲舎

佐藤良明　1999『J-POP進化論「ヨサホイ節」から「Automatic」へ』平凡社新書

清水滝治　1957『レコード会社』東京ライフ社
新宅純二郎／柳川範之編　2008『フリーコピーの経済学』日本経済新聞社
園部三郎　1980『日本民衆歌謡史考』朝日選書
園部三郎／矢部保／繁下和雄　1980『日本の流行歌　その魅力と流行の仕組み』大月書店
Stanley, Fischer 1999 *Should the IMF pursue capital-account convertibility?* = 1999　岩本武和監訳『IMF 資本自由化論争』岩波書店
鈴木謙作　1918「レコードはどう売ればよいか」『蓄音器世界』5巻7号
田川律　1992『日本のフォーク＆ロック史～志はどこへ』シンコー・ミュージック
高木教典　1960「マス・コミュニケーション産業論」『新聞研究』3月号　日本新聞協会
高島弘之　1981『ヒットチャートの魔術師』紀尾井書房
田家秀樹　1999『読む J-POP 1945-1999 私的全史』徳間書店
Tomlinson, John 1991 *Cultural Imperialism : A Critical Introduction,* Pinter Publishers Ltd = 1997　片岡信訳『文化帝国主義』青土社
Tomlinson, John 2000 *Globalization and Culture Rolity Press* = 2000　片岡信訳『グローバライザイション～文化帝国主義を超えて』青土社
東谷護編　2003『ポピュラー音楽へのまなざし』勁草書房
東谷護　2005『進駐軍クラブから歌謡曲へ』みすず書房
Toynbee, Jason 1999 *Making Popular Music,* Arnold = 2004　安田昌弘訳『ポピュラー音楽を作る』みすず書房
豊島政実　1998「録音スタジオ・過去から未来へ」『JAS Journal』1月号
津田大介　2013『ニュー・インデペンデントの時代が始まる』スペースシャワー・ブックス
津田大介／牧村憲一　2010『未来型サバイバル音楽論』中央公論新

社
烏賀陽弘道　2005 『Ｊポップとは何か――巨大化する音楽産業』 岩波新書
宇野常寛　2013 『日本文化の論点』 筑摩書房
歌崎和彦　1998 『証言――日本洋楽レコード史　戦前編』 音楽之友社」
歌崎和彦　2000 『証言――日本洋楽レコード史　戦後編１』 音楽之友社
Vignole, J. 1980 "Mixing Genres and Reaching the Public : The Production of Pop Music", *Social Sience Information* 19, 1
Wade, D, Picardie, J. 1990 *Music Man,* Investigative Reporters Inc. = 1992　林田ひめじ訳 『アトランティック・レコード物語』 早川書房
輪島裕介　2010 『創られた「日本の心」神話～「演歌」をめぐる戦後大衆音楽史』 光文社新書
輪島裕介　2015 『踊る昭和歌謡～リズムからみる大衆音楽』 NHK出版新書
Wallis, Roger and Malm, Krister 1984 *Big Sound from Small People-The Music Industry in Small Countries,* London : Constable, = 1996　岩村沢也／大西貢司／保坂幸正／石川洋明／由谷裕哉共訳 『小さな人々の大きな音楽』 現代企画室
渡辺裕　1997 『音楽機械劇場』 新書館
渡辺裕　2002 『日本文化　モダン・ラプソディ』 春秋社
渡辺裕　2010 『音楽は社会を映す』 春秋社
渡辺プログループ四十年史編纂委員会　1999 『抱えきれない夢～渡辺プログループ四十年史』
渡鏡子　1971 『近代日本女性史　⑤音楽』 鹿島研究所出版会
Willams, Raymond 1965 *The Long Revolution,* Harmondsworth : Penguin.
八木良太　2007 『日本の音楽産業はどう変わるのか』 東洋経済新報社
山口亀之助　1935 『レコード文化発達史第一巻』 録音文献協会

山本茂実　1994『カチューシャ可愛や　中山晋平物語』大月書店
山本進　2001『ガイスバーグの足跡』東芝 EMI（CD 全集「日本吹込み事始」ライナーノーツ）
四方田犬彦　2000『日本映画史 100 年』集英社
吉見俊哉　1994『メディア時代の文化社会学』新曜社
吉見俊哉　1995『声の資本主義』講談社
吉見俊哉　1996「複製技術とイメージを消費する社会」水越伸編『20 世紀のメディア① エレクトリック・メディアの近代』ジャストシステム
吉見俊哉　1999「グローバル化と文化研究の視座」吉見俊哉他『メディア空間の変容と多文化社会』青弓社
唯　二郎　1999『実録　浪曲史』東峰書房

著者略歴

1940年生。早稲田大学政治経済学部卒業。元ビクターエンタテインメント勤務、洋楽部長、映像制作部長、ビクタースタジオ長、メディアネットワーク本部長、など歴任。

東京大学大学院人文社会系研究科修士課程・博士課程修了。

東京工業大学、富山大学、神田外語大学、関西大学大学院講師を経て、広島経済大学経済学部メディアビジネス学科教授（2011年退任）。

専　攻　ポピュラー音楽研究、文化社会学、メディア論

著　書　『ポピュラー音楽は誰が作るのか——音楽産業の政治学』（勁草書房、2004）など

二〇世紀日本レコード産業史

グローバル企業の進攻と市場の発展

2016年 8 月30日　第 1 版 第 1 刷発行

著 者　生《あざ》明《み》俊《とし》雄《お》

発行者　井村寿人

発行所　株式会社　勁《けい》草《そう》書房

112-0005 東京都文京区水道2-1-1　振替　00150-2-175253

（編集）電話 03-3815-5277／FAX 03-3814-6968

（営業）電話 03-3814-6861／FAX 03-3814-6854

平文社・松岳社

ISBN978-4-326-65403-1　Printed in Japan

東谷護編著
ポピュラー音楽へのまなざし
売る・読む・楽しむ
四六判／3200円
ISBN978-4-326-65280-8

東谷護編著
拡散する音楽文化をどうとらえるか
四六判／2800円
ISBN978-4-326-69861-5

細川周平
レコードの美学
複製技術時代の音楽
四六判／3800円
ISBN978-4-326-85105-8

生明俊雄
ポピュラー音楽は誰が作るのか
音楽産業の政治学
四六判／3400円
ISBN978-4-326-65295-2

小泉恭子
音楽をまとう若者
†四六判／3200円
ISBN978-4-326-98265-3

矢向正人
音楽と美の言語ゲーム
ヴィトゲンシュタインから音楽の一般理論へ
四六判／3700円
ISBN978-4-326-85186-7

B. バーグマン・R. ホーン／若尾裕訳
実験的ポップ・ミュージックの軌跡
その起源から'80年代の最前線まで
四六判／2500円
ISBN978-4-326-85143-0

東谷護
マス・メディア時代のポピュラー音楽を読み解く
流行現象からの脱却
四六判／2800円
ISBN978-4-326-65398-0

勁草書房刊

＊表示価格は2016年8月現在。消費税は含まれておりません。
＊†はオンデマンド版です。

双書　音楽文化の現在　刊行にあたって

企画代表・監修：東谷護

21世紀を迎えてから現代社会は政治・経済・文化などあらゆる領域で著しい変化がみられます。音楽文化に関連するものとしては、インターネットでの音楽配信、iPodなどにみられるような個人で容易に持ち運ぶことのできるデジタル媒体、録音技術とパーソナルコンピュータの発展がもたらした作曲技術の変化が例としてすぐにあげられるでしょう。これらは、作り手側（音楽産業、演奏者、等）と受け手側（聴衆）の関係を前世紀に可能であった比較的単純な構図で語ることを難しくしました。

こうした著しい変化のまっただ中にある現代日本において、音楽文化は何が変わり、何が変化しなかったのでしょうか。本双書では、混沌とした今日の音楽文化をどのようにとらえれば現状を把握できるのかを読者に提示します。さらに音楽とそれをめぐる環境に焦点をあてることによって、現代日本社会の抱える問題を炙り出すことも視野に入れております。

本双書に収められる各巻は、多様化する音楽文化に対して、多角的な視点から分析・考察することによって、新たな知見を読者に提供することになるでしょう。